台湾刑事法学精品文丛

刑事诉讼制度 与刑事证据

XINGSHI SUSONG ZHIDU YU XINGSHI ZHENGJU

张丽卿◎著

中国检察出版社

图书在版编目（CIP）数据

刑事诉讼制度与刑事证据／张丽卿著. —北京：中国检察出版社，2016.9
ISBN 978 - 7 - 5102 - 1628 - 2

Ⅰ.①刑… Ⅱ.①张… Ⅲ.①刑事诉讼 - 司法制度 - 研究②刑事诉讼 - 证据 - 研究 Ⅳ.①D915.3.04

中国版本图书馆 CIP 数据核字（2016）第 060218 号

简体中文版由元照出版有限公司（Taiwan）授权中国检察出版社出版发行
刑事诉讼制度与刑事证据（第二版），张丽卿著，
2003 年 5 月，ISBN 986 - 7787 - 29 - 3

刑事诉讼制度与刑事证据

张丽卿 著

出版发行：中国检察出版社
社 址：北京市石景山区香山南路 111 号（100144）
网 址：中国检察出版社（www. zgjccbs. com）
编辑电话：(010)88685314
发行电话：(010)88954291 88953175 68686531
(010)68650015 68650016
经 销：新华书店
印 刷：保定市中画美凯印刷有限公司
开 本：710 mm×960 mm 16 开
印 张：12.75
字 数：209 千字
版 次：2016 年 9 月第一版 2016 年 9 月第一次印刷
书 号：ISBN 978 - 7 - 5102 - 1628 - 2
定 价：56.00 元

作者简介

张丽卿

现　职
台湾刑事法学会理事长
台湾高雄大学特聘教授
台湾高雄大学财经法律学系教授
台湾高雄大学生医法律科技研究中心主任
台湾东海大学法律学系合聘教授

学　历
台湾大学法学博士
德国慕尼黑大学法学博士

经　历
台湾"公平交易委员会"委员
台湾高雄大学法学院院长
台湾高雄大学财经法律学系教授兼系主任
台湾东海大学法律学系教授兼系主任
美国史丹福大学法学院、比较文学系访问教授

主　授

刑法、刑事诉讼法、司法精神医学、医疗刑法、法律与文学

著　作

《交通刑法》《新刑法探索》《司法精神医学》《验证刑诉改革脉动》
《刑法总则理论与运用》《医疗人权与刑法正义》《刑事诉讼法理论
与运用》《刑事诉讼制度与刑事证据》《食品安全的最后防线：刑事
制裁》《法律与文学：文学视野中的法律正义》

二版序

　　本书在不长的时间内已无存书，可见读者对于刑事诉讼制度与刑事证据有高度兴趣，也可能是读者对于我的厚爱，无论如何我都感到欣慰与感激。

　　近年来"刑事诉讼法"修正频繁，而且幅度极大，作者与读者都觉得疲于应付。本书各篇文章虽然讨论原则性的问题，内容基本上不受新修法律的影响，不过，也有必须对新法加以回应之处。本书第二版，在各章节当中凡涉及 2002 年与 2003 年新修正规定者，也都在相应的地方将条文及内容更新。

　　希望本书的局部更新，可以让读者跟上新修法的脚步，也希望读者继续给我指教。第二版的更新烦劳我的学生刘清彬律师与陈俊成同学，在此并致由衷谢忱。

张丽卿

于东海大度山

2003 年 3 月

目 录 Contents

下篇　刑事证据

上 篇
刑事诉讼制度

第一章　温和渐进之刑事司法制度改革

第一节　前　言

实体刑法的实践，有赖刑事司法制度的完善。实体法不管如何精致、如何富于理想色彩，假若没有完好的刑事司法制度，都必然不能使理想成真。不仅如此，由于刑事司法制度与人民的权利关系至大，如果制度不完善，将使人民权益受损，甚至带给当事人（尤其被告）极大的不幸。

刑事司法制度的根本精神，应该与刑事程序法相同："保障人权、实现正义。"法律制度必定受"思想气候"的影响。这个思想气候没有国界，不受政党轮替的影响。思想气候和人类文明的进程有关系，和人类事事追求合理化有关系。我国台湾地区近年来的政治与司法改革等，是思想气候带出来的。

根源性地追求合理化的思想气候，形成于西方社会，比较精微的法律制度也源自西方社会。因此，我国台湾地区司法改革也处处以西方为榜样。在大方向上，师法西方应该不会有错。不过，法律制度、思想气候，都与文化土壤息息相关。一个制度不会像制造一部机器那么容易。制度的形成与实践，都必须经漫漫长路的演化，脚步要坚毅，但步调不能仓促。①因为，激烈与冒进的改革比较危险，这违反大多数人的处事态度与价值信念，会遭遇较大的困难或抵抗。比较可行的，应该是温和渐进的改革。把比较容易实践的，列为近程的改革计划，工程比较浩大的改革，列为中程及远程计划。

根据 1999 年 3 月 30 日"司法院"公布的"司法改革具体革新措施"，其中与刑事司法制度相关的大致有：

---

① 学习西方，必须熟知西方制度长成的文化土壤。这需要我们自己有丰厚的学术气候与土壤，才能精确而且全面地了解西方制度，才不会东拼西凑、即兴地修补自己的法律与制度。

1. "刑事诉讼法"增订无罪推定原则；

2. 检察官席位与被告席位对等；

3. 建立专业咨询管道；

4. 加强检察官的举证责任；

5. 要求严谨的证据法则；

6. 检讨自诉制度；

7. 刑事诉讼审理集中化；

8. 采取当事人进行主义及缓起诉制度；

9. 采第二审为事后审查制；

10. 确立第三审为严格法律审。

前述十项的改革工程似乎已经势在必行，而且无可转圜。刑事制度的诸多弊端，早就必须改革，然而，对于积弊已久的问题，在改革的过程中也必须深思熟虑。我认为应将改革时间分为"近程"、"中程"及"远程"的顺序，这个分法纯粹是我个人的一些心得与意见，并不代表我的看法就是正确，只是希望在这项浩大的改革过程中，提出一些浅见，因为，刑事司法制度的改革，不可忽略我们自己的文化背景，一味剪裁域外的制度，[①]也要考虑我们自己的负载与容量。[②]

---

① 因为，肥沃的学术土壤，不是热闹的学术研讨会或短期外出考察可以速成取代的，这需要长时间的栽培与灌溉。尤其，制度的完善与健全的修法需要集合众人的智能，没有深厚基础学术的立法，可能导致法律应用上的极大困难。例如，最近通过（3月30日）新增订的"刑法"第185条之4的"驾驶动力交通工具肇事逃逸罪"，由于解释学上所出现的许多问题，可能形成无法达到立法目的的结果，有关于此，详细内容，可参照拙著"论刑法公共危险罪章的新增订"一文。

② 我们可以观察日本实施当事人进行主义的结果当作借镜。在诉讼实务的运作上，由于民众特性的缘故，仅形式上有当事人进行主义的躯壳，实质上却缺乏当事人进行主义的辩论精神，大多数的案件仍以书面证据作为审判的对象，辩论只是行礼如仪，尤其，检察官高达99.8%的起诉有罪维持率，更是所谓可以防止法官先入为主判断的"起诉状一本主义"的最大问题，在清楚得知日本实施起诉状一本主义的实情后，我们真的不明白，为何有些学界及实务界人士，仍然将当事人进行主义或起诉状一本主义奉为圣典？相同意见可参照蔡碧玉，当事人进行主义不应该奉作信仰，载 http://www.chinatimes.com.tw/news/papers/ctimes/cfocus/88040803.htm。

第二节　近程之改革

一、确立无罪推定原则

无罪推定原则是刑事诉讼法的铁则，也是落实保障人权的最根本原则。在无罪推定的原则下，法官才可能细心推敲案情，特别是对于被告有利的事实加以注意。虽然，我们的"刑事诉讼法"有"证据裁判原则"（"刑事诉讼法"第 154 条参照）的规定，但是，若能增订"被告未经审判证明有罪前，推定其为无罪"的大原则于"刑事诉讼法"中，[①] 法官的办案态度将更需要加以调整，如此，更可以保障被告的基本人权，实行法治国刑事程序的大原则。

二、检察官与被告之席位对等

此项改革只涉及简单的法庭布置，以及检察官的工作习惯与态度，所以可以列为近程的改革措施。之所以必须如此改革，是因为依照"刑事诉讼法"的规定，当事人是指检察官、自诉人与被告（"刑事诉讼法"第 3 条参照）。在公诉程序上，检察官与被告既然同为当事人，就没有位置上下之分，也可以去除被告的疑虑，认为法院与检察官是一体的，法院会偏袒检察官。[②]

三、自诉制度之改革

自诉制度的改革，可能影响的层面不会太广，所以也可以当作近程的改革措施。自诉人在自诉程序上必须扮演检察官的角色，自行搜证，出庭

---

① 无罪推定原则是世界人权宣言第 11 条第 1 项及联合国公民及政治权利公约第 14 条第 2 项所揭示的重要基本权之一，必须将之落实于法规范与实务。

② 将检察官同列为当事人的意义，应仅指侦查起诉后在审判程序中的地位而言，否则，为了达到刑事司法的功能，检察官被赋予传唤、拘提、搜索、扣押等权限，检察官与被告虽同属诉讼上之主体，但其所处的法律地位迥然不同。其实，关于刑事被告地位的过于低劣，应该在刑事程序中另谋解决之道，并非只在法律文字上将检察官与被告同称为当事人或将席位改为对等即可解决。参照林山田，别迷失在主义的丛林中，台湾本土法学杂志创刊号，1999 年 4 月，6 页。

陈述意见，这需要一些法律专业素养，所以自诉程序最好有律师的参与①。这会有助于法院真实的发现，并且加速诉讼程序的进行。其次，为了避免被害人滥行自诉，应该限制得提出自诉的犯罪，这可以仿效德国刑事诉讼法的规定，原则上只对于轻罪才能自诉。②

四、法院的判决尽快上网

法官代表全民的意思，对于案件加以审判。刑事案件多与社会公益有关，判决结果也常引起社会关怀。将判决书上网，可以让有兴趣的民众随时查阅，了解法院的判决意见。这不仅有助于法律教育的推广，法院的判决意见也因而成为可受公评的事项，法官的判决书也会更趋谨慎。

第三节　中程之改革

一、加强检察官之举证责任

为了保障嫌疑犯的人权及正确行使刑罚权，"刑事诉讼法"第 161 条规定，检察官负有举证责任。但是，长久以来都被认为只是形式上的举证，无法落实真正的举证精神。所以，加强检察官的举证责任，使检察官的举证责任具体化，③ 才能落实公平正义的诉讼制度。

落实检察官的具体举证责任，与 1997 年底增订的"检察官退案权"④

---

①　强行规定律师的参与，也必须有义务律师制度的配合，否则可能会造成剥夺无资力人的自诉权。

②　依照德国刑事诉讼法第 374 条的规定，得毋庸先向检察官请求，由被害人提起自诉的案件限于侵入住宅罪、侮辱罪、妨害书信秘密罪、伤害罪、恐吓罪、毁损罪等轻微犯罪。参照 Roxin, Strafverfahren – srecht, 25. Aufl., 1998, § 61, Rn. 5f。

③　本项制度可仿德国刑事诉讼法第 202 条的立法例，将之规定于我国台湾地区"刑事诉讼法"第 161 条第 2 项："检察官应就被告之犯罪事实，指出证明之方法，如证明方法不足认被告显有成立犯罪之可能时，应定期补提，逾期未补提者，法院得径行谕知不受理判决。"

④　"刑事诉讼法"第 231 条之 1 规定："检察官对于司法警察或司法警察官移送或报告之案件认为调查未完备者，得将卷证发回，命其补足，或发交其他司法警察或司法警察官调查。司法警察或司法警察官应于补足或调查后，再行移送或报告。检察官对该补足或调查并得限定期间。"从上述规定得知，赋予检察官退案权后，也会使司法警察对真实的发现更加谨慎。

有相互呼应的作用。有了检察官的"退案制度"①，再加上检察官的具体举证责任（其实就是法院的退案权），应该能使真实的发现过程更符合程序正义。

二、严谨证据法则之遵守

检察官对于非任意性的自白负举证责任、法院对于违法取得的证据应加以排除、出于不正态度讯问所得的证据不具证据能力，② 都是"刑事诉讼法"第156条所规定精神的具体实践，司法制度上必须严加遵守。只是，我们要特别注意的是，严谨证据法则的遵守与订立，与是否实行当事人进行主义根本是两回事。换言之，在实行职权原则的德国或我国台湾地区，这些证据法则，虽然有些并未明文规定，却是学界与"部分实务界"③所一致认同的铁则。另外，刑求禁止、嫌疑人与被告的律师协助权、缄默权、证据辩论等原则，并不是当事人进行主义的专利制度，其实，这些都是职权主义所采的原则与制度。

三、刑事诉讼审理集中化

刑事诉讼审理集中化，集中调查证据及辩论于第一审（如日本所称的"以公判为中心"或德国所称的"主要审判程序"），采取第二审为事后审查制，并确立第三审为严格法律审。依照现行的刑事诉讼制度均属较易实行的中程措施。因为，只有在集中审理的情况下检察官的莅庭才不会流于

---

① 此项新增订的"退案制度"（移送或报告案件之补足）系规定检察机关对司法警察机关移送或报告之案件，认为"侦查未完备"的情形时，有权退案于司法警察机关，要求警察机关对于事实不清楚及证据不够充分的地方继续调查。亦即，将案件退回到原单位，就侦查未完备的事项，继续进行侦查措施。此项做法，与"刑事诉讼法"第258条所规定的法理相同，换言之，上级法院检察署认为告诉人再议声请有理由，且侦查未完备，发回原检察官续行侦查。

② 例如，"刑事诉讼法"第98条没有明白排除以不正态度讯问所得之证据不具证据能力，使得本条的规定可能只成为训示的规范，不具任何法律效果，不能达到立法的目的。因此，最好如"刑事诉讼法"第156条的立法方式，规定为"讯问被告如非出以恳切之态度，或用强暴、胁迫、利诱、诈欺、疲劳讯问或其他不正之方法者，其所获得之证据，不得作为证据"，才能真正保障犯罪嫌疑人在没有压力的环境中接受讯问。

③ 根据最近报载某侦讯社所违法取得的证据（侦讯社窃听某海军舰长的通奸事实），在地方法院引用违法取证排除的法则，判被告无罪。但是，上诉到高等法院时，却采用该"违法取得的证据"将被告判有罪。相同事实，法官的判决出现如此怪异的现象，司法如何得到人民信赖。之所以如此，并非刑事制度未采"违法取证排除的法则"，关键在于有些法官的罔顾不用。因此，我说部分实务界采严格的证据法则。

形式，才能匡正目前诉讼实务中检察官与法官过分纠问的弊端。①

第四节　远程之改革

一、当事人进行主义及缓起诉制度

是否实施当事人进行主义或缓起诉制度的这项大工程，势必使整个刑事司法制度有非常大的转变。职权原则是否一定不妥，当事人进行主义是否一定优于职权原则，都必须慎重考虑。德国的刑事制度采取职权原则与调查原则的制度，并未见有人批评该国司法制度不符时代需求或司法欠缺公信力。

以当事人进行主义为主的日本，一直是以德国的刑事制度为师法与研究对象。② 我国台湾地区"刑事诉讼法"源自欧陆法系，是否有必要改弦更张采取当事人进行主义、起诉状一本主义，③ 或缓起诉制度等，是一项非常值得省思的问题。④

---

① 由于未采取"集中审理"的关系，导致在诉讼实务无法确实落实辩论制度（包括事实、法律及证据的辩论），故演变成侦查程序中"检察官纠问犯罪嫌疑人与证人"，审判程序中"法官纠问被告与证人"的现象。

② 1999 年 5 月 13 日至 16 日在德国 Halle 大学举行的"刑法学家年会"，有许多日本的刑事法学者参加，柯耀程教授、陈樱琴教授与本人亦应邀参加。本人曾亲自请教该国的刑事诉讼法学者高田昭正、宫泽浩一、石冢伸一及山中敬一等教授，彼等毫不讳言地指出，日本虽然实施以当事人进行主义为主的诉讼制度，却仍有许多制度上的问题必须借重德国的先验。高田教授更语重心长地说，台湾应该寻找适合自身情况的刑事诉讼制度，不必学习美国，也不必向往日本。

③ 1991 年在林洋港先生担任"司法院"院长期间，亦曾由基隆地院试办"起诉状一本主义"制度，至于效果如何，就不得而知，参照 1991 年 3 月 31 日，自由时报。另外，"司法院"1998 年 7 月 1 日起，亦指定板桥地院为试办"刑事诉讼采当事人进行精神的制度"。两个地院所试行的制度都冀望"检察官的确实莅庭及具体举证"，但是，"检察官的确实莅庭及具体举证"，并非一定要在"起诉状一本主义"及"当事人进行主义"中才能获得解决，目前的问题在于现行司法实务中检察官未能确实履行法律所规定的任务，并非未采取当事人进行主义的缘故。

④ 有关于此，林山田教授有很深刻的评估意见。林山田，别迷失在主义的丛林中，台湾本土法学杂志创刊号，1999 年 4 月。美国的当事人进行主义已经沦为"诉讼竞技"而非发现真实，日本的以当事人进行主义为外表的制度已经有"审判空洞化"的危机，这些事实让我们忧心，难道只要采取"当事人进行主义"就能将刑事司法的一切弊端都改革了吗？参照蔡碧玉，当事人进行主义不应该奉作信仰，载 http://www.chinatimes.com.tw/news/papers/ctimes/cfocus/88040803.htm。

二、专业咨询管道之建立

具体革新措施中的项目之一是"专业咨询管道的建立"，这个制度的建立是新的科学知识及生活领域专业化所必行。专业知识咨询的管道在"刑事诉讼法"中已有鉴定的相关规定，"鉴定人"在诉讼程序中所扮演的重要地位，是诉讼实务中所不可忽略的事实[①]，鉴定人是法官的辅助人。然而，由于"刑事诉讼法"规定："鉴定准用人证之规定"（"刑事诉讼法"第 197 条参照），使得诉讼实务上将证人与鉴定人同样视为人证的误谬，其实鉴定人是在弥补法官专业知识的不足，在程序中应有其不同于证人的地位。在诉讼制度设计上专业咨询管道的建立所配合的制度可能是参审，当然，是否引进参审制度还必须经过审慎的评估。[②]

我国台湾地区在目前职权原则的诉讼制度下，参审制度的设计，应是比较可行的做法。[③] 将来参审制度可以设计，参审员应扮演对审判权控制的功能，主要目的是让专业法官的裁判可以受到牵制，并且让审判程序更加透明化，借由参审员的参与审判，让职业法官在审判时更加小心，对于证据的调查及其他裁判上的主要事实谨慎其事。而且审判的过程要在一般人都可以理解的程序下进行，如此，刑事诉讼就不完全是以专业术语与法律用语来进行，而是用一种让社会大众和被告都可以理解的观念来运作。

尤其重要的是，某些刑事案件的参审员应该是专家法官或鉴定法官，[④] 因为刑事不少案件都非常复杂，法官对于其他领域的专业知识，无法充分了解，例如，遇有涉及精神医学[⑤]、交通鉴识、建筑科技等案情时

---

① 在许多专门知识的认知上，法官必须得到鉴定人的协助来判断，此时鉴定人就如同是以"穿白衣法官"的姿态出现在法庭上。Schüler‐Springorum, "Benzin nach Metern", in Pohlmeier（Hrsg.）, Forensische Psychiatrie heute, 1986, S. 52.

② 从 1983 年"司法院"院会首长会议中所做结论："囿于国情，不宜陪审"，到 1988 年的"司法院"院长林洋港召开的司法会议中认为，欧陆参审制度值得试行，决议研拟法律，至 1994 年提出"刑事参审试行条例草案"的过程，似乎看出参审制比较可行，将来是否有真正实行的可能性，还必需经过审慎的评估。

③ 详细内容可参照张丽卿，德国刑事诉讼参审制之研究——兼论我国台湾地区"刑事参审试行条例草案"，刑事法杂志，1995 年 8 月，39 卷 4 期，18 ~ 64 页。

④ 这个看法与"刑事参审试行条例草案"（1994 年 3 月）第 3 条第 1 项中的少年案件，需选任具有教育、社会、心理相关知识或工作经验的参审员，及第 3 条第 1 项第 3 款的专门职业及科技性的案件，需选任具有相关之专门知识或技能的参审员的规定是相同的。

⑤ 关于刑事法学与精神医学的相关问题，详细内容可参阅张丽卿，刑事法学与精神医学之整合，1994 年 6 月，五南图书出版公司发行。

更倍觉困难。"刑事诉讼法"虽有规定,法官可以选任具有特别知识经验的鉴定人提供鉴定意见("刑事诉讼法"第 198 条参照),但是,如果法官本身具有与鉴定人相同的专业知识与经验的话,除了可以避免完全倚赖鉴定人的意见的情况外,[①] 还可以对案情作有意义且恰当的发问。完全倚赖鉴定人所提供的鉴定意见,无法对鉴定意见的正确与否加以判断,那无异就是鉴定人的裁判,而不是法官的认定。所以,援用具有专业知识的参审员,不但符合审判民主化的要求,也是改进现行鉴定人制度缺点的最佳选择。

第五节　结　语

"刑事诉讼法"是以保障人民的基本权利为核心,是一部"实质的宪法"。[②] "刑事诉讼法"的修正,攸关人民对司法的信赖。以"检察官攻击与被告防御对决的法庭活动"为诉求的刑事制度,或许比较可以满足一般民众的观赏需求心理,但能否达到发现真实与保障程序正义的目标,就很令人怀疑。[③]

与我国台湾地区刑事诉讼制度最为接近的德国,人民对其司法的信赖不曾稍有怀疑,因此,我国台湾地区的刑事制度可以考虑,仍以德国模式的职权原则架构为主轴的修法,将审、检、辩三面关系的地位都厘清在:实现司法正义与发现真实的刑事司法机关,彼此之间相互合作权责相符,共同为实现法治国公平正义的诉讼制度来努力。[④]

---

　　① 　法官之所以会形成倚赖鉴定人的原因,详细内容可参阅张丽卿,鉴定证据之研究,台大法学论丛,23 卷 2 期,311～314 页。

　　② 　例如,羁押的法律规定与现实性,被认为是一种法律政策气氛与文化的"地震记录器"(测震仪),参照张丽卿,刑事诉讼法理论与应用,2000 年 5 版,246 页。

　　③ 　参照第 8 页注②和注④的说明。

　　④ 　这样的修法应该较能符合我国台湾地区的文化背景,因为,寻求如何在改变最少却能达到最高效率的修改是最好的改革,实行"当事人进行主义"的口号,应该不是修法过程中的唯一指导原则。

第二章　参审制度之研究

第一节　前　言

　　我国台湾地区现行刑事案件的审判制度，第一审除了较重大的犯罪，由法官三人合议审判外，系采独任制，由独任法官一人审理。第二审虽完全采合议制，由法官合议审判。但揆诸事实，大部仍由法官一人（审判长）审理，其余两人只有合议之名，大部分无合议之实。依"刑事诉讼法"第154条及第155条规定，法官认定事实，应根据证据；证据之证明力，由法院自由判断。按理说，法官以其专门的法律知识与丰富的办案经验，本着良心及自由心证的法则①，取舍证据，发现真实，应该是没有问题才对。可是毕竟法官也是人，有时难免认错事实，尤其要在不肯认错服输的二人间，判断谁是谁非，在司法威信还没有完全建立起来之前，很自然地，平均每两个人就会有一个人认为法官裁判有问题。

　　这种现象，不但与法官个人有关，并且跟整个司法制度的设计息息相关。司法制度设计之良否，攸关到人民是否信赖司法及司法威信之能否确立。历年来的司法改革也都会重提我国是否宜引进"参审制度"的议题，如1994年3月间所决议的"刑事参审试行条例草案"，1999年7月间的全国司法改革会议决议"试行专家参审制"②，并于近日（1999年12月）所提出的"专家参与审判咨询试行要点草案"，都证明了司法当局致力于司法革新的努力，因此，对于如何建立一套适合台湾地区情况的刑事诉讼制

---

　　① 　关于自由心证的详细内容，可参阅张丽卿，鉴定证据之研究，台大法学论丛，23卷2期，1995年6月，305～329页。

　　② 　"司法院"秘书长杨仁寿于1999年8月16日召开相关幕僚会议，初步决定分"专家咨询"、"专家参审"两阶段实施专家参审制。第一阶段，在修宪、修法前，先仿日本体制，拟定专家参与审判咨询实施要点，再行试办；待修宪后，进入第二阶段，再修法试行专家参审制。参照"中国时报"，1999年8月17日第8版。

度，参审制度之研究即有预为借鉴的意义。①

本章拟从德国刑事诉讼参审制度②之施行状况及评估出发，探讨参审制度在德国实施之优劣情形，再评析"1994 年刑事参审试行条例草案"及"1999 年专家参与审判咨询试行要点草案"，章末并提出将来我国台湾地区导入专家参审制度时应注意的事项。③

第二节　德国刑事诉讼参审制度之现状

一、参审制度之理念

德国刑事诉讼参审制度的理念，在于由非职业法官参与审判。④ 亦即，由职业法官与平民法官（参审员 Schoffen）混合组成审判庭，从事法院特定案件的审判工作。例如，区法院中的参审法院，系由一个或两个职业法官及两个参审员组成；地方法院的小刑事庭，由一个职业法官和两个参审员组成；地方法院的大刑事庭，由三个职业法官和两个参审员组成。职业法官与参审员各具有同等之权利，共同参与认定被告是否有罪之评决。换言之，参审员与职业法官一同为案件之评议，行使与职业法官相同之评决权，其评决范围不限于案件的事实，并及于认定被告是否有罪，刑罚与保安处分的宣告。⑤

由于，参审员同时审理事实与法律问题，更能发挥合议制审理的功

① 事实上，从 1994 年的"刑事参审试行条例草案"的规定内容到 1999 年的"专家参与审判咨询试行要点草案"的规定精神，都是为了将来可能实施专家参审的预做准备。

② 在德国由参审员参与审判的法院，除了普通法院管辖刑事案件外，还有财务法院管辖财务案件、行政法院管辖一般行政案件。或在专门性案件，由专家所参与审判的社会法院、劳工法院及商事法院。本章为配合 1994 年的"刑事参审试行条例草案"的规定，仅就德国刑事诉讼参审制的现况加以介绍，其余不在本章探讨之列。

③ 对于我国台湾地区是否引进参审或陪审制度，从 1983 年"司法院"院会首长会议中所做结论："囿于国情，不宜陪审"，到 1988 年的新任"司法院"院长林洋港召开的司法会议中认为，欧陆参审制度值得试行，决议研拟法律，至 1994 年提出"刑事参审试行条例草案"的过程，似乎已迈进一大步，至于将来是否有真正实行的可能性，当然还必须经过审慎的评估。

④ Volk, Strafprozeßrecht, 1. Aufl., 1999, §5, Rn. 15.

⑤ 德国法院组织法第 194 条第 1 项参照。Vgl, Kleinknecht/Meyer - Grßoser, Strafprozeßordnung, 44. Aufl., 1999, GVG §149, Rn. 1; KK - Kissel, Strafprozeßordnung, 4. Aufl., 1999, GVG §29, Rn. 4; Pfeiffer, Gründzüge des Strafverfahren - srechts, 3. Aufl., 1998, Rn. 60.

能。比起陪审制度之下，只能由陪审员认定事实，职业法官不能参与评决，无法纠正陪审员可能错误判断的情况，自是比较符合合议审判之理念。因为，在参审制度下，职业法官与参审员共同作成裁判，职业法官可依其办案经验及法律素养，引导办案，提供正确数据给陪审员参考，防止误判，所以参审制是由陪审制改进演变而来的。[①]

另外，参审员参与裁判，有助于抑制官僚体系的膨胀，发挥制衡的功效，使人民信赖司法之公正性。[②] 因为，职业法官是公务员，既是公务员，那么职司法官之任用、升迁、奖惩的人事行政，必会影响法官的独立审判，故参审员之参与审判，可防止法官从属于官僚体系的弊害。

尤其，由于参审员来自一般平民，可以增加人民对司法的信赖感，此种由民众介入审判的理念，其实是民主基本思想的具体表现，直接贯彻主权在民的原理。[③] 因为职业法官判断案情，每每从法律的点出发，以至于过分僵化或钻牛角尖。但参审员来自社会各阶层，可凭其丰富的正义感，修正职业法官过于教条化的缺失；而且参审员选自民间，与具备高等教养的职业法官，对于社会变迁及生活方式的改变，必较为敏感，较更能反映社会环境的法律价值观，其所下的判断当然更能获得当事人的信服。如此，不但增加了司法的公信力，也使得裁判的质量更为提升。

二、参审制度之沿革

在德国有民众参与审判的情形，原有其悠久历史。在古老时期，并没有区分民事程序与刑事程序，人民团体的聚会就是法院。诉讼是以人民团体的首长当审判主体，但该审判者并无自行判决之权，必须向集会和具有势力的男人征询意见，此等被询问参与者之意见，经其他参加集会者之同意后，审判者即为判决之宣告。故询问的审判者与判决发现者（Urteilsfinder）不同，此即早期日耳曼人民的民众审判之型态。[④]

上述"民众审判"之情形，直至法兰克时代（frankishe Zeit），都没有太大的转变。嗣卡耳大帝（Karl dem Großen），改革审判程序，确立国王

---

①　Roxin, Strafverfahrensrecht, 25. Aufl., 1998, §7, Rn. 15.

②　Roxin, a. a. O., §7, Rn. 16.

③　Nowakowski, Reform der Laiengerichtsbarkeit in Strafsachen, Verhandlungen des vierten Österreichischen Juristentags 1970, Bd. 1, 5, Teil, S. 19; Roxin, a. a. O., §7, Rn. 16.

④　关于德国最早期到 19 世纪时，民众参与刑事审判的详细历史内容，可参照 Benz, Zur Rolle der Laienrichter im Strafprozeß, 1982, S. 15 - 44。

主权后，人民的集会才被部分常任者的集会所取代，审判程序也逐渐纠问化，民众参与审判地位被专门的法律家所取代，由此也确立职业法官的制度。

后来因为民主自由主义的影响，诉讼制度也随之改革，人民参与审判的制度再被考虑援用，尤其是拿破仑占领德国后，于1789年实施所谓法国式的陪审，只是，法国式的陪审，仅限于重罪，一般轻微的案件，人民仍然无从参与审判①。直至1879年实施的法院组织法②，才把民众参与审判的参审法院和陪审法院列入规定，由参审法院负责审理中等严重程度的犯罪，陪审法院则负责决定重大程度的犯罪。这种由法律门外汉参与刑事诉讼的情形，到威玛共和时期仍然采用，所谓"陪审法院"是一种大的参审法院，由六个陪审员和三个职业法官所组成。这种民众参与审判的情形，在纳粹时期有两个阶段，首先是民众仍然广泛参与审判，但是在战时，由于审判制度日趋强权化与简易，于是参审员就消失了。③

战争结束后，在自由及民主的原则下，由于参审法院的根深蒂固，民众又重新参加审判，德国各邦又继续使用参审制度。1945年颁布控制咨询法④（Kontrollratsgesetz），在该法中规定民刑诉讼的管辖和法院的组织，而法院的组织主要是依魏玛共和时期的法律状态，亦即，区法院、地方法院、高等法院重新被采用。1946年联军授权，德国各邦可以由参审员参与刑法的审判实务，所以，就形成了许多参审法院，而且巴伐利亚邦又重新采用陪审制度（大参审法院）⑤。

一直到1950年新的统一法律才诞生，该法规定法院的组织、民法的法律实务、刑事诉讼程序、诉讼费用等，该法对于现行的法院组织，及1974年的法院组织法，都有重要性的影响。其后，1975年修正公布法院组织法，将陪审法院的专章规定删除，目前陪审法院，只是一个特别的刑事庭，而参审员的数目，被减少成为两名而已。⑥

---

① Benz, Zur Rolle der Laienrichter im Strafprozeß, 1982, S. 45.
② 该法院组织法是在1877年所制定，但迟至1879年才开始生效实施。Benz, a. a. O. , S. 52.
③ Benz, a. a. O. , S. 52.
④ Benz, a. a. O. , S. 59.
⑤ 该陪审法院实施至1950年新的统一法律诞生时便废止。Vgl, Benz, a. a. O. , S. 59.
⑥ Benz, a. a. O. , S. 60.

三、参审法院之组织与管辖[①]

以上法律的沿革与回顾，让我们明了业余法官在刑事司法审判上的意义及其影响，是和政治社会现状息息相关的。以下探讨德国法院组织法中的参审法院的组织与管辖，与参审员的制度，因为，我们可以从彼邦的法律规定中得知，参审员对现代司法的功能与意义，而且唯有对这种情况清楚认识后，才能得知德国立法上的可能缺失，以作为我们的参考。

（一）区法院的参审法院[②]

1. 参审法院（Schöffengericht）

参审法院由区法院法官一人及参审员两人组成，管辖非独任法官审判之轻罪案件及非属高等法院管辖之重罪案件，并不得为 3 年以上有期徒刑或令犯罪嫌疑人监护或保安监禁之宣告（法院组织法第 23 条、第 25 条、第 28 条、第 29 条参照）。在主要审理程序开始时，参审法院依案件之范围，认显有必要请求协助，得依检察官之声请[③]，裁定增加一位区法院职业法官，构成"扩大参审法院"。

2. 少年参审法院[④]（Jugendschöffengericht）

少年参审法院亦设于区法院。少年参审法院系由一位少年法院法官及两位少年法院参审员所组成，其中一名为男性一名为女性，并且必须具备教育之能力与经验（少年法院法第 33 条、第 35 条参照）。少年参审法院管辖应科刑罚之少年犯罪事件；又伤害或直接危害儿童或少年之成年人犯罪案件，及成年人违反少年保护及教育规定之案件，检察官得于较符合保护少年之目的情况下，选择向少年法院起诉，如此，本属普通参审法院管辖之案件，转而为少年参审法院审理（法院组织法第 29 条）。

（二）地方法院的参审法院

1. 小刑事庭（Kleine Strafkammer）

地方法院的小刑事庭，是由一位担任审判长的职业法官和两位参审员所组成，主要受理区法院独任法官所判决之第二审上诉案件。

---

① Roxin, a. a. O., §7, Rn. 16；Beulke, Strafprozeßrecht, 3. Aufl., 1998, Rn. . 41ff.
② Rüping, Das Strafverfahren, 5. Aufl., 1997, S. 25；Kühne, Strafprozeßlehre, 4. Aufl., 1994, S. 25.
③ "声请"一词，在我国大陆的同义法律术语为"申请"。——编者注
④ Kleinknecht／Meyer - Großer, a. a. O., A9 JGG, §33. 35. 41.

2. 大刑事庭（Große Strafkammer；Schwurgericht）

地方法院大刑事庭的前身即 1924 年废止前之陪审法院，废止前之陪审法院，系类似真正英美式的陪审法院。[1] 管辖可处死刑之重罪，非经常设，视有需要时于地方法院组成之。1924 年改革后，使其成为大参审院，因其系由三位职业法官和六位陪审员所组成，陪审员与三位职业法官共同评决罪责与量刑，故此之陪审法院，实际上也只是规模较大的参审法院。1975 年法院组织法修正时，更进一步将第六章第 79 条至第 92 条关于陪审法院的专章删除。现行法院组织法第 76 条重罪案件（法院组织法第 74条）的管辖法院，虽亦名为陪审法院（Schwurgericht），但其构成员已由以前的三位职业法官与六位陪审员改为三位职业法官与两位参审员所组成，且适用一般参审之规定，故陪审法院已是名存实亡的名词而已。[2]

如前所述，大刑事庭是由三位职业法官与两位参审员所组成，管辖故意杀人、某些特定致死案件（如伤害致死、强盗致死等）、情节特别严重之公共危险犯罪（如放火或引起核能爆炸案件等），经济犯罪（经济刑庭，法院组织法第 74 条参照），国事保护（轻微国家犯罪案件），由区法院参审法庭上诉之案件，其他，如由区法院移转案件（因区法院不能宣告超过3 年之审判，科或并科监护或保安监禁之处分）。[3]

3. 少年法庭（Jugendkammer）

设立于地方法院的少年庭，是由三位职业法官与两位参审员所组成，参审员应为男女各一名。受理原属陪审法院（大刑事庭）管辖之犯罪事件和管辖少年参审法院所为判决之第二审上诉，并得审理少年与成年人相牵连之案件，而该成年人原应由大刑事庭管辖者（少年法院法第 41 条参照）。[4]

---

① Roxin, a. a. O. , §7, Rn. 15.
② Roxin, a. a. O. , §7, Rn. 15. 18.
③ Beulke, Strafprozeßrecht, Rn. 41ff.
④ Ranft, Strafprozeßrecht, 1. Aufl. , 1991, S. 19ff.

四、参审员制度

（一）参审员的选任[①]

1. 一般条件

能够被任命为参审法院的参审员的一般条件，必须仅是"德国人"，且年满25岁；故已满70岁或参审员任期开始时将满70岁，或造具参审员推荐名册时，在该区居住未满1年者，不应加以任命（法院组织法第31条、第33条第3项参照）。[②]

2. 不应任命的理由

不应任命的理由是指，具有法院组织法第33条、第34条的不适格情形，及法院组织法第32条的不具参审员能力的情形。[③]

依照法院组织法第33条、第34条的不适格情形是指，法院组织法第33条第4项的因精神或身体耗弱的原因而不适合担任参审职务。[④] 及依照法院组织法第34条的规定，如联邦总统、联邦或各邦内阁阁员、随时得暂另其待命或退休之公务员、法官、检察官、公证人、律师法院或警察局之执行人员、刑事执行人员、专职观护人、法院助理人员、神职人员、类似以维系人类共同生活为职责之宗教团体成员、曾任名誉刑事法官8年且其职务结束距参审员任期开始未逾8年者、依邦法律规定不应委以参审职务之高级行政人员等，均为不适合担任参审员之人（法院组织法第33条、第34条参照）。

另外，由于参审员是名誉职，所以如有下列情事之一，即绝对无担任参审员之能力（法院组织法第32条参照）：

（1）依法被褫夺公职（德国刑法第45条、第45条b参照）的就任权，或因故意犯罪受6个月以上有期徒刑之宣告。

（2）因犯罪进入侦查程序，可能被褫夺公职就任权。

（3）受禁治产之宣告。

以上三种情形是绝对消极性之要件，如果误被任命为参审员，又参与

---

① Kleinknecht/Meyer - Großer, a. a. O. , GVG § 31 ff.

② Benz, a. a. O. , S. 66 – 68.

③ Löwe/Rosenberg, Die Strafprozeßordung und das Gerichtsverfa - ssungsgesetz, 24. Aufl. , ab 1984, V (Schäfer) Vorbem. Zu § 32 Rdnr. 3.

④ Löwe/Rosenberg, a. a. O. , V （Schäfer） § 34 , Rdnr. 9.

审判，则该法院组织不合法（刑事诉讼法第 338 条第 1 项参照），是上诉第三审之原因，应将原判决撤销。[①]

3. 参审员职务的拒却

最后，由于考虑可能因为就任参审职务，将增加下列人员的公共性职务或生活上的负担，所以，准许下列人员拒绝担任参审员（法院组织法第35 条参照）：

（1）联邦众议院或参议院议员，各邦众议院或参议院议员。

（2）甫卸任之刑事参审员，其任期中已服满 40 日之工作义务；已就任名誉法官之职务者。

（3）医师、牙医师、护士、儿童护士、护理人员、助产士。

（4）无助手之药房负责人。

（5）需直接或亲自照顾家庭，执行职务显有不能者。

（6）已满 65 岁，或于任期届满时将满 65 岁者。

（7）因执行职务，对自己或他人造成维持经济生活地位有危害或严重影响者[②]。

（二）参审员名册的造具

1. 区法院参审员[③]

（1）参审员推荐名册之制作

各乡镇每四年应编制参审员推荐名册，参审员推荐名册的制作机关是乡镇代表会（Gemeindevertretung），且需经乡镇代表会法定人数 2/3 的同意。对于推荐之人选必须能对全部居民有代表性，故应对所有居民团体，依其性别、年龄职业及社会地位，作适当的考虑。名册中必须记载推荐人选的出生姓氏、姓名、出生日、出生地、住址、职业。参审员推荐名册之提名比例，原则上是各乡镇居民的 3‰。最后，参审员名册应在各乡镇做为期一周的公开陈列，供人阅览，陈列阅览日期并应事前公布，俾利于异议权人得对此名册提出异议（法院组织法第 36 条参照）。

---

① 关于德国刑事诉讼法第 383 条第 1 项的适用情形，详细内容可参照 Meinen, Die Heranziehung zum Schöffenamt, 1993, S. 158 – 174. Vgl, auch Kleinknecht/Meyer – Großer, a. a. O., GVG § 32. Rdnr. 7; Löwe/Rosenberg V (Schäfer) Vorbem. zu § 32 Rdnr. 3.

② 该款是系 1990 年增之拒却事由（BGB1 I 2847, 2853），Kleinknecht/Meyer – Großer, a. a. O., GVG § 35. Rdnr. 2.

③ Kleinknecht/Meyer – Großer, a. a. O., GVG § 36ff.

（2）参审员推荐名册之异议

在参审员推荐名册中有第 32 条不得列入之绝对原因，或第 33 条、第 34 条之不应列入的人员时，得于参审员推荐名册陈列阅览终结后一周内，以书面或列入记入之方式，提出异议。异议权人不限于乡镇居民，惟以限于区法院管辖区域内之居民较妥。对于推荐名册的异议，乡镇长应将名册连同异议书送交管辖区域的区法院法官，由参审员选举委员会以过半数的决议为之，该决议应列入记录，不得撤销（法院组织法第 37 条、第 38 条、第 41 条参照）。

（3）参审员推荐名册之更正

参审员推荐名册送出后，有更正的必要时，乡镇长应向区法院法官申告，更正之原因，不限于第 37 条所述之情形，更正的机关亦为参审员选举委员会（法院组织法第 38 条参照）。

（4）参选员之选任

参审员之推荐名册依上述程序制作后，由乡镇长送交管辖区域之区法官，依下列程序选出参审员：[1]

首先，区法院法官汇集管辖区内各乡镇提出之参审员推荐名册，造具该管辖区域之推荐名册，对参审员推荐名册的异议裁定进行准备，并对所有被推荐名册人的资格，及是否做为期一周的公开陈列与事前阅览日期的公布事项加以审察，并订正偶发之错误（法院组织法第 39 条参照）。

其次，参审员是由参审员选举委员会所选出。"参审员选举委员会"是由区法院法官、邦政府指派之行政人员 1 人、居民代表 10 人所组成的团体。居民代表，由与区法院管辖区相当之下级行政区域代表会代表，以其法定人数 2/3 的多数，自区法院管辖区域中的居民选出，此时如果区法院管辖区包括数行政区域或数行政区域之一部时，由主管之邦行政官属决定，各该行政区域代表会应选出之居民代表人数。委员会与主席、行政官员、居民代表 5 人以上出席时，有决议之能力。居民代表的权利义务，与参审员同，依名誉法官补偿法之规定，取得补偿。且无正当理由未出席开会，或以其他方法逃避义务者，科以罚锾，并命其负担所引起的费用（法院组织法第 40 条、第 55 条、第 56 条参照）。

---

[1] Kleinknecht/Meyer – Großer, a. a. O. , GVG § 39ff. ; Kathlnigg/Bier – stedt, Sind bei den Schöffen alle Gruppen der Bevölkerung angemessen berüsichtigt? ZRP 1982, S. 267.

再次，参审员选举委员会每四年召开一次，委员会以区法院法官为主席，居民代表为会审人员。委员会首先对于参审员推荐名册的异议加以裁决，以过半数的评议为之。同数时，由主席投票决之。该项裁判应列入记录并不得撤销。接着，就订正后的参审员推荐名册，以 2/3 多数的选票选出，法院所需的参审员人数、参审员有事故时的代理人及后补参审员之人数。选举时应对各居民团体，依其性别、年龄、职业、社会地位做适当的衡量（法院组织法第 40 条、第 41 条、第 42 条参照）。

最后，经过上述程序所选出的正式参审员、后补参审员，应分别制作名册，登录于各区法院的参审员名册，在决定开庭的期日。每个区法院所需要的正式参审员及后补参审员人数，由邦法院院长（区法院院长）决定之。总计每一参审员每年应邀出席正式开庭的日数，不超过 12 日。至于参加正式开庭日的顺序，则于区法院开会时以抽签决之（法院组织法第 43 条、第 44 条、第 45 条参照）。

2. 地方法院参审员

地方法院刑事庭参审员的选任，原则上准用有关区法院参审法院参审员的选任规定。亦即，由同一"参审员选举委员会"就相同的"参审员推荐名册"中，选出地方法院刑事庭之参审员。其中当然有一些不同，如刑事庭参审员的人数，由地方法院院长决定之；地方法院院长应汇集参审员姓名，作成地方法院参审员名册。一人不得同时担任区法院的参审员和刑事庭的参审员，在同一司法年度内，仅能被任命为区法院参审法院或地方法院刑事庭参审员。同一司法年度内，于一区域内或数区域内受命数参审员职务者，该受命人应接受最先任命之职务（法院组织法第 77 条参照）。

3. 少年法庭参审员

少年法庭参审员的选任，与区法院参审员的选任大致相同。只是依少年法院组织法规定，少年参审员的资格有特别的限制，亦即，必须具备教育的能力与经验，且男女各占一名。此外，在选任的程序上也有稍些不同，如"少年参审员推荐名册"，并不是由乡镇代表会制作，而是由"少年福祉委员会"制作。至于"参审员选举委员会"的成员，与前述区法院的参审委员会相同，只是以少年法院法官为主席所组成。最后，不论区法院的少年参审法院参审员，或地方法院的少年庭参审员，都是两名，故参审员名册应分男女分别制作。①

（三）参审员的职务与权限

参审员虽被解释为不是德国宪法上的法官②，但是，参审员在刑事案件的审理中，原则上其地位与职业法官相同，享有与职业法官相同的投票权，并得参加与判决无关及不经言词辩论程序的裁定。关于其行使职务的任务及权限，可分述如下：

1. 听审的义务

听审的义务指的是，准时出庭及合乎公务员规定的听审，依法院组织法第 56 条的规定参审员有准时出庭义务，亦即，参审员必须准时出席开庭，如无充分之理由未适时出庭，或以其他方法（如缺席或迟到）来逃避其义务时，应科以秩序金（Ordnungsgead）。比较有疑问的是以秩序金作为罚则的规定。亦即，如果参审员违反法院组织法第 56 条行为义务的规定，将会被科处秩序金③，这种秩序金处罚的决定，由审判长以裁定为之，参审员只能依照刑事诉讼法第 304 条第 2 项提出抗告，而且依法院组织法第 56 条第 1 项规定假如参审员未出席，还要命其负担缴交所引起的费用④。但是，这个规定受到学术界的批评，因为，违反了法官平等的原则。⑤ 依照法院组织法第 30 条的规定，在审判期间，参审员与职业法官有完全相同的权限与投票权，参审员自己是以自我负责的态度，来担任法官的审判工作，立法者给参审员在审判当中有完全的法官权利。这尤其是在参审法院的组成，及小刑事庭更为明显，因为，在小刑事庭参审法官可以违反职业法官的意见，坚持己见作成判决，但是，法院组织法第 56 条的规定，却有意限制这种平等地位，因此，并没有任何实质上的理由，可以让平等原则的废弃合理化（如对于询问权的限制，也是相同的），所以，很明显

---

① Kleinknecht/Meyer, a. a. O. , GVG. A9 JGG § 35；Ranft, a. a. O. , S. 14.

② Pfeiffer, Grundzüge des Strafverfahrensrechts, 3. Aufl. , 1998, Rdnr. 59. 有关参审员参与审判，是否有违背宪法之虞，详细内容可参阅苏永钦，从宪法及司法政策角度看参审及其试行，宪政时代，20 卷 3 期，30～31 页。

③ 这种秩序金处罚的额度，从最低 5 马克到最高 1000 马克。Benz, a, a, O. , S. 74.

④ 这些费用包括：该期日的律师、鉴定人、证人及法院执行秩序金的一些费用。Vgl, Löwe/Rosenberg V（Schäfer）, § 56, Rdnr. 6.

⑤ Kühne, Die Zusamenarbeit zwischen Berufsrichtern und ehrenamtlichen Richtern, DriZ 1975, S. 393f. ；Rüping, Funktionen der Laienrichter im Strafverfahren, JR 1976, S. 272.

的，职业法官得到比较多的权限。①

2. 调查审理时的权限

在职权调查原则②之下，指挥诉讼是审判长的权限，但是，为了符合直接审理及口头辩论原则的原则③，也有讯问的权利，所以在诉讼程序进行中，参审员能够讯问被告、证人、鉴定人（刑事诉讼法第 240 条第 1 项参照），当然审判长能制止参审员不适当或与案件无关的讯问④（刑事诉讼法第 241 条第 2 项参照）。此外，在审判程序进行中，对于与判决无直接关系的裁定，如被告无正当理由不到庭得为拘提的裁定、羁押的裁定（刑事诉讼法第 230 条第 2 项参照）、证人能否拒绝证言的裁定（刑事诉讼法第 52 条、第 53 条参照）等事项，参审员与职业法官均享有同等的决定权。⑤

3. 判决时的权限

调查证据完毕后，参审制的合议法庭，由担任职业法官的审判长，主持评议，提出问题与收集投票（法院组织法第 194 条第 1 项参照）。关于问题的争点、意见及顺序或投票的结果意见分歧时，由法院裁判之。裁判，除法律另有规定外，法院的评议，以绝对的多数为之。因此，刑事案件，除罪责问题外，意见超过二说，如意见各不达必要的过半数时，由最不利被告意见之得票，顺次算入次不利被告意见，至达必要之过半数为止（法院组织法第 196 条参照）。关于罪责问题及犯罪法律效果的任何不利被告的裁判，均须达 2/3 多数票的决定。罪责问题，包括刑法所规定的特别情况，如阻却或加减刑罚（刑事诉讼法第 263 条参照）。在自由心证主义之下，关于事实的认定，法院依调查证据的结果，总合全部审理所得的确信，以自由心证裁判之，故法官或参审员，不得因前一问题表决时为少数

---

① Kühne 认为，这是一种权限上的大落差。Kühne, a. a. O., S. 394.

② 德国刑事诉讼制度与我们的制度一样，同样都是采以职权调查主义为本的诉讼制度，而且有个有趣的现象是，我国台湾地区"刑事诉讼法"虽然有规定交互诘问的制度（"刑事诉讼法"第 166 条参照），但是，形同具文；德国也有交互诘问的规定（德国刑事诉讼法第 239 条），只是不谋而合的是：在彼邦和我们相同，几乎也不曾使用。Roxin, Strafprozeß - echt, Prüfe dein Wissen, 15. Aufl., 1997, S. 174.

③ Rüping, Funktionen der Laienrichter im Strafverfahren, JR 1976, S. 272.

④ 但是，刑事诉讼法第 240 条第 2 项的规定，被德国学术界批评为违反法官平等原则。Vgl. Kühne, Die Zusamenarbeit zwischen Berufsrichtern und ehrenamtlichen Richtern, DRiZ 1975, S. 393；auch Rüping, a. a. O., S. 272.

⑤ Benz, a. a. O., S. 80f.；Kleinknecht/Meyer - Großer, a. a. O., StPO § 52. 53. 230.

意见而拒绝对后一问题投票。表决的顺序，以年资定之，年资相同时，以年龄为准。有指定报告人时，由报告人最先投票，审判长最后投票（法院组织法第 197 条参照）。①

4. 补偿

参审员虽属荣誉职，但是，根据名誉法官补偿法的规定，有旅费、支出费用和时间上的补偿三种权利可以请求（法院组织法第 55 条；名誉法官补偿法第 1 条参照）。虽然参审员的工作并不困难，但是，从 1913 年的荣誉法官参与法院审判补偿法规定，参审员是可以得到补偿的。这里主要考虑到参审员要承担重大的时间损失。因为，参审员可能要经过很长的车程，才能到达法院所在地，而且，在当天已经无法从事本来的行业，所以参审员不只是因为时间的损失，或者是旅费的支出得到补偿，甚至也可能因为有其他的支出而得到补偿。②

五、参审制度之实务与评估

（一）废除参审的理由

在德国自从重新让民众参与③刑法实务审判工作后，一直都有反对的意见，对于人民法官的意义、任务与本质也一直存在争论，这些反对意见主要是参审员可能由于他们的专业知识不足，对于裁判根本没有任何帮助，而且在现代民主国家，也没有必要让人民去监督职业法官，因为，职业法官的专业与人格，都必须从国家独立出来，④ 这些反对者的意见，最终的要求是，希望完全由职业法官，组成合议庭，并且废除业余法官。⑤这些反对意见有：

---

① Benz, a. a. O. , S. 84 – 85；Kleinknecht/Meyer – Großer, a. a. O. , StPO §261. 263；GVG §194. 194. 196. 197.

② Löwe/Rosenberg, V（schäfer）§43 DRriG Rdnr. 28.

③ 从 1848 年民众再度参与审判工作后，对于参审制度的问题，一直都有批评的意见。Vgl, Benz, a. a. O. , S. 199.

④ Nowakowski, Reform der Laiengerichtsbarkeit in Strafsachen, Verhandlungen des vierten Österreichischen Juristentags 1970, Bd. 1, 5, Teil, S. 22f.

⑤ 像 Volk 对于参审制度的功能就非常质疑。笔者依稀记得，1992 年，我在德国念学位，我曾修习他所授刑事诉讼法的专题课程时，有学生曾问询到参审制度的功能时，他仅以耸肩及一副无奈的表情应之。更详细的内容可参阅，Volk, Der Laie als Strafrichter, Dünnebier – FS, 1982, S. 373f. 或是 Volk, Strafprozeßrecht, 1. Aufl. , 1999, S. 16。

1. 受专业法官审判的请求

业余法官参与审判的缺点，就是被告应当有权利接受专业法官的审判，而不是由业余法官审判。因为，法官必须要有能力，依照刑事诉讼法的原则，去引导诉讼的进行，让实体刑法的要求可以实现，依照法律的规定为基础，作成最正当的价值判断。业余法官基本上不是专业人士，尤其，法律专业人士必须被排除担任参审员，① 这样的规定会使得被告产生一种感觉，那就是，他们面对的并不是法律的专业法官。

参审员只能非常有限的，在诉讼进行当中有一些知识，这些法律知识是他们参与审判，或从其他的来源如电视、文学作品所获得的法律知识。② 由于刑事诉讼的裁判结果，对于被告有非常深远的影响，所以，反对参审的人认为，裁判本身只能由受过良好训练，而且有经验的职业法官才能做好。也唯有如此，被告才最有可能免除错误的裁判或错误的制裁，这样合乎法律秩序的正当裁判，也才能够形成。

附带要提的是，参审员可能也会有一些错误的例子，如要求宣告法律所未规定的刑罚，像要求对被告宣判死刑，或要求超越法定刑的裁判，或是要求对不应受刑罚制裁的人加以制裁，③ 而这些错误演变出的情形，在诉讼程序中是经常可见的。

2. 欠缺专业知识及生活经验

毫无疑问，参审制度的另一个负面评价是，参审员欠缺专业知识及司法经验，欠缺专业知识及司法经验就有可能会导致错误的裁判，例如，参审员对于法律所要求的构成要件的合致不了解时，他如何能作成判决？像是对于鉴定报告的专业术语的不了解，或是如何掌握经济犯罪基础中的财物报表，或是不明白司法精神医学上的知识等。④

当然，对于某些刑事案件，参审员刚好有自己的专业知识，而可以帮助职业法官，不过绝大部分的诉讼程序，像比较重大的犯罪，参审员在他的生活经验中，是从未面对过的。但是职业法官就不相同，他们可以经由日常的工作，经由时间的累积，可以认识到陌生的状况，对于犯罪行为的

---

① 依照德国法院组织法第 34 条第 4 项及第 5 项的规定，法官、检察官、律师、公证人、法院或警察局之相关执行人员，均为不应任命为参审员的专业人士。

② Nowakowski, a. a. O. , S. 58.

③ Nowakowski, a. a. O. , S. 60.

④ Benz, a. a. O. , S. 201.

特殊性，也可以借由专业的经验而有相当程度的理解。[1] 因此，职业法官可以经由较多的职业上的经验，形成对人的理解比较透彻，进而对于应加刑罚制裁的不法要件有比较正确的判断。

根据 Casper/Zeisel 的研究，参审员如果有相当程度的生活经验，都必须在 40 岁以上，[2] 比较年轻的参审员，对于专业知识及司法经验的缺乏，尤其严重。[3] 对于业余法官缺乏专业知识的缺陷，也许可以成立特别的法院，由具有专业能力及有经验的参审员来帮助判断，不过，要引用具有专业知识的参审员，首先在组织上就遭到困难，此外，这样的规定与做法，也是非常不经济的，因为，有一些案件即使是职业法官的专业知识，也听不懂鉴定专家的报告。而且鉴定人的意见只能当作是鉴定数据，鉴定人不能是合议庭的一员，这种参审员欠缺专业知识的情形，也无法经由专业训练课程来加以改变，因为，法律上的"半调子"训练，只会伤害诉讼程序，[4] 所以，只有职业法官才能对法律问题负责，参审员的任务因此就受到限制，参审员自己的生活经验与对人的理解在诉讼程序上有时是无法发挥的。

3. 人民代表性的问题

反对法律门外汉参与诉讼的人，主要的批评是认为无人民代表性，无疑地，在 19 世纪时，由民众来参与司法审判，是民主国家所不可避免的情形。[5] 可是，在今天这种想法已经过时了，因为，虽然有些人认为业余法官可能也有民众代表性，但是是否真正有民众代表性？在德国和瑞士是不相同的，[6] 因为，在瑞士是从居民直接选出来的经常性或非经常性的业余法官。但是，在德国参审员挑选会议，是有其政治上观点的，而且只有特定适格的人才会被列入，如此便会导致，没有代表性的劳工阶级，或家

---

① Liekefett, Die ehrenamtlichen Richter an den deutschen Gerichten. Diss 1965, S. 115; Benz, a. a. O. , S. 202.

② Casper/Zeisel, Der Laienrichter im Strafprozeß, 1979, S. 78.

③ Jescheck, Das Laienrichtertum in der strafrechtspflege der BRD und der Schweiz, Sweizerische Zeitschrift für straftrecht, 1977, S. 242.

④ Kühne, a. a. O. , S. 393.

⑤ Jescheck, a. a. O. , S. 237f.

⑥ 根据 Jescheck 的看法，在瑞士参审员的选任方法是较有代表性，而不具政治色彩的。Jescheck, a. a. O. , S. 237f.

庭主妇，很少有被选出的机会。① 因此，如果在实务上不能做到对民众直接选择，那么，代表性的问题就会出现，因为民众没有机会去应征参审员，也就是民众没有要求被列入参审员推荐名单的权利。另外，可能有些人因为参与政党工作，就有机会成为参审员，而且截至目前为止，根本也没有研究指出，德国民众对参审员有何正面的评价。②

4. 费用的问题

参审制度的财政上负担，也很受到质疑。所以，有人提出援用参审员，并没有让鉴定报告的费用减少，因此，在有鉴定人存在的制度下，是否仍然还要有参审制度？就有值得探讨之余地。③

5. 违背直接审理主义与言词辩论主义的精神

由于直接审理主义与言词辩论主义（德国刑事诉讼法第 261 条、第 264 条参照）系德国刑事诉讼的大原则。这两种主义必须在言词辩论集中审理时，才得以具体化。故起诉前所作成的卷宗及证物，在审理当中对参审员开示的话，就不符合直接及言词审理主义的原则。④ 因为，起诉前作成的卷宗及证物，是由检察机关单方面所作成的书类，并没有经过言词辩论程序，不符合直接言词辩论主义的精神。⑤ 所以，参审员经常有违背上述原则之虞，造成实务界的困扰。换言之，如在审理时，参审员反复不断地参阅这些卷宗及证物所形成的心证，便违反了直接及言词审理的原则。因此，就曾经有案件因为违反了上述原则，成为上诉第三审的理由，而被联邦最高法院撤销原判决的案例。

例如，1958 年 11 月 17 日的联邦最高法院的判决（BGHSt. 13，73）。由于审判该案的陪席法官手腕受伤，手不能自由活动，由隔邻的参审员帮忙翻阅起诉书，就在帮忙翻阅的同时，也数次看到起诉书的内容。虽然，

---

① 依照 Casper/Zeisel 的研究，劳工阶级只占所有陪审员的 12%，家庭主妇则仅占 13% 而已。Vgl, Casper/Zeisel, a. a. O., S. 77.

② Nowakowski, a. a. O., S. 81.

③ 但是这种反对意见似乎太过于牵强，是一种对于参审制度功能上的误认，因为，参审员不是鉴定人，也应该不是鉴定人才对。

④ 关于参审员在审判前是否就有调查的权限，如得到起诉书的复本、档案的检视等，是很有争议的。有些人还是认为，如果参审员能够事先知道卷宗的内容，一方面，他能对审判比较了解而积极参与；另一方面，他也应当尽可能没有偏见地调查证据，不受调查结果的影响，形成自己对裁判的意见。Beulke, Strafprozeßrecht, 3. Aufl., 1998, Rn. 408.

⑤ Terhorst, Information und Aktenkenntnis der Schöffen im Strafprozeß, MDR 1988, S. 810f; Beulke, a. a. O., Rn. 408.

参审员辩解并未注意看起诉书的内容，只是想要了解一下，被告的供述是否与证人的证言相一致而已，并没有妨害言词辩论主义。但是，联邦最高法院认为：起诉书所记载的内容，是侦查机关的侦查结果，基此结果所下的判断，恐怕无法排除先入为主的偏见。换言之，参审员从比较审判中调查证据的结果和起诉书所记载的侦查结果，所做的评价与判断，其实也一并考虑了侦查的结果。尤其，在事实还不清楚的情况下，更有可能只是从起诉书所得的知识来下判断。在这种情形下，是无法贯彻言词辩论主义的精神，因而为了遵守上述原则，当然应该尽量排除，可能造成先入为主的一切危险，联邦最高法院因而决定撤销该案的原判决。①

（二）保留参审的理由

尽管对于参审制度的运作在实务上有那么多的疑虑，但是，支持参审制度的人却以为，参审不宜骤然废除，因为，它还是有下述的优点：

1. 参审法院是民主制度的结果

支持参审制度的人认为，参审工作是民主宪政的一个要素，② 让民众可以参加司法的裁判，这样不但可以确保不只是经由立法者来树立价值判断，人民也可以经由审查法律的运用，成为司法的主体，而不只是司法的客体而已。③ 由于参审法官是间接地经由政党代表所选出，参审员对于司法的共同作用，可以当作是民主的要素，经由参审员参加立法者所树立的价值判断的实践，是人民自主权利的一部分，此外，也给人民一种机会，把法律当作是自己的事情来做。④

2. 参审符合裁判是以民意来宣判

在德国的判决书经常要写：依人民的意见，本法官作如下的判决。在判决书是如此记载的情形下，唯有真正让民众参加审判，才有可能使得判决正当化，被告也因此才能接受经由民众参与的判决，由于整个法律的行

---

① Terhorst, a. a. O. 该裁判更早的先例是帝国法院时期的案例（RGSt 69，120），该案例也是因为考虑到参审员是由起诉书的内容形成心证，由于可能有违反直接及言词辩论主义的原则而加以废弃。参照 Karlsruher Kommentar，简称 KK - Kissel，GVG §30，Rn. 2.；Beulke, a. a. O.，Rn. 408。

② Roxin, a. a. O.，§7，Rn. 16；Nowakowski, a. a. O. S. 19.

③ 不过，参审制度不见得就最符合民主的原则，因为立法者透过立法的选择，其实已充分符合民主的原则，而且法律经由司法与行政的实践，也未必一定要民众来参与，尤其职业法官的选择，是经由法官遴选委员会选出，这个委员会其实也建立在民主的基础之上。Vgl, Nowakowski, a. a. O.，S. 19ff.

④ Peters, Strafprozeß, 4. Aufl.，1985，S. 121.

为规范是由人民所选出的立法者来规定，人民的行为是否有违法，亦应由民众来决定。①

3. 社会大众对司法的信赖与了解

支持参审制度的人一再强调，只有借由参审制度才能唤醒社会大众对司法的信赖与了解。在启蒙时期，参审员被认为是控制司法的唯一保证，可以协助直接的与公开的审判程序，对于秘密的诉讼与法官的专断，可借由参审员的不可收买及不受影响的情况下加以控制，让人民对司法的信赖重新获得。② 从那时开始，刑事诉讼就与人民非常接近，所以，必须对这样的原则好好加以保存。③ 因为，每个人对自己的行为规范必须加以了解，然后才能接受行为规范的要求。对于一个错误的行为，也必须让一般市民可以辨认，并且让民众感受到可能的制裁是一种自然的反映。

有鉴于此，刑事诉讼原则上应公开，每个人应该都能够共同体会到，国家对错误行为的反应，这种对司法正义的信赖，④ 可经由参审法官的参加审判而加以强化，因为，参审法官来自一般的市民，所以，如同黑箱作业般的秘密审判就成为不可能。

一般人对法律问题的理解，可以经由承担参审工作而扩大，至少对一般性的法律问题会比较清楚，那就是对于命令规范及禁止规范更加熟知。民众对刑法制裁的实务也将更加清楚，例如，一般市民也能知道，不是受过处罚的人都是犯罪人、自由刑也可以用缓刑来替代。⑤

4. 程序上的可透视性

参审员参与刑法实务，可让诉讼程序的可透视性更加提高，在这种程序下，人民可以特别地了解审判的过程及判决的理由。由于参审员是以这种方式来参与诉讼，而且对于所出席的刑案有评决的权利，基于此，职业法官就必须注意诉讼程序，能让社会大众所了解，也因此必须要使用简单清楚的法律用语，及尽可能对专业术语加以解释，⑥ 想办法让民众理解参与司法审判的诉讼程序，同时也可借此保护被告，因为，如果被告对裁判

---

① Roxin, a. a. O. , § 7, Rn. 16

② Brodag, Strafverfahrensrecht, 9. Aufl. , 1998, Rn. 27.

③ Böttges, Die Laienbeteiligung an der Strafrechtspflege. Ihre Geschichte und heutige Beudeutung 1979, Diss, Bonn, 1979, S. 125.

④ Nowakowski, a. a. O. , S. 84; Böttges, a. a. O. , S. 125.

⑤ Benz, a. a. O. , S. 207.

⑥ Nowakowski, a. a. O. , S. 74f.

不能理解，那么，对所宣告的裁判就会抗拒，① 所以，让民众参与司法，同时也防止被告在观念上对诉讼程序不了解，及兼具保护被告的作用。

另外，有参审员在场，职业法官在问案时，就被迫更加小心，换言之，职业法官不敢轻易地缺乏耐心，打断当事人的陈述，或用讽刺的口吻，职业法官在审理时的一些行为，就会因为有参审员的出现，而受到一些修正，例如，开庭准时、不任意耽搁庭期、个人情绪上的好恶等也都受到适度的压抑。② 所以参审员的作用，可以当作是一种司法上概括的控制，促使法律人对自己的裁判做充分的准备，裁判再也不会隐藏躲在法律的文字内，成为更容易被民众所接受和理解。③

（三）现行法的缺点

对于参审员的批评，有的系来自现行法的不完备，例如，适格或不适格人员的选择要件，在规定上是有些问题的。因此，不完备的法律规定跟现实上的处理，便呈现出法律实务上的矛盾，以下说明在现行法中所存在的缺点：

1. 参审员选择的程序与要件

很清楚地，依现行法的规定可以看出，并不是被选为参审员的人都是最合格的。这当中有一部分应该加以改正，因为，参审名册实务上都是经由地方政党代表所选出，这种情形自然会有危险发生，也就是合乎政党意见及有特殊社会背景的人，才会被列入推荐名单，而这些人大部分都是参与公共事务的人。④

根据 Klausa 的研究，有些参审员是从一般居民的名单内，被盲目地挑选出来，只是为了要填补参审员的名单，这当中也有一些参审员的精神状况，并不适合去参与诉讼的进行，⑤ 因此，有兴趣及适合的参审员的选择，就目前而言，还有很大的成分是偶然的因素所促成的，最重要的是个别的市民并没有机会，自己提议被列入参审员的名册。这种选择方法并不符合法院组织法第 36 条第 2 项的规定，依据第 36 条第 2 项的规定，所有市民

---

① Böttges, a. a. O., S. 127.

② Böttges, a. a. O., S. 127；Nowakowski, a. a. O., S. 47.

③ Böttges, a. a. O., S. 127.

④ Casper/Zeisel, a. a. O., S. 77.

⑤ Klausa, Ehrenamtliche Richter Ihre Auswahl und Funktion, empirisch untersucht – Sozilwissenshaften und Recht. Band 1, 1972, S. 24f. 63.

团体都必须具有代表性的被考虑到，但根据研究妇女、劳工，还有一般的手工从业者，就很少被列入考虑。①

当然并不是，对一般市民做有代表性的选择，就一定找得到适格参审员，比较好的方法应该是，因此，对于受过特定教育或有特定资格的人加以选择，就如同少年参审员一般。②

对适格参审员的选择，最高年龄的限制为 70 岁。因为高层年龄者，常常会有老年的僵化现象，根据 Casper/Zeisel 的研究，清楚地指出，年老的参审员大都很容易原谅违法的人，65 岁以上的参审员，虽然可以拒绝担任参审员，但是他们往往没有辨识能力以了解自己的判断能力是否降低。另外，对于最低年龄的限制，从 1974 年的刑事诉讼法修正案即规定为 25 岁，这种规定算是蛮合理的，因为，25 岁民众当中的大部分，有固定的职业，而且也累积了自己的生活经验。只是，在实务上所看到的参审员，通常大都是 40 岁以上的人。③

关于拒绝担任参审员的理由，也显示出对于有一些职业团体被拒绝是很随意的，换言之，是不是民众当中有医疗经验的人，真的会危害到参审制度？如医生或药剂师参加参审工作有什么不好？④ 另外，对于一般的市民是否也该考虑，有拒绝担任参审员的权利，或是要采用强制规定，要有重大的理由时才能拒绝担任参审，这些都是现行法所付之阙如的。

2. 共同审判的权限范围

在审判程序当中参审员在审判长的限制下有发问权，并且对裁判有完全的表决权。与职业法官不同的是，参审员在开庭前，没有权利准备审判工作，没有机会了解刑事案件的内容，因此，在很多情况下参审员根本不知道，他们在审判程序中会面对什么样的案件及面对何种陈述，所以，是

---

① 依照 Klausa 的研究，劳工及妇女被选为参审员的比例，仅占 12%～13% 而已。Vgl. Klausa, a. a. O. , S. 77.

② 对于具有特定资格的人加以选任，在少年法庭的参审员有特别的规定（依照德国少年法院法第 35 条的规定，被推荐为少年参审员的人，必须有教育能力，且对少年教育，富有经验）。此一规定在我国台湾地区的"刑事参审试行条例草案决议"条文（1994 年 3 月）第 3 条第 1 项第 1 款的少年刑事案件所援用。

③ 根据 Casper/Zeisel 的研究，30～39 岁年龄层当中的参审员，仅占 9% 而已。Vgl, Casper/Zeisel, a. a. O. , S. 78.

④ Liekefett, a. a. O. , S. 122.

否应该让参审员获得更多的审前消息，能让参审员有更充分的准备。[①] 例如，不起诉处分或羁押的裁定，对参审员而言是过分的要求，因为，他们对这些诉讼行为的意义并不了解，因而形成只能对于职业法官的决定，没有保留的点头表示同意而已。[②]

3. 法律规定与法律实务间的差距

对于现行法的最大批评是，法律实务上参审员的行为，例如，年龄太大、宗教的偏见、社会地位的影响、国籍和种族的偏见、大众传播的错误信息、受到法官或检察官或鉴定人的影响等，使得参审员常有脱轨的演出，[③] 参审员只有在很少的案件中，真正有发问权或做比较有意义的发问，其中主要的原因是由于，一方面，参审员对具体的审判情况不认识；另一方面，参审员对自己的任务并无充分的被信赖，并未得到参审工作的充分信息所致。[④]

为了挽救这样的缺点，必须对新选任的参审员稍加训练。举例而言，在民众学校开设夜间课程，简单讲授刑事诉讼程序，分析个别诉讼当事人的功能，同时也应该讲一些简单的法律概念，这样才能节省职业法官的时间及避免造成误会。

目前参审员的规定，如果不是让参审员在诉讼程序当中只会说是，就是在某个案上与职业法官互相对立，所以形成在参审工作中，仅凭自己的好恶去裁判，所以，我们必须创造出一个恰当的法院组织，这个法院组织可以让参审员很清楚地认知自己的任务，同时也兼顾职业法官与业余法官的协力关系，如此，才可以让法律的规定与法律的实务没有差距。[⑤]

---

① 德国学界有许多人倾向支持让参审员审前有检视卷宗的权利。参照 KK – Kissel 4. Aufl. , 1999, GVG §29, Rn. 2。

② Kühne 认为这不但违反了法官平等的原则，也是一种权限上的落差。Vgl, Kühne, a. a. O. , S. 394.

③ BenZ, a. a. O. , S. 125 –157.

④ 依照 Casper/Zeisel 的研究指出，职业法官认为参审员的发问，能算有意义的发问只有 15% ~ 20% 。Vgl, Casper/Zeisel, a. a. O. , S. 37.

⑤ Benz, a. a. O. , S. 215.

第三节 我国台湾地区 1994 年 3 月 "刑事参审试行条例草案" 评析

从分析德国刑事诉讼参审制度的利弊得失后，我们可以简单地得到一个结论，那就是，参审制度虽有缺失，但仍然有其值得保存与实行的优点。由于司法民主化可能是我国台湾地区裁判能否获得人民信赖的重要途径之一，因此，在促进司法民主化的过程中，有条件的让人民来参与审判，就应该认真地加以考虑。

只是本书认为，目前在台湾应该只是有条件、部分的实施参审，而不是全面的实行，所以，试行初期应着重于"专家参审的制度"。① 主要的原因是，法官与鉴定人之间的关系。② 由于法官专业知识的不足，必须仰赖鉴定人加以补充，因此，如果能选出具有专门知识，且理解专业判断的意义的人来参加审判，除了有助于事实的澄清外，若由专业参审员来询问案情，也较能切重要点深入案情减少偏差，如此一来，必可免除职业法官完全受制于鉴定人意见的窘境，所以，采用专家参审能弥补职业法官因缺乏专业知识所容易发生的裁判错误。以下先说明 1994 年 "刑事参审试行条例草案" 的大概内容，及评析本条例所具有的特色：

一、本条例草案之内容

1994 年的司法革新，为了试行民众参与审判的制度，特别制定 "刑事参审试行条例草案"，本条例草案全文共 50 条。现就其规定的内容及特色大要略述如下：

（一）参审的案件

刑事案件，具有下列情形，得由被告向法院声请由参审法庭审判，试行实施参审的法院为地方法院及高等法院（本条例第 2 条、第 3 条）：

1. 少年所犯最轻本刑为 5 年以上有期徒刑以上之刑之罪者。

---

① 这个看法我曾于 1995 年时已经提出，详细请参照张丽卿，德国刑事诉讼参审制之研究——兼论我国台湾地区 "刑事参审试行条例草案"，刑事法杂志，39 卷 4 期，1995 年 8 月，45~46 页。

② 关于法官与鉴定人之间的角色冲突与鉴定人的功能，详细内容可参阅张丽卿，鉴定证据之研究，台大法学论丛，23 卷 2 期，1995 年 6 月，306~316 页。

2. 所犯最轻本刑为 10 年以上有期徒刑以上之刑之罪而不属前款所列者。

3. 所犯属于专门职业或科技性之犯罪者。

4. 其他严重危害社会秩序之案件。

因此，本法试行参审之案件多系重大案件或专业性犯罪及少年事件，所谓重罪案件系指，本罪为死刑、无期徒刑或 10 年以上有期徒刑之案件。因系采"请求参审"，是否选择参审悉听被告意愿。但自诉案件，以经第一审为有罪判决者为限。

（二）参审员的资格

关于参审员之资格，规定需年满 30 岁，户籍设在法院辖区内满 6 个月而有下列情形之一者，得为参审员（本条例第 8 条）：

1. 具有教育主管机关认可之高级中学或其相等之学校毕业以上之学历。

2. 依考试法应公务人员考试或专技人员考试及格。

依第 8 条第 2 项规定，少年事件或专门职业或科技性犯罪案件参审员之特殊条件。并列举因个人因素或职务关系不应为参审员，及得拒绝为参审员之事由（本条例第 9 条、第 10 条、第 11 条）。

（三）参审员的选任

参审员之选任，可分为第 3 条第 1 项第 1 款案件、第 3 条第 2 款、第 4 款案件及同条项第 3 款案件之选任，再分述之：

1. 少年事件之参审员之选任：由法院辖区内县（市）政府每三年指定适当之学校或团体，就具有积极资格向县市政府推荐之，并由县市政府造具参审员候选人之名册，送交参审员遴选委员会（本条例第 12 条）。

2. 重罪案件及严重危害社会秩序案件参审员之选任：由法院辖区内乡镇市公所每三年就乡镇市内符合第 8 条第 1 项资格的人，由具有法律知识的公正人士推荐参审员候选人，并造具名册送请乡镇市民代表会或市议会同意后，报请县政府转送或径送参审员遴选委员会（本条例第 13 第、第 14 条）。

3. 遴选委员会：遴选委员会设于地方法院，委员 9 ~ 17 人，以院长为主席，成员有地方法院检察署检察官、地方法院法官、律师公会代表、校长各一人、地方法院辖区内县市政府民政局长、议会议长及社会公正人士 2 ~ 8 人，社会公正人士及校长委员之产生，由院长召集其他各委员会商决定之，其遴聘应有出席委员过半数之同意（本条例第 16 条）。遴选委员会乃审查参审员候选人名册并选出所需之参审员，遴选参审员时，应就其性别、年龄、教育程度、职业、技能、居住地区、专门知识或工作经验等，做均衡之考虑（本条例第 18 条第 1 项、第 19 条第 2 项）。参审员选出后，应依第 3 条所定之案件类别，编订参审员名册，并分别通知参审员（本条例第 22 条第 1 项），参审员本人或第三人得就第 23 条各款事由，向法院提出异议，声请自参审员名册除名（本条例第 23 条）。准许参审之裁定确定后，法院应以公开抽签方式决定参审员，第一次抽签应抽出每案所需参审员人数之 5 倍，于审判期日前一日再由第一次抽签产生之参审员抽出参与审判之正参审员（本条例第 24 条第 1 项及第 2 项、第 26 条第 1 项及第 2 项）。

（四）参审员的权限与义务

参审员为荣誉职，不支给报酬，只能请法院酌给日费及旅费。其职权，原则上与陪席法官同；其参与审理时需具结，有虚伪者需受处罚。明知应自行回避而不回避，而为不实之具结，处 6 个月以下有期徒刑、拘役或罚金；具结后明知有不得为参审员之情形发生、能告知而不据实告知参审法院而参与裁判者，亦同。参审员无正当理由而未适时出庭执行职务或以其他方法逃避义务或居住所迁移，无故不申报致通知无法送达，亦处罚锾（本条例第 5 条、第 7 条、第 27 条、第 46 条、第 47 条）。尤其参审员必须于出庭审判前阅览参审案件之卷证（本条例第 28 条），因此参审员的义务颇多。

（五）参审案件的评议与裁判

参审法庭之评议，应于辩论终结后实时行之，此评议不得公开（本条例第 33 条、第 35 条第 1 项）。审判长或其指定之法官应注意使参与评议之人为适当而完全之评议，并应于评议前先就有关法律之规定做必要之说明；参审员于评议时对于法规有疑义者，得随时请求审判长说明之（本条例第 36 条、第 37 条第 1 项），评议经评决者，应即宣示裁判，评议以过半数之意见决定之，如意见分三说以上，各不达过半数时，以最不利于被告的意见，顺次算入次不利于被告的意见，至达过半数为止（本条例第 39 条、第 40 条第 1 项）。参审案件之裁判，应依本法所定法官及参审员人数评议决定之。但未递补为正参审员职务之补充参审员，不参与评议。裁判应以参审法庭之名义为之。裁判书由参与裁判之法官制作，由法官与参审员共同签名（本条例第 34 条、第 41 条、第 42 条）。

二、本条例草案之特色

从上述条文内容，我们可以看出本条例的规定，大致上已吸取德国参审制度的优点，也回避了德国现行参审实务的一些缺点。所以，本条例具有下述几点特色：

（一）符合专家参审的要求

前文已论及，在参审制度试行之初，参审员应该是专家法官或鉴定法官，因为刑事犯罪案件通常都非常复杂，法官对于其他领域的专业知识，无法充分了解，例如，遇有涉及精神医学[①]、交通鉴识、建筑科技等案情时更倍觉困难，"刑事诉讼法"虽有规定，法官可以选任具有特别知识经验的鉴定人提供鉴定意见（"刑事诉讼法"第198条参照），但是，如果法官本身具有与鉴定人相同的专业知识与经验的话，除了可以避免完全倚赖鉴定人的意见的情况外，[②] 还可以对案情作有意义且恰当的发问，[③] 因为，完全倚赖鉴定人所提供的鉴定意见，无法对鉴定意见的正确与否加以判断，那无异就是鉴定人的裁判，而不是法官的认定，所以，援用具有专业知识的参审员，不但符合审判民主化的要求，也是改进现行鉴定人制度缺点的最佳选择。本条例规定的参审员资格，虽要求高中或高职以上的学历，但在专门职业或科技性犯罪案件，参审员应具有相关专门知识或技能；少年刑事案件，参审员应具有教育、社会、心理等相当知识或工作经验，已经具有专业参审的色彩，因而值得称许。

（二）参审员年龄的限制合理

首先是考虑一般年龄的限制，基本上以25～30岁的人为下限，因为，太年轻对审判所需的责任感可能仍有欠缺；至于最高年龄的限制应是在65～70岁间[④]，依照审判心理学的研究，较大年龄的人的判断能力及对审

---

① 关于刑事法学与精神医学的相关问题，详细的内容可参阅张丽卿，刑事法学与精神医学之整合，1994年6月，五南图书出版公司发行。

② 法官之所以会形成倚赖鉴定人的原因，详细内容可参阅张丽卿，鉴定证据之研究，311～314页。

③ 因为依照 Casper/Zeisel 的研究指出，职业法官认为参审员的发问，算有意义的为15%～20%，主要的原因是参审员根本不知从何发问。Vgl, Casper/Zeisel, a. a. O., S. 37.

④ 德国对参审员年龄的规定是25～70岁（德国法院组织法第31条、第33条参照），我国台湾地区对参审员年龄的规定是30～70岁（我国台湾地区"刑事参审试行条例"第8条、第9条参照），因此，在年龄资格的条件上，我国的规定应属妥当的立法。

判的乐趣都会减低，而且较年长的人，一般言之，也比年轻参审员的能力较差。本条例规定参审员的年龄在 30～70 岁之间，而且要求高中或高职以上的学历，应是妥当的立法，根据德国 Klausa 的研究也认为，至少必须受过高中教育或有完整职业训练的人，才比较适合担任参审员。[①]

（三）遴选程序堪称繁复

本条例所规定的遴选程序，未采德国立法例，而是由具有法律知识的公正人士推荐，经相关民意机关同意后，送交由超然人士组成之参审遴选委员会遴选，编制名册，在针对有具体案件时，再经由两次抽签决定正式参审员，参选员选出后，其本人或第三人尚得向法院异议，声请自参审员名册中除名，并与职业法官适用回避的规定，选任过程繁复甚为周延，应可排除会受到政党影响的疑虑。只是遴选名单也应该考虑到民众代表性的问题，例如，对所有居民团依其性别、年龄、职业及社会地位做适当的考虑；还有像工会团体、文化社团、社会社团中的一些适格的人，也应该有被列入遴选名单的机会。

（四）较符合法官平等原则

由于我国台湾地区刑事诉讼系采以裁判为主的诉讼制度，因此参审员依本条例第 28 条的规定，在出庭审判前应阅览参审案件的卷宗及证物。因为参审员在开庭前，有机会了解刑事案件的内容，就能事先知道在审判程序中会面对什么样的案件及面对何种陈述，所以，应该让参审员获得更多的审前消息，让参审员有更充分的准备，掌握程序的进行。有疑虑的是，本条的规定虽然符合法官平等的原则，但是，是否会形成参审员只是依照起诉书的内容来形成心证，而严重违背了直接审理主义及言词辩论主义的精神，[②] 则是另一种隐忧。

---

① Klausa, a. a. O., S. 87.

② Vgl, Kühne, a. a. O., S. 394. 这个问题在德国亦有不同的意见争执，参照 KK - Kissel 1999, GVG §29, Rn. 2。

第四节　我国台湾地区 1999 年 11 月"专家参与审判咨询试行要点草案"评估

"司法院"于 1999 年 7 月的全台湾地区司法改革会议后，对于已经达成共识的专家参与审判制度，召开相关幕僚会议，并决定"专家咨询"、"专家参审"两阶段实施专家参审制。第一阶段，在修宪、修法前①，拟定"专家参与审判咨询要点"试行；待修宪后，进入第二阶段，再修法试行专家参审制。在修宪条文增订之前，将仿日本现行"参与员"的做法，在现行法制之下，邀请专家咨询；修宪之后再制定"专家参审试行条例"，正式邀请专家参与审判。

所谓专家咨询，该专家应经由诉讼双方共同合意选定，经法院筛选无不良前科后，即可坐在法官旁边，提供法官咨询，协助法官认定事实，例如，家事案件，可经双方合意请专业的社工师咨询。有关咨询专家的身份，不是鉴定人，咨询时不必具结，所表示的意见是否采纳，由法官决定，只有在判决书尽可能以"本件经某某专家参与咨询"的方式来表示。

基于上述宣示"司法院"遂于日前订定"专家参与审判咨询试行要点草案"②。本草案第 1 条说明订定之目的为"为试行专家参与审判咨询，以协助法官发现真实，并促进诉讼进行，特订定本要点"。以下将评估本草案的内容及特色：

一、本要点草案之内容

本要点草案全文共 14 条，现就"专家参与审判咨询试行要点草案"的规定略述如下：

（一）专家参与审判咨询的适用范围

地方法院（含简易庭）及少年法院，于办理下列各款事件，认有必要或经当事人合意时，得选定由专家参与审判咨询。（1）民事劳工事件、家事审判事件、医疗纠纷事件、智慧财产权事件、公害事件及营建工程损害

---

① "司法院"研拟的修正"宪法"条文，是增订在"宪法"增修条文第 5 条第 7 项，具体草案条文是："法院为审理专业性案件，得遴选具有该项专业知识之民众参与审判，其实施以法律定之。"

② 特别感谢本草案的起草人黄嘉烈法官的协助，本书才得以适时地掌握最新信息。

赔偿事件。（2）刑事医疗事件、交通事件、营建工程事件、计算机犯罪及科技事件、专利事件、证券金融事件、性侵害事件、环境保护事件及少年事件。关于当事人合意选定专家参与审判咨询应于言词辩论终结前为之。前项合意以文书证之，但于期日得以言词为之，由书记官制作笔录交当事人签名（本要点第2条、第3条）。

根据前述规定，为了配合以第一审为重心的立法趋势，将专家参与审判咨询试行的法院，仅限于地方法院与少年法院，但是，对于高度专业知识的审理，高等法院亦有咨询专家之必要，故不宜将高等法院排除在外。另外，为了强调本要点系专家参与审判咨询之特性，宜于原条文第1项中加入"专业领域类型"字样，以突显本要点之特性。而且民事诉讼与刑事诉讼不同，均以"事件"称之，亦有不妥。故于本条第1项第1款中仍维持以"事件"称之，惟为使法条文字精简扼要，应将"事件"二字统一置于各类型诉讼名称之后。由于刑事诉讼程序，一般多以"案件"称之，故将本条第2项之"事件"改为"案件"，同时为使法条文字精简扼要，将"事件"二字统一置于各犯罪类型之后。

（二）参与员之资格

依照第5条规定，适于为参与员之人选为，地方法院及少年法院应依各种类别，就管辖区域内具有特别知识、技能或工作经验，适于为参与员之人，加以遴选并予列册，提供法官参考。法院认为有必要时，亦得经当事人合意，选任前项名册以外之人为参与员。然而，有下列情事之一者，不得为参与员：（1）有犯罪嫌疑，经检察官提起公诉，诉讼程序尚未终结者。（2）曾因故意犯罪，受有期徒刑以上刑之裁判确定；但受缓刑宣告期满者，不在此限。（3）曾因犯毒品危害防制条例第10条之罪，经观察勒戒者。（4）曾受保安处分或感训处分之裁判确定者。（5）受破产宣告确定，尚未复权者。（6）褫夺公权，尚未复权者。（7）受禁治产宣告，尚未撤销者（本要点第4条）。

参与员之资格以具有特别知识、技能或工作经验的人来担任，是妥当的立法。然而将地域限制在"管辖区域内"，就有可议之处。因为，参与员与参审员不同，其精神并非在使人民得以参与审判，故无须强调其参与员之地方代表性，况适用本要点者皆为专业性极高之事件，如限制法院必须在其管辖区域内遴选参与员，恐怕将造成某些法院就管辖区域内之县市无专业人员得以遴选之窘境，故将原条文关于必须在"管辖区域内"遴选参与员之条件删除。

（三）参与员之选定与回避

专家参与审判咨询，由法院选定参与员 1～3 人为之；但当事人对于人选有异议或合意选定其他适当之人者，法院得另行选定或依其合意选定。参与员对于所参与事件表示意见后，除有具体事证足认其不适任外，当事人对于人选不得再为异议。

依照第 7 条规定，参与员有下列各款情形之一者，应自行回避：（1）参与员或其配偶、前配偶或未婚配偶，为该诉讼事件当事人者。（2）参与员为该诉讼事件当事人八亲等内之血亲，或五亲等内之姻亲，或者有此亲属关系者。（3）参与员或其配偶、前配偶或未婚配偶，就该诉讼事件与当事人有共同权利人、共同义务人或偿还义务人之关系者。（4）参与员现为或曾为该诉讼事件当事人之法定代理人或家长、家属者。（5）参与员于该诉讼事件，现为或曾为当事人之诉讼代理人、辩护人或辅佐人者。（6）参与员于该诉讼事件，曾为鉴定人或证人者。（7）参与员曾参与该诉讼事件之前审或更审前之参审者。

由于专家参与审判咨询，重大影响到诉讼的结果，故将参与员的遴选原则上由法院决定，再保留当事人相当程度的异议权，是值得肯定的。因为，试行本身含有利害权衡不当的风险，再加上实施的选择性，对于相关的当事人有"宪法"人权保障或平等原则的疑虑，故对于是否实施专家参与审判咨询，应尽量建立在自愿的基础上。[①]

有关参与员的回避规定，会因本要点没有规定参与员违反回避规定之法律效果，使得本条在施行后有形成具文之虞，故建议在本要点成为法律后，应就本条另定罚则。

（四）参与员之权限与义务

参与员行使咨询职务的权限，分民事与刑事不同：民事事件，参与员经法院同意后得阅览卷宗，并询问当事人、代理人、证人或鉴定人，但是，刑事及少年事件，参审员与不得阅览卷宗并询问当事人、代理人、证人或鉴定人。参与员于法官咨询时提供专业意见供法官参考，不参与事实认定及法律判断。参与员提供意见时应以言词为之，并记载于笔录，但法院认为必要时，得令其提出书面意见。参与员提供之意见应予当事人表示意见之机会。参与员因参与审判咨询所知悉他人职务上、业务上之秘密或

其他涉及个人隐私之事项，应保守秘密（本要点第 12 条），但是，由于本要点并非法律，故无法制定参与员违反保密义务之法律效果，使得本条在施行后有形成具文之虞，故建议在本要点成为法律后，应就本条另定罚则。

相对于"刑事参审试行条例草案"的参审员，为荣誉职不给报酬的规定（本要点第 7 条参照）。本要点第 10 条第 3 项规定参与员都能支领日费、旅费，并得酌支报酬，其计算方法及数额由"司法院"定之。前项日费、旅费及报酬，由国库负担。此种规定较符合尊重专家知识的精神。

（五）参与员之在场

选定专家参与审判咨询之事件，除别有规定外，法院应通知参与员到场，并听取其意见。参与员无法通知或经通知后不到场，法院得征询当事人意见另行选定或径行审理程序（本要点第 10 条）。参与员席位位于法庭上（本要点第 11 条）。由于本要点并非法律，故无法制定参与员在场之义务，不过，原条文不分民刑事诉讼一律定为法院得征询当事人意见另行选定或径行审理程序，似有未妥。故应考虑民刑事诉讼性质之不同，修正为：（1）民事诉讼，为突显当事人进行原则之色彩，即使法院为避免诉讼延宕，亦应征询当事人之意见，亦即，当参与员无法通知或经通知后不到场时，法院应征询当事人之意见，由当事人选择究应另行选定参与员或不再另行选定而直接进行审理程序。（2）刑事诉讼，由于台湾地区"刑事诉讼法"采职权调查进行原则，且本要点所列者，皆属专业性极高之刑事案件，故当参与员无法通知或经通知后不到场，法院应基于职权调查原则之要求，依其职权或依当事人之声请另行选定参与员，不应直接进行审理程序。

二、本要点草案之评估

（一）名称上的疑义

"专家参与审判咨询试行要点草案"性质上是一种"实验立法"，属于有地区性、专门性、特殊性或临时性的"措施法"。司法改革即已决定实行"专家参审"，并分两阶段试行。由于专家参与审判咨询的目的在于：弥补法官专业知识不足，进而达到发现真实迅速裁判。足见对于人民的权益会有很大的影响，若仅以试行要点称之，没有法律基础，将无法达到效果，故是否应将"要点"改为"条例"，并赋予相关规定的法律效果，值得深思，否则是否会沦为假试验，白忙一场，即不得而知。[1] 另外，"专家参与审判咨询"与"专家参审"两者在性质上有所不同，因为，前者并没有与职业法官相同的职权，前者试行的成果仍须经仔细评估后，才能决定是否真正实施专家参审。

（二）试行时限的不确定性

本要点第1条说明："由于法官对于专门领域之事务，每因欠缺特别知识经验，而难以发现事实，延宕诉讼，为辅助法官突破专业判断之障碍，由专家在法庭上担任咨询之角色，弥补法官专业知识不足，进而达到发现真实迅速裁判，提高人民对司法之信赖。"显然本要点的立法是针对法官知识的局限性与提高民众对司法的信赖度。这个制度的建立是新的科学知识及生活领域专业化所必行。由于试行的适用范围堪称合理，应可减少一些不确定性的风险，然而一般的实验法都有限时、限区及限事的特性，本要点既属实验立法的性质，理应规定试行的期限，否则，试行期间可长可短，对执行者欠缺拘束力，受影响的各方又无法预期试行的结束，显然已经超越"宪法"可以容许的界限，[2] 故以明订试行期限较妥。

（三）试行要点中的缺漏规定

如前所述，本试行要点对于民众的权益会有很大的影响。故试行要点除了应有明确的试行时限外，应明定试行效果的组织与程序，明确公布试验的结果，评估是否再继续进行第二阶段的专家参审制度。这些评估[3]可以考虑：社会及参与员对法院的评价、参与员在审判程序中的实际影响与参与意愿、职业法官对参与审判咨询功能的评价、参与审判咨询所增加的财务负担等。尤其，本要点如能赋予法律效果后，必须规定关于：应回避而未回避却仍参与审判咨询的法律效果（本要点第8条参照）、参与员未尽保密义务的制裁（本要点第12条参照），否则，上述条文仅有训示作用，恐将成为具文。

---

[1] 例如，刑事参审亦曾指定地院试行，但是，最后的结果如何，无法探知。
[2] 参照苏永钦，司法改革的再改革，月旦出版社，1998年，100页。
[3] 参照苏永钦，司法改革的再改革，月旦出版社，1998年，101页。

第五节　结　语

在充分掌握德国刑事诉讼参审制度及我国台湾地区"刑事参审试行条例草案"与"专家参与审判咨询试行要点草案"的内容及特色后，最后还要注意的是，将来我国台湾地区导入专家参审制度时，仍应真正确立专家参审人员在诉讼程序中的功能，及对此等人员的尊重与训练。以下提出三点建议作为本章的结语：

一、确立参审人员在诉讼程序中之功能

在将来参审制度的法律设计上，参审员应扮演对审判权控制的功能，主要目的是让专业法官的裁判可以受到牵制，并且让审判程序更加透明化，借由参审员的参与审判，让职业法官在审判时更加小心，对于证据的调查及其他裁判上的主要事实谨慎其事。而且审判的过程要在一般人都可以理解的程序下进行，如此，刑事诉讼就不完全是以专业术语与法律用语来进行，而是用一种让社会大众和被告都可以理解的观念来运作。

尤其重要的是，某些刑事案件的参审员应该是专家法官或鉴定法官，[①]因为，许多专业领域的事件通常都非常复杂，法官对于其他领域的专业知识，无法充分了解，例如，遇有涉及精神医学、交通鉴识、建筑科技等案情时更倍觉困难，"刑事诉讼法"虽有规定，法官可以选任具有特别知识经验的鉴定人提供鉴定意见，[②]但是，如果法官本身具有与鉴定人相同的专业知识与经验的话，就除了可以避免完全倚赖鉴定人的意见的情况外，[③]

---

① 这个看法与"刑事参审试行条例"的规定是相同的。"刑事参审试行条例草案"第3条第1项中的少年案件，需选任具有教育、社会、心理相关知识或工作经验的参审员，及第3条第1项第3款的专门职业及科技性的案件，需选任具有相关之专门知识或技能的参审员，就是带有专家法官参审的色彩。事实上，从1994年的"刑事参审试行条例草案"的规定内容到1999年的"专家参与审判咨询试行要点草案"的规定精神，都是为了将来可能实施专家参审的预做准备。

② 然而，由于"刑事诉讼法"规定："鉴定准用人证之规定"（"刑事诉讼法"第197条参照），使得诉讼实务上将证人与鉴定人同样视为人证的误谬，其实鉴定人是在弥补法官专业知识的不足，在程序中应有其不同于证人的地位。

③ 法官之所以会形成倚赖鉴定人的原因，详细内容可参阅张丽卿，鉴定证据之研究，台大法学论丛，23卷2期，1995年6月，311~314页。

还可以对案情作有意义且恰当的发问,① 因为，完全倚赖鉴定人所提供的鉴定意见，无法对鉴定意见的正确与否加以判断，那无异就是鉴定人的裁判，而不是法官的认定，所以，援用具有专业知识的参审员，不但符合审判民主化的要求，也是改进现行鉴定人制度缺点的最佳选择。

二、参审人员之报酬

"刑事参审试行条例"规定，参审员为荣誉职并无报酬，只能请求日费及旅费（本条例第 7 条参照），但是依照本条例的规定，参审员的义务颇多（本条例第 28 条、第 35 条、第 46 条、第 47 条参照），因此应可考虑给予适当的报酬，尤其在实施专家参审的制度下，除了日费及旅费外，应给予参审员与其职位或在民间工作相当的报酬，俾使有学识及能力，具审判能力及特殊专长的人参加审判，彻底发挥参审制度的功效。有关于此"专家参与审判咨询试行要点草案"中的参与员就得请求支领日费、旅费，并得酌支报酬，其计算方法及数额由"司法院"定之。日费、旅费及报酬，由国库负担。这种规定应该比较符合人性的设计。

三、参审人员之职前训练

德国的实务界指出，参审员无法充分履行其任务，主要原因之一是，参审员对他自己的任务不认识。例如，德国在 Hessen 邦如果参审员第一次参加审判，会收到一份注意事项简册，这个简册指出法律上所规定的参审员的权利与义务。此外，参审员也得到两本一般人都可以比较能理解的参与审判的入门手册，但是，由于参审员对于法律的术语无法精确掌握，这些手册对于参审员都很陌生。②

为了克服上述缺点，将来试行专家参审时，应可考虑在夜间对参审人员开设入门的法律课程，如此，将有助于提升参审员对自己权利义务的认识。尤其，对于新执行参审职务的参审员，在执行职务前，应当由一个刑事法的法官利用两三个晚上对于将来的业余法官做审前的教育。例如，介绍法院的组织与诉讼参与者的权利义务，说明审判的过程及参审员的任务，最好有个短片来告诉参审员整个过程，并解释电视上所获得的不正确

---

① 因为依照 Casper/Zeisel 的研究指出，职业法官认为参审员的发问，算有意义的为 15% ~ 20%，主要的原因是参审员根本不知从何发问。Vgl, Casper/Zeisel, a. a. O., S. 37.

② Benz, a. a. O., S. 223.

知识，在职前训练的阶段也需提供参审员一些相关文献，让参审员有随时可以翻阅的数据，如此，在担任参审任务之前，经由职前的训练可让参审员知道诉讼进行的程序，及所可能受到的拘束[1]与权限[2]，确实发挥参审制度的功能。

---

[1] 例如，告知参审员如果违反"法院组织法"第106条所规定的保守秘密义务时，所应负担的刑事责任（"法院组织法"第106条、"刑事参审试行条例"第35条，"专家参与审判咨询试行要点"第12条参照）。

[2] 例如，"刑事参审试行条例"第28条所规定的共同审判权限，起诉前起诉书复本的得到及档案的检视等。

附录："专家参与审判咨询试行要点草案"之全部内容暨部分条文修订
草案新旧条文对照表及说明[①]

原条文	修订条文	修订理由说明
第一条　订定目的 　为试行专家参与审判咨询，以协助法官发现真实，并促进诉讼进行，特订定本要点。	**第一条　订定目的** 　为试行专家参与审判咨询，以协助法官发现真实，并促进诉讼进行，特订定本要点。	
第二条　适用范围 　地方法院（含简易庭）及少年法院于办理下列各款事件，认有必要或经当事人合意时，得选定由专家参与审判咨询。 　一、民事劳工事件、家事审判事件、医疗纠纷事件、智慧财产权事件、公害事件及营建工程损害赔偿事件。 　二、刑事医疗事件、交通事件、营建工程事件、计算机犯罪及科技事件、专利事件、证券金融事件、性侵害事件、环境保护事件及少年事件。	**第二条　适用范围** 　地方法院（含简易庭）、少年法院及高等法院于办理下列各款<u>专业领域类型</u>之事件，认有必要或经当事人合意时，得选定由专家参与审判咨询。 　一、<u>民事诉讼</u>中关于劳工、家事审判、医疗纠纷、智慧财产权、公害及营建工程损害赔偿之事件。 　二、<u>刑事案件</u>中关于医疗、交通、营建工程、计算机及科技、专利、证券金融、性侵害、环境保护及少年犯罪之事件。	**第二条　适用范围** 　一、虽然往后的立法趋势将以一审为中心，但是对于高度专业知识的审理，高等法院亦有咨询专家之必要，故不宜将高等法院排除在外。 　二、为强调本要点系专家参与审判咨询之特性，于原条文第一项中加入专业领域类型字间，以突显要点之特性。 　三、民事诉讼中多称事件，故于本条第一项第一款中仍维持以事件称之，惟为使法条文字精简扼要，将事件二字统一置于各类型诉讼名称之后。 　四、刑事诉讼中，一般多以案件称之，故将本条第二项之事件改为案件，同时为使法条文字精简扼要，将事件二字统一置于各犯罪类型之后。
第三条　选定之方式 　当事人合意选定专家参与审判咨询应于言词辩论终结前为之。 　前项合意应以文书证之，但于期日得以言词为之，由书记官制作笔录交当事人签名。	**第三条　选定之方式** 　当事人合意选定专家参与审判咨询应于<u>第二审言词辩论终结前</u>为之。 　前项合意应以文书证之，但于期日得以言词为之，由书记官制作笔录交当事人签名。	**第三条　选定之方式** 　由于高等法院亦有咨询专家之必要，故不宜将高等法院排除在外。另外，将时间修正为"第二审言词辩论终结前"，亦能配合第四百四十五条之一第一项的规定，因为，简易判决不服的上诉为"管辖之第二审地方法院的合议庭"。

---

①　感谢东海法研所学生赖泰钧、吴彦锋、张祥荣的参与讨论及制作表格。

原条文	修订条文	修订理由说明
第四条　参与员之资格限制 　　有下列情事之一者，不得为参与员： 　　一、有犯罪嫌疑，经检察官提起公诉，诉讼程序尚未终结者。 　　二、曾因故意犯罪，受有期徒刑以上刑之裁判确定。但受缓刑宣告期满，不在此限。 　　三、曾因犯毒品危害及防制条例第十条之罪，经观察训戒者。 　　四、曾受保安处分或感训处分之裁判确定者。 　　五、受破产宣告确定，尚未复权者。 　　六、褫夺公权，尚未复权者。 　　七、受禁治产宣告，尚未撤销者。	**第四条　参与员之资格限制** 　　有下列情事之一者，不得为参与员： 　　一、有犯罪嫌疑，经检察官提起公诉，诉讼程序尚未终结者。 　　二、<u>曾因故意犯罪，受有期徒刑以上刑之裁判确定。</u> 　　三、曾因犯毒品危害及防制条例第十条之罪，经观察训戒者。 　　四、曾受保安处分或感训处分之裁判确定者。 　　五、受破产宣告确定，尚未复权者。 　　六、褫夺公权，尚未复权者。 　　七、受禁治产宣告，尚未撤销者。	**第四条　参与员之资格限制** 　　依"刑法"第七十六条之规定，缓刑期满，而缓刑之宣告未经撤销者，其刑之宣告失其效力。故原条文第一项第二款但书称如受缓刑宣告期满者，不在此限，将形成具文，盖如受缓刑宣告期满未经撤销者，其刑之宣告当然失其效力，当不受本条文第一项第二款之限制，故将本条第一项第二款但书删除。
第五条　适于为参与员之人选列册 　　地方法院及少年法院应依各种类别，就管辖区域内具有特别知识、技能或工作经验，适于为参与员之人选，遴选并予列册，提供法官参考。法院认为有必要时，亦得经当事人合意，选任前项名册以外之人为参与员。	**第五条　适于为参与员之人选列册** 　　地方法院及少年法院应依各种类别，<u>就具有特别知识、技能或工作经验，适于为参与员之人选，遴选并予列册，提供法官参考。</u>法院认为有必要时，亦得经当事人合意，选任前项名册以外之人为参与员。	**第五条　适于为参与员之人选列册** 　　原条文限定法院必须于其管辖区域内遴选参与员，惟参与员与参审员不同，其精神并非在使人民得以参与审判，故无须强调其参与员之地方代表性，况适用本要点皆为专业性极高之事件，如限制法院必须在其管辖区域内遴选参与员，恐怕将造成某些法院就管辖区域内之县市无专业人员得以遴选之窘境，故将原条文关于必须在"管辖区域内"遴选参与员之条件删除。
第六条　参与员之选定 　　专家参与审判咨询，由法院选定参与员一人至三人为之；但当事人对于人选有异议或合意选定其他适当之人者，法院得另行选定或依其合意选定。 　　参与员对于所参与事件表示意见后，除有具体事证足认其不适任外，当事人对于人选不得再为异议。	**第六条　参与员之选定** 　　专家参与审判咨询，由法院选定参与员一人至三人为之；但当事人对于人选有异议或合意选定其他适当之人者，法院得另行选定或依其合意选定。 　　参与员对于所参与事件表示意见后，除有具体事证足认其不适任外，当事人对于人选不得再为异议。	

续表

原条文	修订条文	修订理由说明
第七条　参与员之回避 　　参与员有下列各款情形之一者，应自行回避： 　　一、参与员或其配偶、前配偶或未婚配偶，为该诉讼事件当事人者。 　　二、参与员为该诉讼事件当事人八亲等内之血亲，或五亲等内之姻亲，或者有此亲属关系者。 　　三、参与员或其配偶、前配偶或未婚配偶，就该诉讼事件与当事人有共同权利人、共同义务人或偿还义务人之关系者。 　　四、参与员现为或曾为该诉讼事件当事人之法定代理人或家长、家属者。 　　五、参与员于该诉讼事件，现为或曾为当事人之诉讼代理人、辩护人或辅佐人者。 　　六、参与员于该诉讼事件，曾为鉴定人或证人者。 　　七、参与员曾参与该诉讼事件之前审或更审前之参审者。	**第七条　参与员之回避** 　　参与员有下列各款情形之一者，应自行回避： 　　一、参与员或其配偶、前配偶或未婚配偶，为该诉讼事件当事人者。 　　二、参与员为该诉讼事件当事人八亲等内之血亲，或五亲等内之姻亲，或者有此亲属关系者。 　　三、参与员或其配偶、前配偶或未婚配偶，就该诉讼事件与当事人有共同权利人、共同义务人或偿还义务人之关系者。 　　四、参与员现为或曾为该诉讼事件当事人之法定代理人或家长、家属者。 　　五、参与员于该诉讼事件，现为或曾为当事人之诉讼代理人、辩护人或辅佐人者。 　　六、参与员于该诉讼事件，曾为鉴定人或证人者。 　　七、参与员曾参与该诉讼事件之前审或更审前之参审者。	
第八条　参与员之在场 　　选定专家参与审判咨询之事件，除别有规定外，法院应通知参与员到场，并听取其意见。参与员无法通知或经通知后不到场，法院得征询当事人意意另行选定或径行审理程序。	**第八条　参与员之在场** 　　选定专家参与审判咨询之事件，除别有规定外，法院应通知参与员到场，并听取其意见。参与员无法通知或经通知后不到场，<u>民事事件法院应于征询当事人意见后，另行选定或径行审理程序；刑事案件法院应依职权或依当事人之声请另行选定。</u>	**第八条　参与员之在场** 　　一、当参与员无法通知或经通知后不到场之情形，应依民事诉讼与刑事诉讼性质之不同分别加以规定，原条文不分民刑事诉讼一律定为法院得征询当事人意见另行选定或径行审理程序。但于考虑民刑事诉讼性质之不同，拟修正如下： 　　1. 民事诉讼，为突显当事人进行原则之色彩，即使法院为避免诉讼延宕，亦应征询当事人之意见，亦即，当参与员无法通知或经通知后不到场，此时法院应征询当事人之意见，由当事人选择究应另行选定参与员或不再另行选定而直接进行审理程序。 　　2. 刑事诉讼，由于"刑事诉讼法"采职权进行调查原则，

续表

原条文	修订条文	修订理由说明
		于"刑事诉讼法"第一六三条规定法院因发现真实之必要，应依职权调查证据，而本要点所列者，皆属专业性极高之刑事案件，故当参与员无法通知或经通知后不到场，法院基于职权调查原则之要求，应该依其职权或依当事人之声请另行选定参与员，不应直接进行审理程序。
第九条　参与员之义务与限制 　　参与员于法官咨询时提供专业意见供法官参考事实认定及法律判断。 　　供意见时应以言词为之，并记载于笔录，但法院认为必要时，得令其提出书面意见。提供之意见应予当事人表示意见之机会。	**第九条　参与员之义务与限制** 　　参与员于法官咨询时提供专业意见供法官参考事实认定及法律判断。 　　供意见时应以言词为之，并记载于笔录，但法院认为必要时，得令其提出书面意见。提供之意见应予当事人表示意见之机会。	
第十条　参与员之权利 　　选定专家参与审判咨询之民事事件，参与员经法院同意后得阅览卷宗，并询问当事人、代理人、证人或鉴定人。 　　选定专家参与审判咨询之刑事及少年事件，参与员不得阅览卷宗并询问当事人、代理人、证人或鉴定人。 　　参与员发问或陈述意见，应向法官提出，当事人就参与员所作意见有所陈述时，亦同。 　　参与员得支领日费、旅费，并得酌支报酬，其计算方法及数额由司法院定之。 　　前项日费、旅费及报酬，由国库负担。	**第十条　参与员之权利** 　　选定专家参与审判咨询之民事事件，参与员经法院同意后得阅览卷宗，并询问当事人、代理人、证人或鉴定人。 　　选定专家参与审判咨询之刑事案件及少年犯罪事件，参与员不得阅览卷宗并询问事人、代理人、证人或鉴定人。 　　参与员发问或陈述意见，应向法官提出，当事人就参与员所作意见有所陈述时，亦同。 　　参与员得支领日费、旅费，并得酌支报酬，其计算方法及数额由司法院定之。 　　前项日费、旅费及报酬，由国库负担。	**第十条　参与员之权利** 　　修订之理由与第二条第二款同。
第十一条　参与员之席位 　　参与员席位位于法庭上，如附图所示。	**第十一条　参与员之席位** 　　参与员席位位于法庭上，如附图所示。	

续表

原条文	修订条文	修订理由说明
第十二条　保密义务 　　参与员因参与审判咨询所知悉他人职务上、业务上之秘密或其他涉及个人隐私之事项，应保守秘密。	**第十二条　保密义务** 　　参与员因参与审判咨询所知悉他人职务上、业务上之秘密或其他涉及个人隐私之事项，应保守秘密。	**第十二条　保密义务** 　　由于本要点并非法律，故无法制定参与员违反保密义务之罚则，使得本条在施行后有形成具文之虞，故建议在本要点成为法律后，应就本条另定罚则。
第十三条　判决之记载 　　依本要点审理之事件，应于判决论断栏后记载"本件经参与员○○○到场参与咨询"。	**第十三条　判决之记载** 　　依本要点审理之事件，应于判决论断栏后记载"本件经参与员○○○到场参与咨询"。	
第十四条　施行日期 　　本要点之施行日期，由司法院定之。	**第十四条　施行日期** 　　本要点之施行日期，由司法院定之。	

第三章　起诉便宜原则之比较研究

第一节　前　言

　　检察官对于犯罪嫌疑人提起公诉，主要目的在于请求法院给被告适当的量刑，期望被告在接受刑罚制裁后，知道悔改，重新踏入社会。但是，对于有些犯罪行为，如果认为没有对犯罪人施加刑罚必要，[①] 在审判前的起诉程序即加以排除，使之不进入审判程序，比起不问犯罪情节，一律予以起诉科刑，将更符合诉讼经济的观点与刑事政策的目的。因为，从诉讼经济的观点，法院及检察机关，就可将全部的精神及力量用来处理重大刑事案件，避免浪费时间及人力于轻微案件。另从刑事政策的目的言，由于监所的教化功能并不理想，加上短期自由刑的弊害，[②] 如果行为人可以不必等到审判执行之后才有自新的机会，而是在起诉的阶段，就有机会不要接受一连串刑事诉讼程序，更早脱离刑事诉讼程序的负担，必将更符合再社会化的积极意义。

　　如果法律规定，对于某些案件，弹性地或有条件地以不起诉处分的方式，以达到被告改悔向上不再犯罪的刑罚目的，并不是姑息坏人放纵犯人。此种职权不起诉的规定，实含有重要的刑事政策的意义。本章拟从比较法的观点，讨论起诉便宜原则的真正含义。

---

　　① 像 Rössner 就以为，国家所制定的制裁控制手段，并非为了报应行为人，应是为被害人及社会的利益而存在，是恢复法律秩序和平的方法，故行为人如对其所为的行为，基于自由意愿承担责任，就应优先于法院的强制而适用，故德国刑事诉讼法第 153 条 a 在思维上是基于损害补偿的原理。Vgl, Rössner, Surafrechtsfolgen ohne Übelzufügung? NStZ 1992 S. 412f.

　　② 有关短期自由刑的弊害，可参阅 Hassemer, Ein Einführung in die Grundlagen des Strafrechts, 2. Aufl. , 1990, S. 290f。

第二节　起诉法定原则与起诉便宜原则

一、起诉法定原则

检察官在侦查终结后，对于程序是否再继续进行，必须作一决定，亦即，决定起诉或不起诉（"刑事诉讼法"第 251～254 条参照）。检察官为起诉与否的决定，是对于侦查的是否继续进行，或是到此告一段落作一决定。故起诉的意义，就是程序继续进行。不起诉处分，就是程序无继续进行的必要，没有必要再进入审判程序。起诉与否的决定虽是检察官的终极决定，但这个决定并不意味着对于案件内容的终极决定，亦即，并非检察官起诉后，就代表必然是有罪，只是代表刑事诉讼程序有继续进行的必要。所以，起诉处分的意义是指，检察官认为刑事诉讼程序有继续进行，进入审判程序的必要的一个决定。

由于法定原则既能确保法的安定性与公平性，及法的整体一致性，免得检察官恣意决定，又能确保刑事诉追的公正执行及人民对于刑事诉追机关之信赖。[①] 可是由于过分僵硬，除了造成刑事诉追机关的负担外，也可能造成个案的不正义与犯罪嫌疑人的一些危险，例如，对于政治案件，检察官在有足够的怀疑时，如无例外一定要起诉，会造成犯罪嫌疑人的一些负担，因为，检察官既然是台湾的起诉机关，当然可以对于侵害到台湾生存的行为做放弃利益的表示，亦即为不起诉处分。但若不牵涉到台湾生存的政治利益的时候（即一般利益），除非是轻微的利益，始得为裁量，牵涉到重大利益时，检察官一定要起诉。

关于法定原则的内容，包括诉追强制及起诉强制。诉追强制，是指检察官依照法律规定，有必要对于犯罪事实及犯罪嫌疑人为侦查；起诉强制，是检察官在获得一定盖然性的确信后，就必然要起诉。检察官依照法定原则，有义务对侦查所得的结论，在有足以提起公诉之动机时，是指，检察官就具体案件依侦查所得的证据，如认被告有足够的犯罪嫌疑，并具备诉讼条件与处罚条件，就应提起公诉毫无选择之余地。[②] 这种立法方式

---

① Kühne, Strafprozelehre, 4. Aufl. , 1994, Rdnr. 139.

② Roxin, Strafverfahrensrecht. 24. Aufl. , 1994, S. 75ff.

的主要理由是，符合公平性，并可防止检察官擅断。①

其实采取法定起诉原则的原因是受到刑罚理论中的一般预防理论②的影响，因为一般预防理论，本于有罪必罚的原理，注重法的安定性及权威性，在刑事诉讼上当然是采取起诉法定原则。所以，检察官从所侦查事实的证据，认为被告已有"足够的怀疑"时，依照"刑事诉讼法"第251条第1项规定"检察官依侦查所得之证据，足认被告有犯罪嫌疑者，应提起公诉"，而且在起诉书里载明这些证据及所犯法条（"刑事诉讼法"第264条第2项第2款参照），其中"所犯法条"就是检察官认为对于具体的行为与"刑法"条文之间，透过包摄符合某个条文的构成要件该当性的一种确信。

由于刑事诉讼采取弹劾原则，没有提起诉讼，法院原则上不能发动机能，③ 然而检察官在什么时候才有提起公诉的必要与动机，就必须考虑到起诉对犯罪嫌疑人而言，是非常严重的负担，况且刑事诉讼的原则系建立在无罪推定之上，因此，除非具有相当程度的确信，亦即，检察官已经搜集到一定的证据与事实，依照这个证据与事实，足认犯罪嫌疑人有犯罪的足够嫌疑时，才可以起诉。否则可能因为检察官的滥行起诉，造成犯罪嫌疑人的莫大负担。据研究数据显示，由于侦查的缺陷而恣意起诉，纵使在审判程序中将被告释放，对于被告因而所受身心的煎熬与自由的丧失，均难以回复④。⑤ 因此，检察官对此必须有深切的体认。

对于法院而言，检察官就仔细侦查的结果所提起的诉讼，有助于法院审判的进行。因而起诉就意味着，侦查进行到某一个程度，为了继续阐明犯罪事实及法益情况的行为，以便法院基于此种行为而为证据的调查，进

---

① 此种对案件一律进行诉追的情况，主要是基于报应的思想，因为，国家要确立绝对的公正性，所以，有权对任何违反刑法规范的行为加以处罚。Vgl, Roxin, a. a. O. , S. 74.

② 有关一般预防理论的详细内容及其批评可参阅张丽卿，刑罚理论与精神疾病犯罪人的处遇，台大法学论丛，22卷1期，1992年，262页以下。

③ 此即"刑事诉讼法"第268条所规定的"不告不理原则"，关于不告不理的内涵，可参照蔡墩铭，刑事诉讼法论，1993年，330页以下；褚剑鸿，刑事诉讼之单一性及起诉之效力，法学丛刊，31卷3期，1986年。

④ "回复"一词，在我国大陆的同义法律术语为"恢复"。——编者注

⑤ 在起诉以后，会造成被告很多在审判程序上的负担。例如，被告在审判中，要向法庭表明为何当时在检察署自白，以及该自白与事实有何矛盾。虽然在刑事诉讼上，被告并无为自己的主张举证只有检察官才有，然而那也是举证的义务而已，但是，被告要在审判庭上，对于自己所说自白的矛盾要做说明，而且对于已经有的证据结果也要努力辩解。所以，起诉无疑对被告是相当沉重的负担。

而加以审判。因此，检察官的起诉也可以说是，对于犯罪行为的暂时性评价。①

综上所述，采取起诉法定原则，最主要的理由是，维持法律之前人人平等的原则，确保构成要件的明确性及刑罚的可预测性，② 因为刑罚的本质是，有罪必罚，是报应，不宜有轻重之别。③ 由于犯罪是对于法律权威性的挑战，刑罚可以回复法的权威，因此，刑事追诉有使曾经被破坏的法秩序重新恢复的功能，④ 社会大众能相信法律，国家才能实现法的正义。如果准许检察官单独决定是否起诉，无异承认检察官是可以消灭刑罚权的人，如此将使民众对于法的权威性产生质疑，或感觉对有利于犯罪嫌疑人的解释。⑤ 但是，如果将有犯罪嫌疑的案件，在具备诉讼条件及处罚可能性的情况下，不问犯罪情节如何，一律诉追，其实是违背具体正义及刑事政策的做法，因此便有起诉便宜原则的产生。

二、起诉便宜原则

检察官从事侦查追诉工作，通常是依法定原则。但有一些例外，学者称之为便宜原则（权宜原则）。便宜原则的思考，例如，对于自诉案件，依"刑事诉讼法"第 323 条第 1 项规定，在侦查开始前，检察官知有自诉

① 此种说法有反对意见，反对的理由是，因为检察官只是一个行政官，其所为的侦查程序，纵使可以为行为的评价，但是起诉也不意味着有暂时性行为评价的意义，因为，只有法官有对行为加以评价的权限。Vgl, Roxin. a. a. O., S. 48ff., Joachimski. Strafverfahrensrecht, 2. Aufl., 1994 § 33. 35. 41.；Ruping, Das Strafverfahren, 4. Aufl., 1994, S. 25.

② 其实法定原则，并非专用来防止犯罪黑数的手段，因为，对于犯罪之诉，国家机关不能以漫无限制的手段来实行，而是要掌握诉追的方向与密度，亦即，在法定原则下所为的犯罪诉追，仍须适"相当性原则"，即诉追方向与手段之间的相当性关系。"相当性原则"在这里的意义指：如果犯罪行为系属较严重的犯罪行为，则其所为之犯罪诉追，亦应较为密集和深入，所以需要在实质上及精神上投注更多的人力与物力。所以，法定原则不能脱离相当性原则而存在，因而，在集权主义国家，为达成统治的目的，所为之漫无止境的犯罪诉追，另外，所谓犯罪程度之严重与否，并非一定依犯罪性质加以区分，例如，并非窃盗罪就一定轻于强盗罪，杀人不一定重于妨害自由。其严重与否，仍应依实际情形考虑，故对于窃盗之诉，如果在有怀疑且须阐明的情况，当然需要更多人力、物力及诉追方法之介入，所以，也并不一定亚于对杀人罪所应投入的人力与物力。因而，法定原则所要求的诉追方向和密度，并非以形式上犯罪名为唯一的标准，必须要考虑实际需要侦查的程度。Vgl, Roxin, a. a. O., S. 258f.；Pfeiffer, Grundzüge des Strafver-fahrens-rechts, 2. Aufl., 1987, Rdnr. 25.

③ 关于报应理论的内涵，更详细内容可参阅 Jesheck, Lehrbuch des Strafrechts, AT, 4. Aufl., 1988, S. 59f.；张丽卿，刑罚理论与精神疾病犯罪人的处遇，台大法学论丛，22 卷 1 期，1992 年，260 页以下。

④ Roxin, a. a. O., S. 1f.

⑤ Roxin, a. a. O., S. 49.

在先或告诉乃论之罪经犯罪直接被害人提起自诉者，应即停止侦查将案件移送法院，这时候侦查并不是必然要进行，而且能不能并案，还有裁量的空间，此即便宜原则的思考。另如，"刑事诉讼法"第 253 条第 1 项规定，"第 376 条所规定之案件，检察官参酌'刑法'第 57 条所列事项，'认为'以不起诉为适当者，得为不起诉之处分"，这是依照检察官的裁量，认为不起诉比较适当而为不起诉处分，其中系考虑到案情轻微及所造成的影响。一般学者将法定原则与便宜原则做相对立的概念来理解，亦有学者加以否定。① 否认的理由是，起诉便宜原则为法律赋予检察官的权限，并不是与法定原则相对立。然而即使是持法定原则与便宜原则相对立的概念，在刑事诉讼程序上，仍有其意义。

所谓便宜原则系指，得不依照法律义务规定，执行刑事诉追机关之公务员（检察官）得为裁量。在此之便宜原则，是指对于可以诉追的犯罪行为之不诉追的决定，亦即，对得诉追的犯罪行为在某些特定条件之下，检察官有裁量的空间；使该犯罪行为就此不再续行刑事诉讼程序，并且不为诉之提起。②

从刑罚目的之观点言，不管案情如何轻微，凡是具备犯罪追诉的事实及法律上的要件，一律加以追诉，并不符合具体的正义，因此，有无发动刑罚的理由，应依个别犯罪人的具体情况而定。本于刑罚处遇个别化的理由，在刑事诉讼上，当然就赋予检察官有起诉裁量的权限。③ 问题是检察官的起诉裁量权，在刑事追诉的全部程序中，应该扮演怎样的政策性地位，是应该以一般预防的政策运用为主呢？还是更应兼顾到特别预防的政策呢？在学说上尚有歧见：

主张应以特别预防政策为优先者认为，不起诉处分较之缓刑宣告或假释更为优越，因为犯人没有被公开审判，或贴上标签④，更能鼓励其自新

---

① 认为我国台湾地区"刑事诉讼法"不采起诉便宜原则，而是采职权处分原则，主要的原因是，"刑事诉讼法"第 253 条、第 254 条系规定，检察官得依职权为不起诉之处分。详细内容可参照褚剑鸿，起诉犹豫（缓起诉）制度之研究，军法专刊，30 卷 6 期，4～5 页。

② 必须注意的是，在此须有可能为诉的提起，如果没有可能为诉之提起，那就无便宜原则的适用，而是应为不起诉处分；既应为不起诉处分，当然就不是便宜原则的适用，而是法定原则的情形。

③ 于此亦须注意，检察官不得基于上级指示而为不起诉的决定。因为，基于上级指示所为的决定，已不再是检察官运用便宜原则的精神。检察官为起诉与否的裁量时，仍须对于刑事诉追的要件，及该犯罪行为实质加以审查后才作决定。因为，若未为审查，而只是基于上级指示所为，已不是检察官本身的裁量了。

④ 有关标签理论的详细内容及其批评，可参阅林山田、林东茂，犯罪学，1995 年，158 页以下。

复归社会。因为刑罚并非唯一镇压犯罪的方法，有罪必罚的原则并非绝对，[①] 就像各国几乎都采用缓刑制度的道理是一样的。从防止再犯的功能来说，若能广泛应用便宜原则，以不起诉犯罪助其更生，将比起诉后再用刑罚威吓的方法来得优越，所以，能把不起诉处分视为刑事处遇的方法之一。[②]

认为仍应以一般预防政策为优先考虑者以为，整个刑事诉追程序，在侦查中要绝对以一般预防为念；在起诉时仍然要以一般预防为主，只有在不妨害到公益的情况下，才能兼顾到特别预防的应用；审判时则应一般预防与特别预防并重；刑罚执行时才以特别预防为主，因此整个诉讼程序流程，在刑事政策运用上，是从一般预防走向特别预防的。因为只有如此，才能有效维护社会秩序，及兼顾刑罚处遇个别化的要求，所以，检察官在决定是否追诉时，不应太注重特别预防的机能，否则将与检察官公益性中立性的角色相违背。因为，检察官代表国家行使职权，是公益的代表人与执行者，应该注意的是大多数公众的一般利益，不只是个别犯人的单独利益，而且如果检察官只为了做合乎特别预防机能的裁量时，势必使得侦查活动严格化、详密化、长期化与纠问化，[③] 结果也未必对犯罪嫌疑人有利。故为了避免与检察官的行政官性格相矛盾的现象，检察官就不能完全以特别预防为优先考虑，否则就形成了检察官司法官化的现象。[④]

此外，检察官起诉裁量运用的类型，大致上可以分为下述几种：

第一种是微罪不诉追，这种处分主要是针对轻微犯罪的犯罪人，认为行为人的责任轻微，对其诉追并无公共利益，没有处罚的必要，让他尽快从刑事诉讼程序中解脱的一种处分，如德国刑事诉讼法第 153 条、第 154 条的情形。[⑤]

---

① 刑法目的思想大师李斯特（Franz von Liszt，1851－1919），在 1882 年德国马堡大学所做的著名演讲"刑法的目的的思想"就指："正确允当的刑罚，乃必要的刑罚，刑法的正义，乃严守依目的思想所赋科的必要刑罚"。有关演讲的全文，收录于李斯特论文与演讲集第一册，126 页以下。Vgl, Liszt, Strafrechtliche Aufsätze und Vorträge, Erster Band Berlin 1905, S. 126ff.

② 把不起诉处分视为刑事处遇的一种，其实就是基于"转向处分 Diversion"的构想，因为，从实证的研究发现，转向处分在一般预防及特别预防的效果上，并不输于正式的审判。Vgl, Schöch, Empfehlen sich Änderungen und Ergänzungen bei den srafrechtlichen Sanktionen ohne Freiheitsentzug? Gutachten C, 59. DJ. 1992, S. C34.

③ Fezer, Vereinfachte Verfahren im Strafprozeß, ZStW 106 (1994), S. 25.

④ 小田中聪，刑事诉讼与人权的理论，1983 年，225 页以下。

⑤ Vgl, Beulke, Strafprozeßrecht, l. Aufl. , 1994, S. 139f.

第二种是起诉保留的运用，起诉的保留是指以暂时不为公诉的提起作为手段，在规定保留诉追的保留期间内，检察官观察行为人与被害人间的和解情况，及缓起诉后的生活行为情状，以决定是否再行起诉的制度，如德国刑事诉讼法第 153 条 a 的情形。[①]

第三种类型为起诉犹豫附保护观察的运用，这种制度是指，在保留追诉的期间内，检察官为了鼓励犯罪嫌疑人更生及预防再犯所为的措施，亦即，将缓起诉的犯人再交付保护管束，如果犯人违反保护管束的规定，检察官就撤销原来的缓起诉决定，再行起诉。

第四种类型为放弃起诉的制度，放弃起诉（不管重罪或轻罪）是指，只要符合法律所规定的要件，直接为不起诉处分，除非有重大的情事，如再犯重罪等，原则上即不再行起诉，并且检察官对于受不起诉处分者，不做事后的追踪考察，如日本刑事诉讼法第 248 条的规定。

第三节　我国台湾地区之起诉便宜原则

一、我国台湾地区起诉便宜原则之法律规定

我国台湾地区"刑事诉讼法"第 252 条第 1 项规定，检察官依侦查所得之证据，足认被告有犯罪嫌疑者，应提起公诉。足见我国台湾地区以采起诉法定原则为原则，只有在例外的情况采起诉便宜主义。由于我国台湾地区"刑法"所采的刑罚理论，仍以报应思想及一般预防思想为主，[②] 故得适用便宜原则的范围较狭窄，限制亦较严格。依照"刑事诉讼法"规定，检察官依侦查所得之证据，虽认被告有犯罪嫌疑，并已具备诉讼条件及处罚条件，但在某些情况，对被告起诉与否仍有裁量的权限，以下说明便宜原则在我国台湾地区法律的规定：

（一）微罪不起诉

依"刑事诉讼法"第 253 条规定，第 376 条所规定之案件，检察官参

---

① Beulke, a. a. O.

② 更详细的内容可参阅张丽卿，刑事法学与精神医学之整合——精神疾病犯罪人处遇之比较研究，1994 年，119 页以下。

酌 "刑法" 第 57 条所列事项，认为以不起诉为适当者，得为不起诉处分。① "刑事诉讼法" 第 253 条第 2 项则规定，检察官为前项不起诉处分前，并得斟酌情形，经告诉人同意，命被告为下列各款事项：（1）向被害人道歉；（2）立悔过书；（3）向被害人支付相当数额之慰抚金。前项情形，应附记于不起诉处分书，得为民事强制执行名义。对于轻微案件的不予起诉，乃是指犯罪嫌疑人之责任内涵轻微。依照我国台湾地区 "刑事诉讼法" 第 253 条规定，只要参酌 "刑法" 第 57 条所规定的因素，即得为不起诉之处分。但在德国刑事诉讼法第 153 条第 1 项规定，对于轻微案件，检察官要放弃刑事的诉追时，除了轻微的责任外，还要没有诉追的公共利益，才可以为不起诉处分。

（二）少年案件的不起诉

除 "刑事诉讼法" 第 253 条之规定外，"少年事件处理法" 第 67 条亦设有对少年被告为职权不起诉处分之规定。依该条规定，检察官依调查之结果，对少年犯最重本刑 5 年以下有期徒刑之罪，参酌 "刑法" 第 57 条所规定的因素，认为以不起诉处分为适当者，得为不起诉处分。在一般案件当检察官为不起诉处分后，告诉人接受不起诉处分书后，得于一定期间内循法定方式声请再议。但在少年刑事案件经检察官处分不起诉后，即告确定（不过，应移送少年法庭依少年保护事件审理），告诉人并不得声请再议。因为，少年宜教不宜罚，尽量不使少年接受刑事诉讼程序审判的保护思想。其最主要的原因在于，少年事件的处理方法，应含有教育之目的在内，因而在实行诉追之时，应有别于成年刑事案件刑法检察官之权责，作适合其目的性的修正。

（三）于执行刑无实益的不起诉

于应执行刑无重大关系之案件，检察官亦得为不起诉处分。依 "刑事诉讼法" 第 254 条规定被告犯数罪时，其一罪已受重刑之确定判决，检察官认为他罪虽行起诉，于应执行之刑无重大关系者，得为不起诉处分。此条之规定意旨，纯就刑事政策及诉讼经济而为考虑，因起诉既无实益，为

---

① 本条于 1995 年 10 月 20 日所公布的 "刑事诉讼法" 增订条文中，为配合 "刑事诉讼法" 第 376 条的修改做小幅度的修正，原来的条文为 "检察官于 '刑法' 第六十一条所列各罪之案件，参酌 '刑法' 第五十七条所列事项，认为以不起诉为适当者，得为不起诉之处分"。亦即，得斟酌裁量不起诉的范围，从原来的 "刑法" 第 61 条案件，扩大至 "刑事诉讼法" 第 376 条的案件，然而原则上仍以轻微的简易案件为主。

免在程序上徒增劳费，故赋予检察官有诉追裁量的权限。然而在适用"刑事诉讼法"第 254 条的规定时，除了需要考虑到被告的利益外，也须顾虑到国家对犯罪的追诉及审判，而不只是仅以他罪与应执行刑无重大关系为唯一的标准。

另外，须注意的是，"刑事诉讼法"第 254 条之适用，固然对于检察官之办案速度及减轻工作量有其意义，但为了确保对于犯罪行为及犯罪行为人之澄清，存在有公共利益时，仍不得引用"刑事诉讼法"第 254 条的规定，因为，依该条用语分析，究竟是指在实体法上的数行为或是单数行为，并不清楚。故若为行为单数时，就一罪起诉自然及于未起诉之部分（"刑事诉讼法"第 267 条参照），故行为单数似不应属于第 254 条之范围。相对于此，德国刑事诉讼法对于行为单数的追诉情形，在第 154 条 a 就有特别且详细的规定，故对于如属实体法上可分的行为部分，要加以放弃追诉时，也必须要有诉讼法上之依据才行。

二、我国台湾地区起诉便宜原则之特色

从以上法律的规定得知，我国台湾地区起诉便宜原则所具有的特色是：

1. 便宜原则的运用系属例外，原则上仍以起诉法定原则为准。检察官依职权不起诉处分确定后，发生实体上的确定力，亦即，依"刑事诉讼法"第 260 条规定，不起诉处分确定后，非有新事实及新证据或存在有再审事由时，不得对于同一案件再行起诉，发生实体上的确定力。此与日本的起诉犹豫仍得再行起诉，不发生实体上的确定力不同。

2. 原则上仅限于"刑事诉讼法"第 376 条，不得上诉于第三审法院的轻微案件，只有在少年刑事案件，基于保护思想的理由，扩大至最重本刑为 5 年以下有期徒刑的案件，其他则与成年犯罪皆相同。在决定起诉与否时，并没有像德国刑事诉讼法除了要求"微罪"外，还需要考虑"无诉追的公共利益"，所以在适用的条件上我国台湾地区的规定显然较为宽松。另外，对于能否起诉裁量的范围，与德国相较，亦嫌过于狭隘，且对于不起诉处分的监督，[①] 也没有如日本或祖国大陆的法律有加以审

---

① 对于刑事诉讼续行的放弃，可否只让检察官一人单独为之，没有其他的机关的介入，或无从审查其所为决定的理由及基础？在法治国原则下，任何一个机关所为之决定，应具有被审查的可能性。刑事诉讼的结果，必须是基于程序公正的结果；在刑事诉讼上，亦不容许检察官有如此大的权限。所以，在探讨检察官的便宜原则时，应该以牵制的观点，来避免检察官职权的过度扩张。如此才能达到程序公正及保障人民权利的目的。

查的权限。①

3. 检察官依职权为不起诉处分时，须参酌"刑法"第 57 条所规定的十项因素，即犯罪动机、犯罪目的、犯罪时所受刺激、犯罪手段、犯人的生活状况、犯人的品行、犯人的智识程度、犯人与被害人平日的关系、犯罪所生的危险或损害、犯罪后的态度。这些裁量基准，在日本系指犯罪所生的危险或损害、犯罪后的态度。这些裁量基准，在日本系直接规定于刑事诉讼法，但在我国台湾地区则属参酌"刑法"量刑的标准，不过也有殊途同归的效果。

4. 对于非重大的附带行为，基于诉讼经济的原则，亦如德国的立法例能为不起诉处分，但是在适用的条件上，并没有做很清楚的描述，仅以对应执行之刑无重大关系为准，尤其只规定被告犯数罪，将对于行为单数的犯罪，造成无法适用的疑虑。

三、起诉便宜原则在我国台湾地区实务运作之情形

我国台湾地区检察机关办理刑事案件，经一审检察官为不起诉处分，从 1989 年至 2000 年 4 月间，依据"法务部"统计，各地方法院检察署终结刑事侦查案件，不起诉处分人数占侦结总人数的比率，大致上呈现逐年递减的趋势，其中 1989 年为 35.3%；1990 年为 33.8%；1991 年为 28.9%；1992 年为 26.2%；1993 年为 26.7%；1994 年为 29.3%；1995 年为 30.4%；1996 年为 29.6%；1997 年为 30.8%；1998 年为 37.8%；1999 年为 38.3%；2000 年 1 月至 4 月间为 36.4%。② 同样地，各地方法院检察署检察官，依职权不起诉实行的绩效，也是呈逐年递减的情形，其中的比数为：1989 年为 9.6%；1990 年为 8.5%；1991 年为 9.0%；1992 年为 8.8%；1993 年为 6.7%；1994 年为 5.6%；1995 年为 6.8%；1996 年为 6.6%；1997 年为 6.1%；1998 年为 5.0%；1999 年为 5.7%；2000 年 1 月至 4 月间为 5.7%。③ 有趣的是，"法务部"为加强运用职权不起诉的规

---

① 我国台湾地区并没有对于检察官裁量不起诉处分不服时的专门救济制度，虽有"刑事诉讼法"第 260 条再行起诉的制度，但是在条件上的限制却非常严格（亦即，若没有发现新事实、新证据或有再审之原因，是不可能有再行起诉的机会），因此，等于当事人没有不服及救济的机会，所以有无必要仿域外立法例（如日本的检察审查会或准起诉程序、祖国大陆的申诉制度），让当事人有不服及监督的机会就特别值得深思。

② "法务部"，"法务统计月报"，2000 年 4 月，18 页。

③ "法务部"，"法务统计月报"，2000 年 4 月，18 页。

定，自 1981 年起即陆续发函提示，要求检察官体认当前刑事政策，妥为裁量，但是事实却刚好相反。究其原因，除了与检察官声请简易判决处刑案件逐年增多有关外，[①] 仍有下述不可忽视的原因：

1. 得为裁量的范围过于狭隘。依照"刑事诉讼法"的规定，得为不起诉处分的情形，仅有"刑事诉讼法"第 253 条及第 254 条两种情况而已，所以，无形之中检察官得为裁量的情形自然有限。另外，"刑法"第 57 条所列事项均系抽象规定，斟酌时因缺乏客观标准，不易为适当之裁量。本项原因系基于法律规定的问题，及适用上无具体明确标准所致，解决之道当然要用立法加以改善，如仿德国的立法例增设得不起诉的范围；[②] 或加强犯人素行调查或前科数据文件的建立，俾供检察官于参酌"刑法"第 57 条所列因素时有一基准，尽速依职权为不起诉处分。

2. 依检察官办案成绩考查办法，起诉维持率占办案成绩之比例较高，而当事人折服率所占比例较低，检察官为争取较高之办案成绩，对于罪证明确之简易案件，遂不愿依职权处分不起诉。[③] 而且，部分检察官为保持清誉或避免为"司法黄牛"所乘，不敢广为运用职权不起诉处分。本项原因为检察官办案时心理上之利益衡量问题，与检察官个人之担当有关。要消除本项原因，应借实务上之改善导正检察官的心理。[④]

第四节　立法例之选择与建议

从罪刑法定的原则来看，有了犯罪就应该处罚。问题是通通加以处罚是否就符合公平正义呢？到底有什么理由可以用便宜原则来认为可以不要

---

① "法务部"，"犯罪状况及其分析"，1992 年，124 页。
② 关于德国立法例上值得我们借鉴的规定，将于下述第四节之"立法例之选择与建议"，再做详细说明。
③ 每个检察官辨案时所考虑的因素虽不尽相同，但辨案成绩的高低对于升迁与否，的确会有若干影响，因此就不能忽略该项因素所扮演的角色。更详细的资料可参阅赖哲雄，论不起诉处分与我国台湾地区"刑事诉讼法"之起诉便宜主义，1988 年，辅大法研所硕士论文；叶金凤，加强检察官运用职权不起诉之刍议，法律评论，51 卷 7 期，11～14 页。
④ 例如，培养检察官勇敢担当的精神，对于符合职权不起诉的案例，即应排除一切内在及外在的困难，本于良心为不起诉处分；建立适当且客观的检察官考核制度，监督检察官运用职权不起诉处分的情况，或可避免因人而异做出不同决定的不公平现象。

处罚。因为，如果说只要成立犯罪就加以处罚是一种利益①的话，那么就有必要维持起诉法定主义的原则，但是，当我们思考如果维持齐头式处罚所付出的成本，却大于权衡调适后的成本时，是否仍有必要再坚持常态之下处罚规则呢？换言之，当常态之下的处罚规则反而带来更大的不利益时，就应该思考刑罚权所发动的意义何在，因为，刑法问题的解决主要仍是针对法益侵害与否的本身，但是刑罚权的发动，除了考虑犯罪问题之外，仍须考虑处罚后所付的社会成本，所以，如果放弃刑罚权仍能维持刑法的尊严时，就应该有便宜原则的考虑。

在详细比较域外与我国台湾地区有关起诉便宜原则的立法例后发现，我国台湾地区有关起诉便宜原则的立法规定，实在有必要做某种程度的修正。主要的理由是，起诉便宜规定范围过于狭隘，检察官可以裁量的范围有限。因为，依照我国台湾地区"刑事诉讼法"第 253 条微罪不举的规定，主要仍是局限在"轻微的犯罪"，但是，有关轻微犯罪的解决，在如果我们认为"可罚的违法性理论"② 是可采时，亦无须再进入诉讼程序，才用便宜不起诉的方式来解决。那么，所剩下的第 253 条"非重大的附带犯罪"，由于在适用的条件上必须是"已受确定之重刑判决"，检察官得以裁量的范围就更加有限了。所以在德国立法例上那些不属于轻微犯罪及非重大的附带犯罪的具体规定，就特别具有刑事政策上的意义。③

概略而言，下列几项规定的立法，是值得我们特别注意的：

1. 微罪：有关微罪的解决除了可以直接职权不起诉外（我国台湾地区"刑事诉讼法"第 253 条参照），应该也可以考虑暂时不为公诉提起的制度（德国刑事诉讼法第 153 条 a 参照），因为，这个制度是留待观察犯罪嫌疑人的表现后，再决定是否起诉，可免犯罪嫌疑人有心存侥幸的心理。另外，微罪不举的要件上，除了必须"微罪"外，似亦应考虑"无追诉的公

---

① 如果说，人类一切活动的目的就是生活利益的追求，那么刑罚权的发动，当然也是符合利益追求的原则才有意义。参照黄荣坚，刑法问题与利益思考，1995 年，序言部分。

② 有关"可罚的违法性"的详细内容可参阅甘添贵，可罚的违法性之理论，载可罚违法性理论与司法实务，台湾地区"最高法院"学术研究会丛书（一），163 页。至于解决微罪问题，宜否引用该理论，似乎仍有争论，参阅林山田，评可罚的违法性理论，刑事法杂志，36 卷 6 期，1 页以下。

③ 经过比较研究之后，德国的立法例是比较值得实行的。主要的理由是，日本的起诉犹豫制度，已在彼邦引起很大的争议，因为依照日本刑事诉讼法第 248 条的规定，不分轻重案件，检察官均得为缓起诉处分；换言之，检察官拥有过大裁量权限的隐忧与流弊，也难怪日本的实务界及立法会特别注意，检察官公诉权滥用的问题。更详细的内容可参照三井诚，诉追裁量——检察官的诉追裁量与其控制方法，载高田卓尔、田宫裕编，演习刑事诉讼法，昭和 59 年，177 页以下。

共利益"（德国刑事诉讼法第 153 条参照），尤其像有些暴露狂的变态者，被害人虽没有提出告诉，亦能认为有特殊的公共利益而加以起诉。

2. 非重大的附带犯罪：同样是对于非重大的附带犯罪的处理，我国台湾地区"刑事讼诉法"第 254 条的规定，比起德国刑事诉讼法第 154 条的规定，在适用条件上更为严格。另外，也可能造成行为单数的犯罪有无法适用的隐忧，所以，对于以"不重要的刑罚理由"当作是不起诉的理由时，是否仅能限制在"重刑与确定"，就特别值得深思。

3. 域外犯罪的不起诉，虽然我国台湾地区"刑法"对于在域外的犯罪行为，有刑罚权适用范围的限制，但是，并无明文检察官有放弃追诉的权限，所以，如果犯罪行为是在"刑法"适用的领域之外，在台湾地区实施诉追，将造成对台湾严重的不利益时，应在"刑事诉讼法"中明文授权，检察官可基于政治的理由作不起诉的决定。

4. 对政治犯与中止犯的不诉追：如果执行诉追的结果，造成对台湾利益的重大损失时，亦与刑事诉追的本旨有所违背，[①] 例如，对于内乱、外患等叛乱罪或集会结社等的政治犯罪构成要件予以诉追，反而导致国家的重大危险（德国刑事诉讼法第 153 条 d 及第 153 条 e 参照），刑事追诉的利益已不存在，检察官应决定诉追的放弃。

5. 民法或行政法先决问题的裁判：为了不让刑事追诉被滥用，检察官只是扮演刑事诉讼上原告压迫被告的手段，或是作为其他诉讼程序的工具，德国法（德国刑事诉讼法第 154 条 d 参照）赋予检察官有停止追诉程序的决定。反观我国台湾地区"刑事诉讼法"第 297 条虽规定，犯罪是否成立或刑罚应否免除，以民事法律关系为断，而民事已经起诉者，得于其程序终结前停止审判。但是，这个在已进入审判程序后，才有机会将审判程序停止的规定，在时间上业已丧失先机，并且也浪费了某种程度的社会成本。此外，我国台湾地区"刑事诉讼法"第 297 条只规定以民事法律关系的案件而已，并未提及以行政法关系的案件的解决；因此，在立法上应

---

① 1996 年 2 月 1 日，"立法院"院长、副院长改选时，民进党与新党达成协议，将共同投票民进党党主席施明德，两党党员在投票时，都直接或间接地亮出选票，如果我们假设亮票是犯罪的话（当然亮票不一定成立犯罪，是另外的问题），那么，民进党、新党与部分国民党立委在选举"立法院"院长、副院长的亮票行为就一定要诉追，但是，这种绝对满足法治的假象，如果因此将引起更大的政治风暴时，检察官是否还有必要坚持非起诉不可呢？这个看法来自黄荣坚教授的高见，我觉得很有道理，所以，特别用这个例子来说明。因为，我们几乎就是可以预见，检察官的诉追根本不会有结果，甚至到最后只是不了了之，但是，这种社会成本的浪费值得吗？

有必要让检察官，对于关系到民法或行政法先决问题裁判时，指定解决问题的相当期间，在期间经过无结果时，以不起诉的方式来终结程序。

第五节　结　论

本章是从比较法的观点，探讨基于便宜原则所为不起诉处分的相关问题。首先阐明的是，起诉法定原则与起诉便宜原则的意义与理念。起诉法定原则可以符合公平性，并确保构成要件的明确性与刑罚的可预测性，但是，不问犯罪情节，一律加以起诉的做法，其实也违背了具体的正义与刑事政策的理念，因此有起诉便宜原则的产生。在起诉便宜原则之下，检察官有相当程度的裁量空间，由他决定对犯罪嫌疑人是否再续行刑事追诉。虽然检察官的起诉裁量，在刑事诉讼程序中，应该扮演怎样的政策上地位，仍有争执，但是，肯定便宜原则运用的理念则是一致的。

接着详细说明德国运用便宜原则在立法上的规定及实务上的评估；德国的立法者在刑事诉讼法第 153 条以下所设计的便宜理由是，犯罪行为情节轻微，责任并不重大（第 153 条、第 153 条 a）、因其他犯罪行为重大，本罪无起诉之实益（第 154 条）或由于犯罪行为具特殊性，国家无追诉利益（第 153 条 c、第 154 条 b、第 154 条 c）等情况。[1] 只是依照德国学者的看法，这些职权不起诉的运用仍然有些隐忧。这些疑虑是，便宜原则的运用可能忽略了个案之间的差异性，让人觉得这种非正式诉讼程序的解决，会让某些社会阶层得到利益，而且，由于欠缺正式的诉讼程序，也损及了被告及被害人正式参与诉讼序的机会，同时也可能丧失对构成要件透明化及检验的可能性。

关于日本情况的介绍，主要是法律的规定及其他控制起诉犹豫的手段。日本对于检察官起诉与否的决定权，是采取起诉犹豫制度，其中基于便宜原则的不起诉处分的适用，规定于刑事诉讼法第 248 条。该制度所具有的特色是，起诉犹豫未限制范围，起诉犹豫仍得再行起诉，而且，为了适当控制检察官的起诉裁量权，立法设计上有许多的节制措施，如赋予检察官有告知不起诉理由于告诉人等的义务、为了维护公共利益的准起诉程序，及检察审查会的设立等。

另外，对于祖国大陆的免予起诉制度亦稍有着墨：对于寓有起诉便宜

---

[1]　Vgl, Beulke, Strafprozeßrecht, 1. Aufl. , 1994, S. 139f.

原则规定的程序是"免予起诉",免予起诉的运用,有一定的适用条件与特点,原则上仍以轻微案件为主,而且只有人民检察院有此决定权限,人民法院则无此权限。虽然,对于免予起诉制度的是否废除,仍有争议,但是,肯认该制在实务上所具有的贡献,则是毋庸置疑的。

最后,介绍我国台湾地区的规定与特色。我国台湾地区起诉便宜原则的法律规定是,"刑事诉讼法"第253条与第254条,"少年事件处理法"第67条。可以职权不起诉的案件,原则上仅限于"刑事诉讼法"第376条,不得上诉于第三审法院的轻微案件;只有少年刑事案件,基于保护思想的理由,扩大至最重本刑为5年以下有期徒刑的案件。只是对于非重大的附带行为,在适用的条件上,并没有做很清楚的描绘,仅以对应执行之刑无重大关系为准,可能对于行为单数的犯罪,造成无法适用的疑虑。此外,也提出若干实务运作绩效不彰的原因及意见。

在作为修法建议的立法例选择上,由于日本起诉犹豫制度立法上的各种问题,不是我国台湾地区目前的刑事诉讼制度所能克服。① 基于这样的疑虑,德国刑事诉讼法中的起诉便宜规定,就特别值得我们借鉴。概略言之,微罪的规定,在制度的设计上,可以考虑暂时不为公诉的提起,在适用的条件上,亦可考虑"无追诉的公共利益"作为起诉便宜原则条件上的一种节制;对于非重大的附带犯罪,应不限于满足了"重刑与确定"的条件时,才可以为不起诉的决定;在"刑法"适用领域外的犯罪行为及政治犯罪的案件,如因诉追可能造成台湾地区严重不利的危险时,应让检察官有决定不为诉追的权限;此外,对于关系到民法或行政法先决问题的案件,也应提早让检察官有决定不起诉的机会,因为,不必要的诉讼程序的进行,不仅造成当事人的负担,也是社会成本的浪费。

由于起诉便宜原则所涵盖的问题非常广泛,检察官在这个制度中所应该扮演的角色,特别重要。尤其当他在决定起诉或不起诉时,不能过分留意被告的是否有罪或无罪,而是应该注重依职权为不起诉处分的真正含义。

---

① 这些可能无法克服困难的理由是:在刑事诉法制度上,日本采以当事人进行主义为主,而我国台湾地区则是以采职权主义为主,另外,日本是采检察官起诉独占,而我们则是采起诉二元制(更详细的内容可参照张丽卿,刑事诉讼法理论与运用,1995年,14、17页)。在规定上,不分案情轻重,检察官均得为缓起诉的作法,也不符合一般民众的法情感,而且起诉犹豫之后,仍得再行起诉,使人觉得法律的效力不是很安定,对司法也不容易产生信赖。在实践上,由于检察官可能造成滥用起诉裁量权的隐忧,也必须有很好的节制措施才行。这些差异与困难可能都不是我国台湾地区现行的刑事诉讼制度所能克服。但是,德国与我国台湾地区相同,刑事诉讼制度都是以职权进行主义为主,而且,在起诉便宜原则的立法设计上也比较接近,因此,在立法的继受上,德国的规定也不至于扞格不入。

第四章　德国刑事诉讼之简易审判程序

第一节　前　言

为了减轻司法机关的沉重负担，简易审判程序的设计，似乎成为立法者最不能割舍的部分。其实，为了避免诉讼拖延，达到诉讼经济之目的，分别案件的不同条件，依其情节轻重，采取不同之处理程序，对所有当事人、被害人等确属必要之措施。故如案件极为轻微，证据明确，纵不采用一般审理程序，也不甚妨害当事人攻击或防御之行使，改采简捷处理之方式，已能防冤决疑昭示公允，减少法院事务，自应适用简易之程序，使诉讼迅速终结，以免耗时费事，徒滋拖累。尤其，为免诉讼案件交互影响拖延，设立专庭处理简易案件，更有助于诉讼经济之要求，有鉴于此，刑事诉讼简易审判程序之研究，就显得重要。

德国与我国台湾地区刑事诉讼的构造，虽然，都是以职权进行原则为主的设计。然而，德国刑事诉讼程序中有许多制度是我国台湾地区所没有的。例如，德国的参审制度[①]、起诉后没有进入正式审判程序前的"中间程序"[②]、被害人"参加诉讼程序"[③]、普通审判程序中的"速审程序"等。其中的"速审程序"是通常程序中的特殊规定，主要是针对犯罪发生后得立即为判决的轻微案件。另外，"处刑命令程序"是特别诉讼程序的一种，

---

① 关于德国参审制度的法律规定及实务运作的详细情形，可参照张丽卿，德国刑事诉讼参审制之研究——兼论我国台湾地区刑事参审试行条例草案，刑事法杂志，39 卷 4 期，1995 年，18～64 页。

② 检察官侦查终结后，除了刑事诉讼法第 417 条以下规定的速审程序，得直接进入主要审判程序外，所有被起诉的案件，原则上都进入所谓的"中间程序"。中间程序的作用在于消极的检察功能，在该程序中，对继续进行刑事诉追的合法性及必要性由一个独立的法官或合议庭中讨论，如果出现其他的可能性，得不进行对当事人有歧视的主要审判程序。该制的特点在于，仅得由职业法官进行该程序。参照 Beulke, Strafprozeßrecht, 1999, § 18, Rdnr. 352f。

③ 参加诉讼是让因犯罪行为受有损害的人，有机会参加诉讼，进而监督检察官的工作。主要的目的在于，准备进行关于损害赔偿的民事诉讼，以满足赔偿的请求。参照 Roxin, Strafverfahrensrecht, 25. Aufl., 1998, § 62. S. 498ff。

其虽得适用于所有的犯罪行为，然而，由于仅得科以罚金的案件为主，所以，速审程序与处刑命令程序主要是针对较轻微案件的处理，因此在疏减案源与简化诉讼程序上的理念是相同的。本章鉴于我国台湾地区与德国有共同职权设计制度的背景，特从彼邦的简易审判程序①——速审程序及处刑命令程序与认罪协商程序的适用情况，分从法律的规定与实务的运作情形加以论述，冀能对我国台湾地区刑事诉讼制度设计，有若干贡献。

第二节 速审程序

"速审程序"在德国 1877 年的帝国刑事诉讼法中已有明文规定。然而该程序在实务上却一直未扮演重要角色，直至 1994 年的"对抗犯罪法案"（Verbrechensbekämpfungsgesetz）中，才将原规定于刑事诉讼法第 212 条以下的条文，移至第 417 条以下，② 以下将说明速审程序的相关问题：

一、速审程序之目的与范围

依照德国刑事诉讼法的规定，属于区法院管辖的案件，若案情简单得为立即判决者，得依速审程序（刑事诉讼法第 417 条参照）处理。检察官基于单纯的犯罪事实或明显的证据认为该案件适合迅速处理时，检察官即应以书面或言词向管辖之区法院声请"速审程序"。由于速审程序只能经由检察官声请，如果检察官不为声请，案件只能以通常程序处理，此时法官即不能自行将通常程序改成速审程序。

速审程序之目的在于追求案件的迅速处理，然而迅速与否并无绝对之标准，仍须依规范的观点加以了解，因此，如果依速审程序其案件审理期间明显短于依通常程序之审理，即属"迅速"。尤其，在大城市中经常会出现夜间被临时逮捕的人，于翌日早晨就在警察局内得到判处的情形。不过，这种承认迅速性的优点，是以牺牲程序正当性的代价所换来的。由

---

① 德国刑事案件的简易处理程序，除了本章所述之速审程序及处刑命令程序外，仍有检察官之职权不起诉程序（起诉便宜原则），另外，不能忽视的是最近被实务所广泛应用的"认罪（量刑）协商程序"。关于德国起诉便宜原则的适用情形，详可参照张丽卿，起诉便宜原则的比较研究，台大法学论丛，25 卷 3 期，1996 年，123～171 页。本章仅就速审程序、处刑命令程序及认罪协商的相关内容加以论述。

② 参照 Kleinknecht/Meyer－Goßner, StPO, 44 Aufl., 1999, vor §417, Rn. 1。

于，在速审程序中实际上无法调查行为人的人格，以及依此为基础的量刑，所以，这种"速审程序"仅于犯罪事实不需慎重地举证与进行证据判断的情形下使得为之。[①]

二、速审程序之法律规定

速审程序是由刑事法官（独任法官）和参审法官负责进行。依照第417条规定，能够实行速审程序的要件是：

1. 案情简单，证据明确，适合得立即为判决者。

2. 应依检察官之声请。

3. 所为科刑判决不得逾 1 年的有期徒刑的期间。[②] 如果法院在速审程序中判处更高的刑期时应如何处理有很大争议。根据联邦最高法院的见解，上诉法院得减轻科刑至刑事诉讼法第 419 条第 1 项第 2 段所允许的范围。[③]

如果不具备法定的条件，亦即，案件不适用于速审程序审理，或在主审判过程中发现，必须判处 1 年有期徒刑以上的刑罚，则法院必须驳回检察官之声请，且不得对该项驳回的声请不服，或法院必须在宣示判决前将速审程序中断，[④] 但仍得为驾驶许可之剥夺（第 419 条第 1 项第 3 段参照）。

三、速审程序之特色与疑虑

速审程序是为了简化审判程序及诉讼经济的观点而设，具备以下特点：

1. 公诉得于审判之期日以言词提出，事先并不需提出起诉书（第 417 条、第 418 条参照）。

2. 速审程序中无开始程序的决定，亦即，全部的中间程序被省略。

3. 传唤期间被缩短至 24 小时，如果犯罪嫌疑人自愿出庭或被拘提时，不须传唤（第 418 条第 2 项参照）。

4. 如预期被告有被判处 6 个月以上的有期徒刑，且被告尚未委任辩护

[①] Roxin, a. a. O. , §59, S. 483.

[②] 参照 Karlsruher Kommentar 简称，KK – Tolksdorf, StPO, 1999, §417, Rdnr. 8f。

[③] KK – Tolksdorf, StPO, 1999, §417, Rdnr. 3f。

[④] 如果在通常的诉讼中已经开始程序的决定，则不得再转换成速审程序。Vgl, BayObLG MDR 1988, 77. 参照 KK – Tolksdorf, 1999, §417, Rdnr. 3。

人时，区法院必须为被告指定辩护人为其辩护（第 418 条第 4 项）。此为保障被告辩护权之规定，惟该项规定增加法官之负担，使得法官以速审程序进行审理的意愿大为减低，而颇受争议：①

除上述特色之外，速审程序和通常程序并无不同；关于法律救济程序等的条文均应完全适用于速审程序。

由于速审程序在于透过简化通常程序之步骤，如省略中间程序、对被告不传唤或缩短传唤时间、简化调查证据程序等来达到迅速审理之目的，不过，这种以缩减被告诉讼上权利所达成的简化程序，却是最值得忧虑的地方。②

在 1997 年，大约有 3% 的区法院审理案件适用速审程序，最常适用此种程序的情形，是被告于德国境内无固定住所而所犯为窃盗、乘坐公共交通工具不买票等小罪。如果依照一般程序进行审理，被告必须在审判之前经过较长时间的羁押。③

虽然速审程序可以缩短被告在押的时间，但是这种制度也被批评者讥为草率司法，简化证据的认定过程。④ 批评速审程序的用意在于将被告送进法院，剥夺其正当辩护的权利，他们认为这个制度违反欧洲人权公约第 6 条第 3 项的规定，该条赋予每一被追诉犯罪的被告以足够的时间与设施，以准备辩护。因为，速审程序中的调查证据请求，对于法院并无拘束力，如果被告或其辩护人提出可能对其有利的证据方法，请求法院调查，法院可以拒绝。尤其是判处徒刑的案件，这种案件的量刑必须对被告的反社会性格作深入的了解，但是在短短的几天中，甚至几小时中，这种了解几乎是不可能的。因此，适用速审程序，在效率上也可能产生反效果，因为，被告若被定罪，通常会提起上诉，如此一来，反而延长诉讼时间。所以，速审程序只宜在被告同意且不判处自由刑的情况下适用较能发挥效果。⑤

---

① 参照 Kleinknecht/Meyer – Goßner, StPO, 44 Aufl. , 1999, vor §417, Rn. 5。

② Kleinknecht/Meyer – Goßner, §417, Rn 5.

③ Weigend, Speedy Disposition of Criminal Cases，载德日美比较刑事诉讼制度研讨会论文，1999 年 7 月，104 页。

④ KK – Tolksdorf, StPO, 1999, vor §417, Rdnr. 2.

⑤ KK – Tolksdorf, StPO, 1999, §419, Rdnr. 3；亦可参照 Weigend, Speedy Disposition of Criminal Cases，载德日美比较刑事诉讼制度研讨会论文，1999 年 7 月，104 页。

第三节　德国之处刑命令程序

一、处刑命令程序上之意义

刑事诉讼法的基本原则是，审判只能经由公开的言词辩论，刑罚才有发动的理由与基础，因为，犯罪嫌疑人有权利受到公开法院的审查，且应能得到辩护的机会。然而，该项原则却有一个例外，那就是"处刑命令程序"。处刑命令程序是由检察官以书面声请，以检察官所提出的证据作书面审查，是书面审理程序，[①] 在该程序中以处刑命令科以罚金，或得并科其他重要的处罚（例如，禁止驾驶汽车或吊销驾驶执照 2 年以下）的程序。[②]

在德国处刑命令程序目前已经成为制裁中、小刑事犯罪的一种最重要的程序。自从 1979 年的刑事诉讼法修正案后，处刑命令程序的作用得到进一步的加强[③]，因为，参审法院所管辖的条件（法院组织法第 24 条、刑事诉讼法第 407 条参照）亦得于处刑命令程序中处理。另外，1987 年通过刑事诉讼法修正案所补充的刑事诉讼法第 408 条 a 甚至进一步规定，在特定的条件下，在主要审判程序开始后亦得发出处刑命令；在此时检察官必须提出书面声请，而不得以言词提出声请。[④]

二、处刑命令之理论基础

处刑命令的立论基础何在，在德国学说上有如下之争执：

（一）服从说

处刑命令通常都是借由犯罪嫌疑人的服从（或称屈服）加以论证，因为处刑命令系植基于犯罪嫌疑人服从的保留，是一种提供简化一般诉讼程序的解决方式。[⑤] 法官无法为罪与刑的确认，仅是揭示在处刑命令书所称

---

① 　KK – Fischer, StPO, 1999, vor § 407, Rdnr. 2.

② 　Roxin, a. a. O., § 66, Rn. 1.

③ 　德国的刑事诉讼法关于处刑命令的规定，首见于 1846 年的普鲁士法典。参照 Erbe, Zum Wesen des Strafbefehls, 1979, S. 2.

④ 　OLG Hamburg NStZ 1988, 522 m. Anm. Rieß; JR 1989, 171.

⑤ 　Kleinknecht/Meyer – Goßner, a. a. O. , Rn 1.

之刑法法规受侵害，且应依此法规所定之刑，法官并无形成正确的心证，而将此侵害及刑罚视为真实。

将处刑命令视为是一种服从的缺点是，使得处刑命令民事上的督促程序（催告程序）。因为刑事诉讼程序本身是禁止以同意或服从作为处刑命令的本质。虽然刑事诉讼法第153条a有规定以同意或意愿事项作为不起诉处分的规定，但是在本质上刑事诉讼法第153条a的便宜原则和处刑命令是有差异的。而且依刑事诉讼法第408条的规定法官并不因犯罪嫌疑人的服从，而需受处刑命令的限制。[①]

（二）约定说

依照 Bling 的见解，认为处刑命令是一种类似判决单方面的国家行为或处分，这种行为处分类似于约定的形式，也就是由法官提供一个简化解决的方式，而犯罪嫌疑人只能无异议地接受。然而这种说法遭到很大的质疑，因为 Bling 的说法并不一致，因为既然说是一种类似于约定的形式，又怎么说仅是单方面的国家处分行为。而且如果视为一种约定的形式，提出要约者也不是法官而是检察官，所以，法官所为者不但不是类似于国家处分行为，更不是单方面的国家作为。此外，如解释成为一种约定的形式，令人无法理解的是，为何法官必须受到拘束，因为，如果是一种约定，双方当事人应立于平等自由的地位，但是处刑命令根本没有这种特质。[②]

（三）拟制说

拟制说[③]是尝试将处刑命令与民事诉讼上的催告程序（Mahnverfahren）等视。他们认为刑事上的处刑命令根本上即与民事催告程序相当，更认为处刑命令根本不是刑事诉讼程序。因为，发布处刑命令的声请与开启主审程序的声请是有差异的。处刑命令的声请尚不能视为是"诉"的本身，充其量仅能视为是"诉的声请"。由于处刑命令的声请仅在请求避免正常程序的审判，处刑命令的声请只请求不经通常程序的执行名义，故处刑命令程序类似民事诉讼程序。

拟制是借由处刑命令拟制出罪责的非难，法官检视是否有合乎执行的声请存在。如此，法官并非对于有罪或无罪为裁判，仅是对于声请是否有

---

① Erbe, a. a. O. , S. 93f.

② Erbe, a. a. O. , S. 96f.

③ 此说的代表人物为 Mayer 和 Oetker。参照 Erbe, a. a. O. , S. 96f.

正当理由做决定，处刑命令的性质即类似于此。但是，将处刑命令程序与催告程序并列并不恰当，盖一则并无强制规定，也找不到历史上的基础，再者，也违背刑事诉讼发现真实的原则。因为，民事程序基本上系立于当事人契约自由的一般原则的基础之上，这种方式并不适用于刑事程序，而且在处刑命令中，并不存在有如民法的当事人概念，也不允许诉讼参与人自由决定国家的刑罚权，或由其任意形成。[①]

三、处刑命令之性质

处刑命令的性质如何，德国通说均将处刑命令视为与判决具有同等意义，因为，基本上发布处刑命令亦具有法官的心证存在。甚至有更进一步认为，处刑命令的发布仅得于法官根据卷宗资料确信处刑命令声请书中所载事实，犯罪嫌疑人系有罪的且应受声请之法律效果之科处方得为之。

不过，对于处刑命令是否具有与判决对等的意义，在学说上仍有歧见。

赞成者认为，通常判决的形成系取决于审判的全部以及法官的心证，处刑命令虽未有实质审判及因审判而形成的法官心证，但并不表示处刑命令不具判决意义，或许可视为系原则之例外。处刑命令声请基本上系以书面为之，法官对于起诉事实已有由检察官呈送的卷宗数据为基础，且刑事诉讼对于法官心证形成并未要求一定经过当事人言词辩论，方能形成自由心证，即使心证系来自书面或卷宗数据，亦为法所许可，处刑命令虽系由书面为之，并不影响法官心证的形成。[②]

反对者以为，在刑事诉讼法第 153 条 a 规定，如果法院拒绝书面审程序，则仍须践行主审程序。同时法官心证的形成虽可取自书面，但非必然所有书面审程序均可使法官形成心证，即使是检察官对有条件之不起诉处分，也仅在于轻微罪责且足认有嫌疑的情况而已。如果硬要说书面或卷宗足以形成法官心证似乎太过牵强。所以，如果发布处刑命令必须法官心证，必须有其他理由存在，非仅依"书面亦能形成心证"之理由而已。对于建构在心证基础的判决，处刑命令的发布，似乎仍称不上具有与判决同等的意义，而须另寻他径解决。

针对上述争论，Erbe 尝试从方法学的方法出发，探讨处刑命令的本质

---

① 　参照 Erbe, a. a. O. , S. 96。
② 　KK – Fischer, StPO, 1999, § 410, Rdnr. 15.

及特性，亦即，从解释及比较的方法出发：①

（一）文义解释

第 407 条所称"声请"（Antrag）的意义应与"起诉"（Anklage）具有同样之性质，因检察官侦查终结，认犯罪事实有足认嫌疑者，应为诉之提起（德国刑事诉讼法第 170 条参照），故如除刑事诉讼法第 170 条之外，检察官侦查终结而欲诉追嫌疑人责任之可能性，除了判决外是处刑命令，两者的目的均在于法官的裁判，只是前者称为"判决"（Urteil），后者称为处刑命令，同时二者亦具有同样前提要件，亦即，"足认有犯罪嫌疑"，处刑命令之声请可视为起诉的下位形式。

关于"处刑"者，第 407 条第 2 项规定处刑命令主要系针对罚金刑为之。而罚金刑系刑罚，对于科处刑罚仅法官能为之，从法律效果而言，处刑命令亦为法官裁判的另一种形式，因此，处刑命令具有取代判决的效果。

另外，关于救济程序。一般判决的救济方法是上诉和非常上诉，对于裁定的救济方式是抗告，而对于处刑命令的救济方式系称为"异议"（Einspruch），②盖其所涉及者系处刑命令的特别性质，必须顾及救济之利益。

最后，有关处刑命令的确定力问题，向来在学说及实务具有相当大的争议，③依第 410 条第 4 项之规定，处刑命令于异议期间经过无提出异议者，即产生与判决相同之确定力（既判力），关于裁判确定力的效应如何，基本上有三种不同之主要见解：

其一认为处刑命令的既判力应受到相当的限制，盖既判力的效应在于"一事不再理"，而一事不再理系结合主审程序对事实为广泛之检视，然而处刑命令仅是书面审理程序，并无主审程序认知可能性之存在，基于正义之要求，应可以对已确定之处刑命令程序再行审理，并科以较高刑罚。

其二则持相反之观点，认为如允许再重新审理已确定之处刑命令程序，系违反宪法第 103 条的精神，且与刑事诉讼法第 410 条的规定不合，而且将使得处刑命令的既判力形同虚设，确定与否遥遥无期。

其三持折中之见，认为如事后有新的犯罪事实及证据显示，发现是重

---

① 参照 Erbe, a. a. O., S. 103ff。
② KK – Fischer, StPO, 1999, §410, Rdnr. 1f.
③ 参照 Beulke, Strafprozeßrecht, 1998, §26, Rdnr. 529。

罪，则既判力乃受到限制，也就是得以再行审理，反之，如发现其事实仍为轻罪则既判力即不受限制，有完全之效力，而有一事不再理之效果。[①]

不过，处刑命令的确定力，依第 410 条第 3 项之规定言，并非确定判决，而仅系适用确定力之"效应"而已，其性质应类似裁定的形式确定力。因此，如对处刑命令事实发现有应受主审程序审判之事实，不论轻罪或重罪均不违反一事不再理原则，仍可请求重新审判。[②]

（二）体系观点

处刑命令是规定在刑事诉讼法第六章的特别程序，所谓特别程序自然系偏离一般程序之原则，处刑命令不同于一般主审程序之罪与刑之审判，而系以书面形式为之，此所以特别之处，正如同保安程序（Sicherungsverfahren），并非对于罪责之审判，而系关于无责任能力人之预防措施的必要性。

（三）规范目的[③]

依照宪法法院之见解[④]，处刑命令程序不仅是基于国家刑罚权而存在，同时也顾及个人的利益，盖对于简易刑事案件的解决，应在合乎比例的许可下，以最迅速方式解决，如此既不浪费时间，亦可节省诉讼费用，同时亦能使法院有充裕时间，审判重大案件，不至于因轻微案件受到束缚，可将焦点置于重大案件。当然，处刑命令程序主要系基于案件特性，针对轻罪而应受罚金之法律效果案件而设，就规范目的而言，处刑命令具有节省诉讼时间和费用之便利，亦能使犯罪受到合理的裁判。换言之，由于处刑命令程序主要系基于实务需要而生，系为促使诉讼程序迅速终结的简化程序，提升刑事司法的效率。

四、处刑命令之作用

处刑命令程序有诉讼经济的优点与作用，不过，对于处刑命令程序持不同意见者认为，由于处罚大多于匆忙中所为，没有给予犯罪嫌疑人足够依法听审的机会，使得当事人经常由于各种不同的原因（如害怕恐慌或无

---

① 参照 Beulke, Strafprozeßrecht, 1998, §26, Rdnr. 529。

② 参照 Erbe, a. a. O., S. 112. 在 1987 年的刑事诉讼法修正时已将处刑命令的法律效力与一般的实体判决同视。参照 Roxin, a. a. O., §66, Rdnr. 13。

③ 参照 Erbe, a. a. O., S. 123。

④ BVerfGE 25, 158ff. (165).

知）不能对违法的处罚进行防卫；并且，用简单的处刑命令来处罚犯罪嫌疑人的犯罪行为，有时并不能对犯罪嫌疑人产生威吓的效果。此外，还存在以下的危险，那就是，检察署和法院经常为了疏减讼源，经由处刑命令将案件了结，因此有意地压低刑罚，以防止犯罪嫌疑人提出异议。

虽然有上述缺点，然而这种简单的程序亦有其价值。在德国一般以为，由于普通刑事案件过多，造成司法机关严重地负荷工作，所以，不能使每个案件都在主要审判程序中处理，也连带地使那些需要时间和仔细侦查的复杂案件和重大案件，无法得到妥善的处理，为了使司法机关能集中精力于重大犯罪的处理，"处刑命令程序"就扮演了非常重要的角色。[①]

五、处刑命令之合法性和程序步骤

（一）处刑命令程序的管辖

处刑命令程序原则上得适用所有的犯罪行为；如果检察官认为案件不需要进行主要审判程序，罪证明确在没有欠缺诉讼条件及具备处刑命令的条件下，依据检察官的书面提出处刑命令的声请。但是处刑命令一般仅得科以罚金和各种附带的处罚效果，不得科以徒刑（刑事诉讼法第 407 条参照），因此该程序的适用范围也变成了有所限制[②]。

另外，少年事件不能依处刑命令程序处理，主要是少年无法如成年人般，对于处刑命令的不当声明异议，而且基于保护少年的考虑，也必须对少年事件作特别的处理。[③]

发布处刑命令的管辖机关在轻微刑事案件中是独任法官（法院组织法第 25 条）。另外，参审法庭的审判长如果认为，区法院法官有管辖权时，应将该案件经由检察官向区法院的独任法官提出，区法院的法官即受该裁定的拘束，但是，检察官得提出实时抗告。[④] 不过，区法院的法官认为参审法院有管辖权时，则应由独任法官经由检察官将案卷送交参审法院的审判长裁判（刑事诉讼法第 408 条第 1 项参照）。

---

① Beulke, Strafprozeßrecht, 1998，§ 26，Rdnr. 526.
② Beulke, Strafprozeßrecht, 1998，§ 26，Rdnr. 526f.
③ KK – Tolksdorf, StPO, 1999，§ 417，Rdnr. 2.
④ Kleinknecht/Meyer – Goßner, a. a. O.，§ 408，Rdnr. 9.

（二）法官的审查

正式的处刑命令[①]中除必须包括所判处罚外，尚必须指出被告的犯罪行为，其法律效果以及有关的证据，此外，尚应包括救济手段的告知（第409条第1项参照）。处刑命令在形式上系裁判性质，在实体上为一有罪判决，因此生效后将作为刑罚执行的唯一基础（第410条）。

如果审判法官对所声请宣告的处刑命令认为有疑问，得采取以下做法：[②]

1. 法官认为由于缺少对案情的足够了解，不能根据案卷作出决定者，得决定进行主要审判程序；但是不须就此特别作出一项开始主审判的决定，处刑命令声请视为起诉书。被告于收到传票的同时亦收到一份处刑命令声请的正本（第408条）。

2. 法官欲为不同于声请中的法律判断或处罚时，应进行主审判。因为，仅于法官和检察官的意见完全一致时，始得为处刑命令。

3. 法官于认为声请不合法或犯罪嫌疑不足时，得于未进行主审判的情况下拒绝处刑命令声请。亦即，其决定权和拒绝开始主审判的决定相同，因此检察官得根据刑事诉讼法第210条的规定提起实时抗告。[③] 如果抗告法院认为驳回处刑命令的理由不成立，则不能自行宣告处刑命令，不能强制法官违背其本意宣告处刑命令，仅得命其进行主审程序。

（三）移转至通常程序

被告针对处刑命令得于在送达之日起2周内声明异议（刑事诉讼法第410条第1项）。如果异议合法，并被限定在刑事诉讼法规定第410条第2项的特定范围内，如于检察官未撤回起诉前会产生使独任法官或参审法院强制进行主审判的效果。根据第411条第3项的规定，如果处刑命令未于第408条a规定的程序中宣告，则起诉和异议得于宣示一审判决之前撤回，在主审程序开始后，仅于征得对造同意始得撤回。[④]

若被告于法定期间内依法声明不服，检察官原先之处刑命令，即取代

---

① 处刑命令程序和通常刑事诉讼相比，有下列简化手续：依第407条第3项的规定，在发布处刑命令前毋庸预先讯问被告。以处刑命令声请取代公诉讼书提起公诉。声请得指出特定的法律效果。无开始主审判的决定。如果法官对处刑命令的宣告并无疑问，得不先行审判（第408条参照），并且将处刑命令书面送达给被告（第409条第1项）。参照 Roxin, a. a. O. §66, Rdnr. 5。

② 参照 Beulke, Strafprozeβrecht, 1998, §26, Rdnr. 527。

③ Kleinknecht/Meyer - Goβner, a. a. O. , §408, Rdnr. 9.

④ Roxin, a. a. O. , §66, Rdnr. 10.

起诉书，在日后的审判程序中充当起诉文件。被告对处刑命令声明不服时，无须附理由，仅须简单述明不服之意旨即可。区法院所核发的处刑命令，经被告声明不服者，约有 1/4，但其中有一部分嗣后又经被告撤回。

因被告声明不服而开始之审判程序，与一般审判程序略有不同：检察官可以在判决之前撤回"起诉"；被告可以不亲自出庭而委请律师代表出庭；法官可以依职权自行决定证据调查的程度。这些特别的规定，反映出立法者对于处刑命令案件的看法：由于此等案件的重要性稍逊，因此，无需如处理一般审判案件般郑重其事。①

此等案件判决时，法官无须顾及原处刑命令的处分建议，而系径依调查证据结果，为有罪或无罪之判决。由于法院为有罪判决时不受处刑命令的限制，因此被告声明不服时，实际上是冒着被判处更重之刑的风险。法院固然不得以被告声明不服为由，加重被告的刑度，但是事实认定的程序越深入，往往可以发现更多理由，足以科处更重的刑度。如果被告于声明不服之后发现他可能被判处更重的刑罚，他可在检察官的同意下，撤回不服声明，使处刑命令恢复效力。

六、处刑命令之程序上功能

处刑命令原则以书面方式实现刑罚权的方式，这种方式已经成为审、检机关不可或缺的案件简易处理工具。在 1997 年，检察官声请处刑命令的案件，共有 68 万件，这个数目占所有追诉案件的 57%，亦即，以正式提起公诉方式追诉的案件，只占 43%。②

处刑命令制度不但节省诉讼资源，对于被告也有好处，他们不但可以免除出庭的麻烦，也可以避免因为出庭有损颜面。然而这种以邮递方式就可以定罪科刑的制度，其实潜藏着危机，因为，被告接受引诱的处刑命令，其意义与付一张账单没有太大的差别，完全不了解定罪科刑的严肃意义；且检察官经常利用处刑命令，作为难以取得有罪判决案件的审判，检察署内部甚至规定不宜因为预期被告会声明不服就不声请处刑命令。③

1993 年之前，处刑命令仅适用于科处罚金的案件，但为了进一步节省

---

① Roxin, a. a. O., § 15, Rdnr. 11.

② Weigend, Speedy Disposition of Criminal Cases，载德日美比较刑事诉讼制度研讨会论文，1999 年 7 月，102 页。

③ Weigend, Speedy Disposition of Criminal Cases，载德日美比较刑事诉讼制度研讨会论文，1999 年 7 月，102 页。

司法资源，立法者于是扩大处刑命令的适用范围，就 1 年以下有期徒刑的案件而得缓刑者，亦得以简易处刑命令方式处理。但是法院只有在被告有辩护人时，始得科处被告徒刑。这个要件意味着在科自由刑的处刑命令之前，必须为被告指定辩护人，其结果不免使处刑命令的适用范围，限于科处罚金的案件。[①]

第四节　认罪协商程序

长久以来，德国的刑事审判制度没有协商的余地。法院有义务认定事实，并且以其认定结果作为裁判基础，这是职权进行模式的基本原则。在职权进行原则之下，认罪协商，根本没有存在的余地。德国法界往往也假定，如美国或其他英美法系国家所强调当事人自主的案件处分形态，根本不可能存在于德国。但是，这个假定已经被证明所推翻。[②]

从 1980 年代初期开始，法院与被告方面的协商已经越来越频繁，这种现象也开始在法学杂志上热烈地讨论。[③] 现今司法实务上，已经有许多判决不完全是事实发现及严格法律适用的结果，而是基于当事人与法院之间的协议（Absprache，Vergleich，Deal）所作成。[④]

一、形成认罪协商之原因

认罪协商发展的主要原因之一是，复杂案件的增加，使司法机关的工作负荷过重，法院想快点结束案件的审理。[⑤] 另外，有一个很重要的原因，与"刑事辩护方式的改变"有关。德国的刑事辩护活动一直到 1970 年代，都相当被动、消极地与法院充分合作。但新一代的律师发现刑事讼诉法中，有些规定让他们可以阻挠或延迟审判的程序，于是有些律师常常利用这种可能，使法院备感压力，因而倾向采取较为快捷的判决程序，以换取

---

① Weigend, Speedy Disposition of Criminal Cases，载德日美比较刑事诉讼制度研讨会论文，1999 年 7 月，104 页。

② Roxin, a. a. O., §15, Rdnr. 1ff.

③ 这些文献可参照 Beulke, Strafprozeßrecht, 1999, §19, Rdnr. 394。或是参照 Roxin, a. a. O., §15, Rdnr. 9e Literatur。

④ Roxin, a. a. O., §15, Rdnr. 6.

⑤ Beulke, a. a. O., §19, Rdnr. 394.

较无压力的审判空间。当然，刑事诉讼法第 153 条 a 起诉便宜原则运用的规定，[①] 亦即，审判前附条件不起诉处分的公然协商给付金额的做法，已经让实务渐渐习惯如同处理民事案件一般，以协议的方式处理刑事案件，而这也是形成认罪协商的主要原因之一。[②]

二、认罪协商之运作方式

认罪协商在实务上的运作情形，大致如下：通常在涉及经济、环境或毒品的案件，聘请有经验律师的被告，从侦查阶段就保持缄默，不与侦查单位合作。检察官的起诉可能涉及数个不同的罪名，这些控诉的根据都是情况证据（间接证据）与书面证据。在审判开始前后，辩护律师就会与法院人员接触，告诉院方，他们准备提出多次调查证据之声请及其他阻挡审判程序进行的方法。法院此时会探询被告自白或自认犯罪事实的可能性，到了某个阶段，检察官也会加入协谈，[③] 如果检察官不反对，被告也同意，被告或其他辩护人不久即于公判程序中，依照协议范围，承认其参与该犯罪。部分起诉罪名在检察官同意下终止诉讼程序，被告依照法院原先的提议科处刑罚。原来可能经过冗长程序的审判案件，因此迅速结束，所有相关的当事人都抛弃上诉权。

这种认罪协商，几乎都是以较轻的量刑，换取被告在程序上的合作[④]。由于认罪协商对于德国刑事司法属于"外来"的概念，因此被告的合作通常以承认犯罪，亦即"自白或自认"的方式为之。[⑤] 因为，可信的自白可以供法院作为分充的判决基础，法院的审判可以节省许多事实认定的程序。在这种情形下，被告方面当然不会请求调查太多证据，也不至于对判决提起上诉。[⑥]

三、认罪协商之特色

德国的协商程序不是由检察官与被告两造行之，而是由被告与法院进

---

① 关于德国起诉便宜原则的详细论述，可参照张丽卿，起诉便宜原则的比较研究，台大法学论丛，25 卷 3 期，1996 年，123～171 页。

② Roxin, a. a. O., §15, Rdnr. 7.

③ 因为终止某些起诉罪名的诉讼程序必须得到检察官的同意，不然，检察官也可以以上诉的方式，推翻或干扰法院与辩方的协议。

④ Beulke, a. a. O., §19, Rdnr. 394.

⑤ Kleinknecht/Meyer – Goßner, StPO, 1999, Einl. 119a.

⑥ Beulke, a. a. O., §19, Rdnr. 396.

行。在协商过程中，检察官的角色不是很重要，但是对于协商的结果拥有非正式的否决权，[①] 协商对检察官并无法律上拘束力。虽然检察官不是认罪协商的主要参与人，但也不至于完全置身事外。在试图建立协商规则的实务见解，曾屡次强调，并不接受没有检察官参与的协商处分。故检察官在法院秘密达成重大协议而未知会检察官时，检察官可以对法官的个人成见声明异议，检察官甚至可以提起上诉的方式，推翻对已达成协议的量刑处分。[②]

在法院由两名以上法官组成时，协商程序通常由审判长主导进行，平民法官（参审员）几乎不直接涉入协商。值得注意的是，除非因为谈判陷入僵局而被例外告知参与协商外，否则法官不会与被告本人协商，而是与被告的辩护人协商。被害人通常有参加协商，但是，如果协商的可能结果违反其正当的期待时，他可以扮演一个间接的角色。在这种情形，刑事诉讼法允许被害人在审判中担任诉讼参加人，他的律师甚至可能被法院询问对案件处分的看法。[③]

四、认罪协商在刑事程序上之作用

多数的辩护律师和检察官似乎都喜欢认罪协商，因为这个制度让他们的工作更容易、更有吸引力也更有回报。借由快速案件处理程序，量刑协商让他们在同一时间内可以处理更多案件。协商使得刑事程序的结果更具可预测性，更重要的是，让协调双方（特别是被告的辩护律师）有机会使用其协谈技巧处理案件，不须把时间耗费在似乎永无休止的审判期日中，相当被动地看着承审法官——调查证据。尤其是，律师们在经过一番努力后，得到法院承诺从轻发落的结果，总比他们在冗长的审判期日中，在法庭枯坐终日，偶尔问几个问题，提出结辩，然后紧张地等待法院宣判强多了。[④]

---

① 德国的认罪制度与美国的认罪制度有两点不同：（1）德国的协商程序从案件提起公诉以后才开始；（2）协商的内容限于刑度的调整，不包括罪名的变动。此外，协商程序的"受益者"是法院，而不是检察官。

② Beulke, a. a. O., §19, Rdnr. 396.

③ Weigend, Speedy Disposition of Criminal Cases, 载德日美比较刑事诉讼制度研讨会论文，1999 年7 月，108 页。

④ Weigend, Speedy Disposition of Criminal Cases, 载德日美比较刑事诉讼制度研讨会论文，1999 年7 月，108 页。

第五节　认罪协商之隐忧

　　只是认罪协商受到欢迎的事实，没有解决这个制度的法律问题。事实上，协商的实务是在法律规定暧昧不明的情况下发展与运作，在合法性方面，仍然多少有些疑问。对于此一问题，德国学者的意见颇为分歧。有些学者不但抨击这个实务上的新现象，也对其理论基础有所批评；[①]　不过，不反对刑事案件以各方的同意作为处理基础的人，强调认罪协商程序，必须是对被告公平所产生适当处分的结果。

　　德国联邦上诉法院一直避免对以协商方式达成裁判之合法性问题，明白表示意见。[②]　因为上诉权的抛弃是协商谈判不可或缺的"条件"，除了事后发现协商结果对一方极为不公，或一方未遵守协商的承诺以外，依协商作成的裁判很少被提起上诉。联邦上诉法院因此在几个判决中强调，如果判决是以其中一方未参加的讨论作为基础，则这样的判决是违法的。另外，如果法院以较轻的处罚诱使被告自白，后来却科以较为严苛的刑罚，这样的裁判符合是公平的审判。[③]

　　针对认罪协商的合法性，联邦宪法法院认为，只要不侵害到调查原则、罪责原则、平等原则、自白任意性原则（刑事诉讼法第 136 条 a），该协议即不违反基本法第 1 条、第 2 条、第 3 条及法治国原则[④]。

　　另外，1997 年的联邦上诉法院审判庭曾经表示过意见。[⑤]　该法庭在讨论过赞成与反对协商制度的意见后表示："现行法并未禁止法院与当事人间进行非正式的讨论，此种讨论既可能涉及审判的进行方法，也可能涉及审判的可能结果。"该院同时也设法创立一套使协商裁判合法化的基础原则，这些原则是：（1）所有的审判参加者，包括参审员（平民法官）与被告本人，都必须在某个时点参与协商；（2）协谈的结果必须在审判中公开宣

---

　　①　因为，协商会造成司法不公平的现象，特别是，当辩护律师越能干，越想与法院纠缠时，法院越容易退让，所以，比较弱及意志不坚定的被告可能连跟法院协商的机会都没有，辩护律师较强的被告常会得到比较好的待遇。

　　②　Kleinknecht/Meyer - Goßner, a. a. O., Einl. 119d.

　　③　BGHSt 36, 210.

　　④　NStZ 87, 419；亦可参照 Roxin, a. a. O., § 15, Rdnr. 6.

　　⑤　BGH StV 1997, 583.

布；（3）如果被告认罪，法院不得承诺将科以特定刑罚，但得指出量刑的上限；（4）不得以任何一方抛弃上诉权作为协商内容之一；（5）法院不得事先放弃调查证据之权；只有在被告的自白完整而可信的情况下，法院的判决才能完全以自白作为基础。[①]

上述联邦上诉法院的法律见解，似乎已经让这种原本妾身未明的法律实务，有坚实的实务意见为依据。

不过，判决的协商与职权进行原则的基本精神衡突，因为，协商裁判的作成，并非以追求真实发现为基础，而是以假想性事实及被告愿受某种处分为基础，审判变成一个无实质内容的形式。[②] 赞成协商的支持者可能会辩称，法院追求真实发现的义务，并不要求在被告已提出充分而可信的自白时，仍须调查其他证据。但是，这种说法只有在就被告的事实陈述精确无疑时，才能成立。如被告的自白缺乏细节，且在密集的协商过程中，一再改变陈述内容时，支持者的说法就受到考验。

另外，为了交换轻刑处分所为自白的任意性，应无证据能力。因为，这种自白违反刑事讼诉法第136条a的规定，通常这种自白是以应允科以较轻处分的方式来诱引，或从若不答应（法院）所提出的协商条件就科处较重刑罚的威胁手段得到，这与保障被告缄默权的法理相违。[③] 所以，这种以"合意"处分刑事案件的方式严重改变德国刑事司法制度的根本精神，演变成一种"与正义交易"的疑虑，[④] 造成刑事诉讼原则的功能转变。不过，虽然有上述许多值得忧虑的地方，但认罪协商制度，在德国已是一种无法扭转的趋势了。

---

① Kleinknecht/Meyer - Goßner, a. a. O., Einl. 119e; Beulke, a. a. O., §19, Rdnr. 396.

② 此外，由于协商过程常在审判庭外，违反直接与言词审理之原则，有时更因秘密为之，严重违反公开审理及公平审判或无罪推定等之原则。参照 Roxin, a. a. O., §15, Rdnr. 8ff; Beulke, a. a. O., §19, Rdnr. 395.

③ 因为，第136条规定被告有权保持缄默，为了保障缄默权，在第136条a禁止执法者恐吓被告，或以法律未规定的利益来诱引被告自白，这与缄默权的规定相违背。

④ Kleinknecht/Meyer - Goßner, a. a. O., Einl. 119b.

第六节　德国简易审判程序与我国台湾地区刑事程序的设计（代结语）

在充分掌握德国简易审判程序中之速审程序、处刑命令程序及认罪协商的法律规定与实务运作后，对于我国台湾地区刑事诉讼程序的设计是否有值得借鉴之处，必须加以检讨。

如前所述，德国的"速审程序"是为了免去中间程序的烦琐所设计的程序。这种省略中间程序、对被告不传唤或缩短传唤时间、简化调查证据程序等来达到迅速审理之目的，是以缩减被告诉讼上权利所达成的简化程序，也是最值得忧虑之处。① 我国台湾地区并无中间程序的设计，因此，是否有必要仿德国立法例设计一套类似迅速程序的审理模式，即值深思。

另外，关于德国的"处刑命令程序"已经在德国实务上占相当重要的地位。虽然，处刑命令原则上是以书面审理，但是，在学理上其程序的正当性仍被接受。② 我国台湾地区在 1967 年以前，有类似德国"处刑命令程序"的规定，后来以"简易程序"代替，并废除被告声请正式审判的权利，简易程序为刑事第一审的程序，其后简易程序历经多次修正③成为现制。

最后，对于德国实务界所现存的"认罪协商程序"，其中所引发的一些疑虑，更是不能忽略的事实。

我国台湾地区在 1997 年修正后的简易审判程序，比较德国法制后现制所产生的疑虑，是须特别注意之处：

一、不再限于微罪案件

1995 年以前之简易程序适用的范围以"'刑法'第 61 条所规定的各罪为准罪"。1995 年以后依照第 449 条规定，得以简易判决处刑之案件，限于"'刑事诉讼法'第 376 条所列各款之不得上诉第三审之案件"，所科之刑则以 6 月以下有期徒刑、拘役或罚金为限。但是，依 1997 年修正后法

---

① Kleinknecht/Meyer – Goßner, vor §417, Rn 5.

② Müller, Das Strafbefehlsverfahren（§§407ff. StPO）, 1993, S. 137ff.

③ 这些重大修正的过程，详细内容可参照张丽卿，刑事诉讼法理论与运用，2000 年 5 版，508 页以下。

规规定，以简易判决所科之刑为宣告缓刑、得易科罚金之有期徒刑及拘役或罚金，是以"凡法院得为 2 年以下有期徒刑、拘役或罚金宣告之案件"皆可适用简易程序，其适用范围，不再限于属"刑事诉讼法"第 376 条所列各款之不得上诉于第三审范围的案件。如此导致简易程序可适用的范围，不再限于微罪案件。

二、未考虑诉讼参与人之意见

适用简易判决处刑程序以检察官声请为原则，但是，具体审酌案件得否适用简易程序的决定权，法院仍有决定之权限，因此，法院对于检察官依通常程序起诉，认为宜以简易判决处刑者，得不经通常审判程序，径以简易判决处刑，如此又将适用简易程序的案件范围加大。然而，法院将通常审判程序转为简易程序的决定，亦宜以被告同意或无异议时，方得为之较妥。

三、科刑范围未加限制

本来简易判决所科之刑，应以宣告缓刑得易科罚金之有期徒刑及拘役或罚金为限。[①] 1997 年"刑事诉讼法"的修正为了达到诉讼经济及扩大适用简易程序范围之目的，将科处刑罚的范围，扩充至 2 年以下有期徒刑、拘役或罚金，此种仅为经济目的却罔顾被告权益的修正，值得商榷。

四、认罪协商制度之引进

依"刑事诉讼法"第 451 条之 1 第 1 项规定，得声请简易判决处刑之案件，被告于侦查中自白者，得向检察官表示愿受科刑之范围或愿意接受缓刑之宣告，检察官同意者，应记明笔录，并以被告之表示为基础，向法院求刑或为缓刑宣告之请求。被告于审判中亦得向法院表示之，检察官得依被告之表示向法院求刑或请求缓刑之宣告。1997 年修正的另一重点是，赋予被告有罪答辩的机会，表示放弃接受正式审判，借以换取愿受科刑之

---

① 1995 年针对简易程序的修正时，已经将原本只能科处"拘役或罚金"的限制，扩充为"6 个月以下的有期徒刑、拘役或罚金"，此次修正更放宽为"2 年以下有期徒刑、拘役或罚金"。此种恣意的修正，严重侵犯被告接受正式审判的机会，让人质疑。

范围或缓刑之宣告，经记载于笔录，法院原则上只能在此范围内判决。①
如此又将简易程序适用的范围更加扩充，也使得"刑事诉讼法"第 253 条
"起诉便宜原则"的适用概率更加减低，是否妥当值得忧虑。②

五、简易程序与"刑事诉讼法"第 376 条之冲突

简易程序自 1997 年修正后，适用刑事简易程序之案件除高等法院管
辖第一审之案件与强制辩护案件外，对于案件之种类，并无其他限制。又
依"刑事诉讼法"第 455 条之 1 观之，解释上适用简易判决处刑之案件，
不得上诉第三审。如此一来，即使非属第 376 条之案件而原本依通常诉讼
程序可上诉第三审之案件，减少了一个审级，对于被告诉讼权益之保障，
似有斟酌之余地。盖 1997 年对于"刑事诉讼法"第 449 条之修正，旨在
扩大适用简易程序，致简易程序之功能得以彰显，惟此一修正，与微罪不
起诉（第 253 条）及第 376 条之规定，显得格格不入，而产生诸多不合理
之现象。扩大简易程序之适用，与案件之限制与否是否有必然之关系仍有
待斟酌，且为扩大简易程序之适用而破坏"刑事诉讼法"之体系，致有侵
害人民基本权利之虞，可谓得不偿失。为配合第 253 条与第 376 条之规定，
得适用简易判决处刑之对象应仍限于"本法第 376 条所定案件"较为
合理。

---

① 依第 451 条之 1 规定，法院除有下述例外情形，否则应于检察官求刑或缓刑宣告请求之范围
内为判决：（1）被告所犯之罪不合第 449 条所定得以简易判决处刑之案件者；（2）法院认定之犯罪事
实显然与检察官所据以求处罪刑之事实不符，或于审判中发现其他裁判上一罪之犯罪事实，认检察官
之求刑显不相当者；（3）法院于审理后，认应为无罪、免诉、不受理或管辖错误判决之谕知者；
（4）检察官之请求显有不当或显失公平者。同时检察官为该求刑或请求时得征询被害人之意见，并斟
酌情形经被害人同意，命被告向被害人道歉或被害人支付相当数额之赔偿金。
② 我国台湾地区检察机关办理刑事案件，依照职权实行不起诉的绩效，呈现逐年（从 1988 年到
1992 年）递减的情形，究其原因，与检察官声请简易判决处刑案件逐年增加很有关系。有关起诉便宜
原则在我国台湾地区实务运用的情形，可参照张丽卿，起诉便宜原则的比较研究，台大法学论丛，25
卷 3 期，1996 年，164 页。

第五章　非常上诉制度

第一节　前　言

非常上诉，顾名思义，乃非常之救济程序，系以纠正审判违背法令，及确定判决适用法律错误而设；虽其亦为上诉之一种，并均由台湾地区"最高法院"管辖，然其与通常诉讼程序之第三审上诉，仍有不同，其既非第三审诉讼程序之延长，亦非以具体事实之救济为目的，故其判决效力，原则上与被告无关，并且系以不推翻已确定之有关构成要件之事实为前提所作之纠正方法；更非在使确定之案件诉讼系属复活为其考虑之对象。其间虽不无案件之被告予以救济之情形，但此仅其附随效果，其最主要之目的，仍在于统一法令之适用，然自"司法院"大法官会议释字第181号解释后，则渐有以之为具体案件及被告救济手段之趋势，因而在诉讼程序违背法令之概念上，自不免于争论，[①] 因此究竟如何始为妥适，殊值探讨。本章拟从非常上诉之沿革、特点及理由来探讨其本质，并就释字第146号及第181号稍作评释。

第二节　非常上诉之沿革

一、法国

非常上诉制度，系源于法国之"为公益上诉"及"为法律上诉"而来。为法律上诉，系为防止将来发生同样之错误而设，创于1790年。原

---

① 释字第181号解释："非常上诉乃对于审判违背法令之确定判决所设之救济方法。依法应于审判期日调查之证据，未予调查，致适用法令违误，而显然于判决有影响者，该项确定判决，即属于判决违背法令，应有'刑事诉讼法'第447条第1款规定之适用。"

确定判决具有应撤销之理由者，虽经检察总长之声请，由最高法院予以撤销；而原判决之效力，并无影响。故当事人不得以此声明执行异议，仅有裁判之外表而已。为公益而上诉，初于1791年宪法第27条设其规定，乃对于裁判官所为超越权限之行为，依司法部长之命令，经检察总长之提起，由最高法院撤销之制度，其所谓超越权限，乃指逾越司法权之权限之意义，借以维持三权分立，并非专指违背法令之意。至1808年诉讼法则扩张至一般违背法令之情形，作为诉讼上之救济方法。在1791年法律有"不妨害当事人权利"之语，故学者间认为此项判决之效果，并不及于当事人。①

直至1959年3月2日公布施行之刑事诉讼法第三部（非常救济方法）第一编（第三审上诉）第六章之第620条、第621条，才落实此一制度之实证法上之具体表现。而此等条文则源自1808年之"治罪法"（法国旧刑事诉讼法）第441条、第442条。其规定："最高法院检察长基于司法部长所赋予之命令，对于违背法律规定之裁判上行为或判决，经向刑事庭告发时，撤销法院得予撤销该项裁判上之行为或判决"；"上诉法院、重罪法院、轻罪法院或违警罪法院之终审判决，虽有撤销理由存在，但当事人未于法定期间内提起上诉，其固已逾法定期间，最高法院检察长仍得依职权对该项终审判决提起上诉，惟仅以因应法律之利益为限。最高法院对此项上诉是否受理，或理由之有无，应予宣告，如认上诉为有理由，则予宣告撤销；但当事人不得援用该判决已被撤销为理由，拒绝执行。"如上所述得知，法国为法律之利益而行之上诉，其判决之效力完全不及于被告。

二、德国

德国的刑事诉讼法中，曾因袭法国制度；但不设"为公益上诉"及"为法律上诉"之区别。其判决之效果仅属理论的，并无现实之效力。如原判决不利于被告者，则声请赦免，为其现实之救济。在1940年纳粹政权下，基于实质之正义之要求，乃设立检察总长上诉制度，即判决确定后1年内发现其适用法令有错误，由检察总长提起上诉，专以纠正该事件之处理为目的，其判决不问是否于被告有利，均具有现实之效，不采"为法

---

① 参照陈朴生，论非常上诉之特质，军法专刊，3卷9期，13页。

律上诉"之旨趣①。现今的诉讼法则废止该项规定。

三、日本

第二次世界大战后，日本现行刑事诉讼法虽采当事人进行主义为主，而作大幅之修正，但非常上诉制度则一仍旧惯，毫未改变。惟日本此项制度并非其所发明，而系仿自法国"为法律之利益而行之上诉"制度所创设，即以统一法律之适用为目的。但日本明治维新后于1837年所制定之"治罪法"，其所谓"非常上告"，依该治罪法第435条规定则以"对法律上不罚之行为所为刑之宣告，或宣告较相当之刑为重之刑"之确定判决为对象，乃系纠正对被告具体不利益之判决之救济方法。其后之明治刑事诉讼法第293条亦为相同之规定。显现此时之日本"非常上告"制度，与法国"为法律之利益而行之上诉"之精神不同，完全系以救济被告之"冤枉"为主要目的；因此，必须系为被告之利益始得提起；且撤销判决之效力及于被告。

至大正13年日本施行之旧刑事诉讼法，则采取法国之"为法律之利益而上诉"之制度，而其立法理由亦谓："本案所定之非常上告……系以统一法律之适用为目的，法国刑事诉讼法有为法律之利益而上诉之制度，其目的亦在法律适用之统一，大体上与本案之主义相同……现行法（指明治刑事诉讼法）中非常上告之目的不在法律适用上之统一，而在被告之救济，故其范围及效果与本案当然不同。"② 非常上诉制度之变革虽属如此，但因受以前"为救济被告不利益"之制度影响，有关之规定即不能完全仿照法国之条文，因此乃有第520条（即我国台湾地区"刑事诉讼法"第447条第1项第1款但书）之规定，此即"原判决不利于被告者，应就该案件另行判决"。然就整体而言，其主要目的仍在法律适用上之统一，因此不赋予一般当事人之非常上诉权，而将之专属于检察总长一人。而此一立法目的，即非常上诉制度之本质，现在不仅是日本之通说，在实务上亦采取相同之态度。

四、我国台湾地区

我国台湾地区非常上诉制度，自刑事诉讼律起，即仿效日本之制度，

---

① Rittler, Über die Entwicklung der Nichtigkeitsbeschwerde zur Wahrung des Gesetzes in Strafverfahren, ZStW 32, S. 457ff.

② 日本旧刑事诉讼法案理由书，319页。

故其时之用语亦称为"非常上告"（刑事诉讼律立法理由所称"非常上告，为判决确定后更正违法判决之程序。有专以保护受刑人为宗旨，仅许为有利于被告人之上告者，有专以统一解释法律为宗旨，而不问有利于被告人与否者，本律采用第二主义……"其所谓"有专以保护受刑人为宗旨"之语，似指日本明治时代之"非常上告"制度而言），而现行刑事诉讼法第六编非常上诉有关之规定，除第447条第2项系1945年后增订为我国台湾地区所独有外，其余均系承袭日本旧刑事诉讼法（即大正刑事诉讼法）有关条文之规定。例如，第441条、第443条、第446条、第447条第1项、第448条等，与日本旧刑事诉讼法第516条、第517条、第519条、第520条、第521条之条文完全相同，而第445条亦系仿自日本旧刑事诉讼法第518条、第522条，仅依我国台湾地区有关法条之规定稍作更易而已。

第三节　非常上诉之特点

非常上诉为刑事诉讼中之特别程序，由台湾地区"最高法院"管辖（"法院组织法"第48条第4款），一审终结，其特点略述如次：[①]

一、非常上诉必须刑事判决确定

非常上诉系对刑事判决确定案件而提起，其他民事、行政及公务员惩戒等案件，一律不得声请非常上诉。即就刑事案件而言，如尚未确定，仅能提起上诉，亦不得声请非常上诉。

二、非常上诉必须由"最高法院"检察署之检察总长提起

非常上诉为"最高法院"检察署检察总长之特权，即非检察总长不得向"最高法院"提起（"刑事诉讼法"第441条）。因非常上诉为刑事诉讼中之特别程序，判决是否违法，必须经特定机关依专门之法律知识，严加审核，始能免于滥诉，克收法律救济之效果。否则任何诉讼人均可提起非常上诉，不仅影响法院裁判之确定力，且将无案不经非常上诉，不独

---

① 王建今，非常上诉之过去与未来，法令月刊，22卷11期，3～4页；亦可参照张丽卿，刑事诉讼法理论与运用，2000年版，583页以下。

"最高法院"无力负担，且讼累病民，亦将不堪设想。惟诉讼当事人及关系人如认确定判决有违法情形，仍可声请检察总长参考，予以提起。至各级检察官，基于检察一体之原则，如发现有确定判决违法情形者，应具意见书，将该案卷宗及证物呈送检察总长，声请提起非常上诉（"刑事诉讼法"第442条）。

三、非常上诉不审究裁判书以外之事实问题

非常上诉制度，在救济法律之错误。因之，如以原确定判决所认定之事实有误而请求救济者，除合于再审条件得声请再审外，无提起非常上诉之余地。因非常上诉应以原判决认定之事实证据为依据，如其所认定之事实证据与其所适用之法律不相抵触者，即无违法之可言。至其认定当否，乃另一问题，不在非常上诉论究范围以内。过去向检察总长声请提起非常上诉者，往往以原判决对于证据未尽调查之能事或认定之事实有误而请求救济，除合于再审条件得声请再审外，无提起非常上诉之余地，故与非常上诉法要件不合，自无从予以提起，仅能驳回而已。

四、非常上诉之不利益不及于被告

非常上诉之结果，仅能于被告有利，而不能予被告以不利益之裁判，此为非常上诉独特之制度。举例言之，如被告应受无罪之判决，而原判决违法为有罪之判决，并经确定者，提起非常上诉后，应将违法之确定判决撤销，改判无罪。反之，如被告应受有罪之判决，而原判决违法为无罪之判决，并经确定者，提起非常上诉后，仅能将该确定判决违法部分撤销，不得改判有罪。故当事人如欲为被告之不利益而声请提起非常上诉，结果并无实益，仅在于统一法律见解之适用，防止未来法律错误之再行发生而已。

五、非常上诉无一事不再理及时间之限制

判决确定后，发现该案件之审判系违背法令者，"最高法院"检察署之检察总长得向"最高法院"提起非常上诉，"刑事诉讼法"第441条定有明文。依此规定，非常上诉之提起，以确定判决违法为要件。如非常上诉之判决违法者，仍可再行提起非常上诉，过去对于同一案件经过两次以上提起非常上诉者，不乏其例，故无一事不再理之可言。又非常上诉之提起，并无时间之限制，判决确定后，虽经历多年，仍可提起非常上诉。

六、非常上诉之提起采便宜原则

判决确定后，发现该案件之审判系违背法令者，"最高法院"检察署之检察总长得向"最高法院"提起非常上诉。所谓得向"最高法院"提起者，即提起与否，检察总长有审酌之权，换言之，确定判决纵有违法情事，检察总长经过适当考虑后，仍可不予提起，不受他人干涉。因为判决之违法，千变万化，形态多变，有必须加以救济者，有无救济之必要者，亦有提起非常上诉后，不独毫无实益，而在刑事政策上反蒙其不利者。因之非常上诉之提起，应从多方面加以审酌，俾收法律救济之实效。

第四节　非常上诉之理由

得为非常上诉之理由，依法律之规定，仅限于确定判决之"审判违背法令"（"刑事诉讼法"第441条），而所谓审判，则指审理及判决而言；亦即包括判决及判决以前所进行之诉讼程序。故此之审判违背法令在诉讼法上分为"判决违背法令"与"诉讼程序违背法令"（"刑事诉讼法"第447条第1项第1、2款），后者仅对其程序作理论上之撤销；前者为被告之利益同时须另行判决，而具实质之效力。[①] 单就概念言，"刑事诉讼法"第440条所谓"违背法令"，应系指违背实体法与违背诉讼法两种之情形，然我国台湾地区"刑事诉讼法"关于非常上诉却未加以区分，而系承袭日本刑事诉讼法（日本旧刑事诉讼法第520条，现行刑事诉讼法第458条）之规定，将之分为上述之"判决违背法令"与"诉讼程序违背法令"两种，因此何谓判决违背法令？何谓诉讼程序违背法令？自难免莫衷一是。

"判决违背法令"，系指因适用法则违误，至判决本身发生错误，亦即裁判主文所由生之法令适用有违误之义。究其违误之原因，有由于不适用法则，有由于适用法则不当，致不应判决而判决或不应为该项判决，其情形如下：（1）就所认定之事实因适用法令违误，致为原判决主文之谕知者；（2）因未适用法令，致未为一定判决主文之谕知者；（3）因适用法令错误，致未为一定判决主文之谕知者。简言之，该案件依法本案应为某种判决，因原审违背法令，竟为他种判决，或不应为判决而为该项判决。至

---

① 参照张丽卿，刑事诉讼法理论与运用，2000年版，568页。

其所违背者，包括实体法与程序法。

至于裁定，其内容有关于实体事项，有关于程序事项者。关于实体事项，以裁定行之者，如：（1）依"刑法"第48条更定其刑之裁定；（2）依"刑法"第53条及第50条应依"刑法"第51条第5～7款之规定，定其应执行之刑之裁定；（3）易科罚金之裁定；（4）单独宣告没收之裁定；（5）减刑及撤销减刑之裁定；（6）撤销缓刑宣告之裁定；（7）保安处分之裁定等，均具有实体判决之效力，故实务上认为"视同判决"，亦得为非常上诉之对象。①

"诉讼程序违背法令"，系指判决以外之诉讼程序，其违背程序法之规定，虽亦足以影响于判决，但其违法情形，尚不足认原审应为其他判决，依"刑事诉讼法"第447条第1项第2款规定，仅撤销其程序已足，故仅具有论理之效力，不具有现实之效力，即其效力并不及于被告，如：（1）法院之组织不合法者；（2）依法律或裁判应回避之法官参与审判；（3）禁止审判公开非依法律之规定者；（4）依法应用辩护人或已经指定辩护人之案件，未经辩护人到庭辩护而径行审判者；（5）被告未于审判期日到庭而径行审判；（6）未经检察官或自诉人到庭陈述而为审判者；应停止或更新审判而未经停止或更新者；（7）未与被告以最后陈述之机会者；（8）应于审判期日调查之证据而未予调查者；（9）未经参与审理之推事参与判决者；（10）判决未载理由；（11）判决所载理由矛盾；（12）未引用判决应适用之法条；（13）未详载事实等是。②

"判决违背实体法"应属于"刑事诉讼法"第447条第1项第1款之规定，即判决违背法令；"判决前之诉讼程序违法"则属于"刑事诉讼法"第447条第1项第2款，亦即诉讼程序违背法令，此应无争论。然本应为"免诉之判决"、"公诉不受理之判决"与"管辖错误之判决"却为实体上之判决，案经确定，此项违背法令究为第447条第1项第1款之"判决违背法令"，抑为第2款之"诉讼程序违背法令"？日本学说上争论

---

① 1955年度台非字第41号判例；1980年度台非字第181号判决，载台湾地区"最高法院"裁判选辑，1卷3期，814页；1981年度台非字第60号判决，载台湾地区"最高法院"裁判选辑，2卷1期，942页；1982年度台非字第129号判决，载台湾地区"最高法院"裁判选辑，3卷3期，661页。另可参照陈焕生，误判与非常上诉制度，月旦法学杂志，23期，24～25页。

② 判决所载理由矛盾，学者陈朴生氏认系属诉讼程序违法，惟实务上却认为属于判决违法，见1952年度台非字第47号判例。

甚多:①

1. "判决违背法令"系指，违背实体法及免诉之错误；诉讼程序违背法令则指"管辖错误"、"公诉不受理错误"及"判决程序之违背法令"而言。此"判决程序之违背法令"不问其为判决前之诉讼程序或判决本身之程序均属之。此说乃就概念之意义尽可能地依循"违背实体法"与"违背诉讼法"之理论予以区分，将"管辖错误"、"公诉不受理"视为"诉讼程序"之问题，系认为此判决乃应以如何之程序，俾为实体判决之原因，故均属于诉讼程序；而在免诉情形，因系应否作实体判决之问题，所以属于"判决违背法令"之范畴。

2. "诉讼程序违背法令"系仅指判决前之诉讼程序而言。至若判决违背法令，不论其系判决之内容或判决之程序，均属前述第 1 点之"判决违背法令"。此说从目的论观点出发，而将判决程序之违背法令与判决内容之违背法令认为同属前述第 1 点之"判决违背法令"。

3. 违背实体法及诉讼条件存在与否之错误均属于前述第 1 点之"判决违背法令"，至第 2 点之"诉讼程序违背法令"不问其为判决前之诉讼程序抑判决之程序均属之。此说乃就解释论之观点，对"诉讼程序之违背法令"予以实质之考虑。

上述三说究以何者为当？学者有以为应从非常上诉制度设立之目的予以观察，始能获得较适当之结论，盖我国台湾地区非常上诉制度之本质，固以统一法律适用为主要目的，然其于判决违背法令且不利于被告时，依法律之规定既应另行判决，且刑事司法之实践，关于人权保障亦为重要之使命，故在不违背非常上诉本质之范围内，自亦不妨本于法律之规定并兼顾被告之权益。本于此一信念，二说应较可采。故非常上诉所谓"诉讼程序违背法令"之诉讼程序，应仅限于"判决前之程序"，至判决之内容或判决之程序违背法令时，则属于前述第 1 点之"判决违背法令"。②

---

① 木村龟二，刑事诉讼法，1958 年，543 页。
② 林永谋，诉讼程序违背法令与非常上诉，36 卷 6 期，8 页。

第五节　试论释字第 146 号及第 181 号解释

一、释字第 146 号解释

"司法院"于 1976 年 7 月 23 日令，公布大法官会议议决释字第 146 号解释，其文曰："刑事判决确定后，发现该案件认定犯罪事实与其所采用之证据显属不符，自属审判违背法令，得提起非常上诉；如具有再审原因者，仍可依再审程序声请再审。"其理由为："刑事判决确定后，发现该案件认定犯罪事实与其所采用之证据，显属不符，如系文字误写，而不影响于全案情节与判决之本旨者，得依本院释字第 43 号解释更正外，均属审判违背法令，得提起非常上诉，由非常上诉审依'刑事诉讼法'第 445 条第 2 项准用第 394 条之规定，就原确定判决所确认之事实，以纠正其法律错误，如因审判违背法令，致影响于事实之确定，具再审原因者，仍可依再审程序声请再审。"此一解释决议前，计有大法官三人提出不同之意见，有谓以重要证据漏未调查审酌，致确认之事实发生疑义提起非常上诉者，难认为有理由；有谓原确定判决误未获支付支票新台币 1 万元为 6 万元，判处罚金 6000 元，顾系文字之误写，而非认定事实不依证据，即此项错误不影响事实之确定，若以有罪之人受重于法定最高刑之判决者，自属审判违背法令，得为非常上诉之理由；又有谓犯罪之事实，未经法定之调查程序及言辞辩论程序，不能径依证据认定之，而非常上诉，无调查犯罪事实之权，则确定判决认定之犯罪事实与采证不符者，不得以其为审判违背法令，而为提起非常上诉之理由。

本件依据"行政院"致"司法院"来文，略以"最高法院"检察署对于某一违反"票据法"案件，原确定判决所认定之犯罪事实，将未获支付之支票 1 万元，误为 6 万元，判处罚金 6000 元，有票据交换所之函件可证，乃以认定事实不依证据，系属违背法令，依"刑事诉讼法"第 441 条，提起非常上诉，经"最高法院"以上诉无理由驳回之。此即刑事判决确定后，发现该案件认定犯罪事实不依证据，是否为不适用法则之违法。

"最高法院"对于上述情形相同之案件，先后所持见解不同，其认为非常上诉有理由者，如 1972 年度台非字第 88 号判决及 1974 年度台非字第 160 号判决，均将原判决撤销改为有利于被告之判决。其认为非常上诉乃系以原判决确认之事实为基础，如适用法律并无违误，纵因重要证据漏未调查，致确认之事实发生疑义，除合于再审之条件外，殊难依非常上诉救济，而将非常上诉驳回，如 1974 年度台非字第 127 号判决；1974 年度台非字第 202 号判决及 1975 年度台非字第 57 号判决。

另学者对于本案件之见解，亦仁智互见。有谓检察官误以其所签发之面额为新台币 6 万元提起公诉，判处罚金银元 6000 元，超过支票面额，案经确定，因系认定事实有误，嗣后发现，即可依"刑事诉讼法"第 420 条第 1 项第 6 款，因发现确实之新证据，足认受有罪判决之人，应受无罪、免诉或轻于原判所认罪名之判决之规定，为受判决人之利益，得许其声请再审，方为合理。[①] 另亦有谓该案件应属于"刑事诉讼法"第 420 条第 1 项第 6 款之情形，盖本件原确定判决，将支票 1 万元，误为 6 万元，而处以 6000 元之罚金，其为有罪判决确定，因认定事实错误，而应为轻于原判决之刑无疑，不能认为判决违背法令，良以判决为文义证书，在错误未依法定程序更正前，虽系错误，亦为正当，不能于错误之事实，未依法纠正前，即先谓理由违背法令，而提起非常上诉以纠正之，否则岂非倒果为因？[②]

按非常上诉目的在纠正法律上之错误，并不涉及事实问题，并经非常上诉认为有理由，法院依"刑事诉讼法"第 447 条第 1 项第 1 款但书规定撤销原判决，就该案件另行改判时，不过系代原审依其原来所认定之事实，就其裁判时应适用之法律而为之裁判，使违法之判决转为合法，与再审系对确定判决认定事实错误而为救济方法，迥不相同。[③] 然本件解释却认为提起非常上诉亦可，提起再审亦可，实未见其可，且其态度模棱，多方敷衍，解释与不解释又有何异？本件解释违反"票据法"之案件，到底应依非常上诉程序或再审程序救济为当？首先，探讨本件解释违反"票据法"案件，能否以再审程序来救济？征诸"刑事诉讼法"第 420 条第 1 项第 6 款规定："因发现确实之新证据，足认受有罪判决之人应受无罪、免诉、免刑或轻于原判决所认罪名之判决者，得声请再审"，其谓发现"确实"之"新证据"，因此学者一般皆以"证据之新鲜性"与"证据之可靠性"为声请再审之两要件。所谓"证据之可靠性"，系指新证据实与已确

① 蔡墩铭，刑事诉讼法论，1982 年，531 页。
② 孙德耕，论大法官会议释字第一四六号解释，刑事法杂志，20 卷 5 期，3 页。
③ 蔡墩铭，刑事诉讼法论，1982 年，531 页。

定判决之事实误认具有关联，且具有推翻原审所认定事实之证据价值而言。

至于"证据之新鲜性"，亦即发现新证据，既谓"发现"，当然系指在判决当时即已存在之证据，嗣后被发觉而言。学者对于证据之新鲜度，有不同之看法；有认为所谓新证据，必限于"原判决确定后"始发现之证据，方属"新证据"；[①] 亦有认为苟在事实审法院判决前未提出主张有利之证据，而于第二审判决后，第三审上诉前或上诉中发现者，仍得于判决确定后，以发现"确实之新证据"之原因声请再审。[②] 本章以为后说较妥，盖再审制度，乃为贯彻正义之追求及发现实体之真实，而在法律妥定性顾虑下所设之例外。若不采取后说，则该项有利证据，既无在一、二审提出之机会，而于第三审上诉中，又不许为新证据之提出，坐令该项有利之新证据始终不能利用，实体之真实终必无由发现，于再审追求正义之目标亦必因之落空。是以，个人以为再审之声请，固须于原判决确定后提起，但以"发现确实之新证据"为声请理由时，其新证据之发现则不仅以判决确定后发现者为限，即便在二审判决后确定前发现者亦应准许。本件违反"票据法"案件，面额新台币 1 万元之支票一纸之存在，于原审判决时，已为检察官、被告及法院所知悉，并于原审业已提出法庭调查，非于事后发现，难以称为"新证据"，不能充足"证据新鲜性"之要件，自不得依再审程序救济。本件解释违反"票据法"之案件，既无法以再审程序救济，为了免除当事人因为司法机关之误认事实所导致之侵害，能否依非常上诉程序救济呢？

如前所述，学者亦有认为本件原判决，将支票 1 万元误为 6 万元，而处以 6000 元之罚金，其为有罪判决确定，乃因认定事实错误所致，不能认为判决违背法令许其提起非常上诉。然所谓"违背法令"，不可仅由表面来论断，而须从实质内容来观察。因此，误认事实并非全与违背法令无关。非常上诉之理由为"违背法令"。学说向来将之区分为"法令适用错误"与"诉讼程序违背法令"，惟现在之通说改分为"判决违背法令"与"诉讼程序违背法令"，揆其用意乃在企图扩大对被告之救济范围。我国台湾地区"刑事诉讼法"第 447 条规定亦同此趋向。非常上诉审关于实体法上之事实，固须受原判决所认定之事实拘束，但关于诉讼法上之事实，却

①　黄东熊，刑事诉讼法研究，250 页。
②　陈朴生，刑事诉讼法实务，542 页。

可不受原判决所认定之事实拘束，而得依职权调查事实，并基于其调查结果，以审查有无违背法令，此观诸"刑事诉讼法"第445条第2项及第394条第1项规定自明。

误认诉讼法上之事实，固可提起非常上诉，若误认实体法上之事实，可否为非常上诉之理由，则很有问题。就诉讼法上之事实与实体法上之事实两相比较，后者须经严格的证明，前者则仅须自由的证明。自此二者性质上之差异，学者多数认为所误之事实若在卷宗内之记录或证物可一目了然者，即得提起非常上诉。① 不过，要达到前揭非常上诉理由区分之学说及演进目的，避免既不能提起非常上诉又不能提起再审之窘境，应采此种看法，方能填补失落正义之真空。本件解释违背"票据法"案件，其事实上之误认，既能在卷内一目了然，应许其提起非常上诉较妥，如此亦能与法律追求正义之目标相符合。

二、释字第 181 号解释

"司法院"于1983年7月1日公布大法官会议释字第181号，其文曰："非常上诉，乃对审判违背法令之确定判决所设之救济方法。依法应于审判期日调查之证据，未予调查，致适用法令违误，而显然于判决有影响者，该项确定判决，即属判决违背法令，应有'刑事诉讼法'第447条第1项第1款规定之适用。"其理由为："按刑事诉讼为确定具体刑罚权之程序，以发现真实，使刑罚权得以正确行使为宗旨。非常上诉，乃对审判违背法令之确定判决予以救济之方法。所谓审判违背法令，可以分为判决违法与诉讼程序违法，在诉讼上各有其处理方式；前者为兼顾被告之利益，得将原判决撤销另行判决，具有实质上之效力；后者则仅撤销其程序而已。惟二者理论上虽可分立，实际上时相牵连，故依法应于审判期日调查之证据，未予调查，致适用法令违误，而显然于判决之结果有影响者，倘不予以救济，则无以维持刑罚权之正确行使，该项确定之判决即属判决违背法令，非仅诉讼程序违背法令，应有'刑事诉讼法'第447条第1项第1款规定之适用。"此一解释决议前，计有两种不同意见，有谓依法应于审判期日调查之证据，未予调查，为诉讼程序违背法令，而非原判决违背法令，则使显然于原判决有影响，而不利于被告，但原判决本身既无法令适用之违误，推翻已确定之事实认定，又非非常上诉法院所应为，要亦只能

---

① 黄东熊，刑事诉讼法研究，272 页。

将诉讼程序违法部分撤销，对原判决仍无任何影响；有谓继承人于继承登记前，将因继承而取得之土地，立约出卖他人，如仅未能依约履行，不构成意图为自己不法之所有，以诈术使人将本人之物交付之诈欺罪。确定判决以诈欺罪论处，为原判决违背法令，非仅诉讼程序违背法令。"最高法院"之检察长，无论曾否以诉讼程序违背法令为理由，提起非常上诉，尚得依被告之声请或依职权，以原判决违背法令为理由，提起非常上诉，以资救济。

本件依据"监察院"致"司法院"来文，略以陈诉人罗金龙被诉诈欺案件，一审判决无罪，二审台南高分院枉法改判徒刑一案。一审调查结果认为，陈诉人所出售之土地，证人黄耀塔供称，陈诉人曾说要缴遗产税及陈诉人委请代书陈锦德办理继承及移转登记情形等观之，陈诉人主观上无诈欺故意。讵一审对陈诉人状请传唤代书陈锦德出庭作证，竟未传唤，而该证人对于犯罪是否成立，关系极为重要，如属可信，则二审所采判决基础证据，必为之动摇，二审对于动摇判决基础之重要证据，未予调查指摘，又不传唤证人，率尔断罪，不仅程序上违法，其判决实体上亦属违法。因而函请"司法院"及"法务部"救济见复，嗣经提起非常上诉，并经"最高法院"判决撤销违法程序，惟未为实体上之救济，于当事人并无实益。"监察院"认为对于未经合法传唤而径行判决之案件，除诉讼程序违背法令以外，同时亦属判决违背法令，因为足以影响实体判决之程序违法，若不认为原判决违背法令，显欠公平，即除了撤销其程序之外，应一并将原判决撤销，由原审法院依判决前之程序更为审判，以维裁判之公平正义原则。

其后再度函请"司法院"释示，并请一并变更1955年度台非字第54号判例借资补救，惟"司法院"函覆认为："最高法院"判决将原审关于诉讼程序违背法令部分撤销，并无不合，该院1955年度台非字第54号判例不宜变更，故如对罗案原判决所确认之事实发生疑义，且需调查，除合于再审条件，得声请原审法院依再审程序救济外，别无他途。

观察我国台湾地区非常上诉制度之沿革，系仿效日本之制度，现行"刑事诉讼法"第六编非常上诉有关之规定，除第447条第2项系1945年增订为我国台湾地区所独有外，其余均承袭日本旧刑事诉讼法（即大正刑事诉讼法）有关条文之规定。日本现行刑事诉讼法在第二次世界大战后，虽因改采当事人进行主义而作大幅之修正，但非常上诉制度则一仍旧惯，毫未改变。我国台湾地区既仿日本，则其制度之本质与目的，解释自应相同。我国台湾地区"刑事诉讼法"第 441 条规定,非常上诉之理由,仅限于确定判决之审判违背法令。而所谓审判违背法令亦如日本之刑事诉讼法,将之区分为"判决违背法令"与"诉讼程序违背法令"两种。至于何谓判决违背法令?何谓诉讼程序违背法令?向来亦属众说纷纭,莫衷一是,现行之通说依其法律明文而为解释,认为所谓"诉讼程序"应解释为判决以前之诉讼程序。若判决本身违背法令,则不问判决之内容或判决之程序违背法令,均应认为判决违背法令,[1] 日本学者此一通说,足供吾人之参考。

我国台湾地区实务上,1940 年 2 月 22 日"最高法院"民刑庭总会关于非常上诉案件总决议案第 6 项所谓"刑事诉讼法"第 371 条(现行法为第 379 条)所列各款情事,除第 4 款、第 5 款、第 12 款系属判决违法外,其余各款均认为诉讼程序违背法令。但该第 14 款后段之理由矛盾,如系适用法律错误者,当然为判决违背法令(此一决议,于 1955 年经采为台非字第 54 号判例),与日本通说之法理基础相同。另 1951 年 3 月 19 日及1951 年台非字第 47 号判例均曾谓"'刑事诉讼法'第 371 条(旧)所列各款情形,除第 4 款、第 5 款、第 12 款及第 14 款之因理由矛盾致适用法令违误者,系属判决违法外,其余各款均属诉讼程序违背法令。……纵原确定判决因重要证据漏未调查,致所确认之事实发生疑义,除合于再审条件应依程序救济外,非常上诉审无从进行调查其未经原确定判决认定之事实,其适用法律有无违背,即属无凭判断,因之以调查此项事实为前提之非常上诉,自难认为有理由"。又 1977 年 4 月 12 日及 1977 年度第三次刑庭庭推总会议决议(一)亦谓"按之'刑事诉讼法'第 379 条第 10 款之未调查证据,第 14 款前段之判决不载理由,依本院 1955 年台非字第 54 号判例见解,均属诉讼程序违背法令,故只能将其诉讼程序违法部分撤销。如原审有就足生影响于判决之重要证据漏未审酌者,系属能否提起再审问题"。至于学者则谓:"非常上诉虽无准用第一、二、三审程序之规定,但应于审判期日调查之证据,未予调查,即为第三审法院得依职权调查之事项,对此事项,依本法第 394 条第 1 项之规定,并得调查事实,而第 394条复为非常上诉审所准用,'最高法院'自应就审判期日、有无应调查之证据未予调查,而为审究。此项虽涉及于事实之审认,但其范围,乃系认定其是否构成违背法令,而非必须认定原确定之事实,是否应予变更,故

---

① 黄东熊,刑事诉讼法研究,266 页。

此项违背法令，实仍属诉讼程序违背法令。"①

综上所述，依法应于审判期日调查之证据未予调查②，实务上③及学者均认为系属诉讼程序违背法令，但本号解释却认为，上开情形若致适用法令违误，而显然于判决有影响者，属判决违背法令，有待斟酌。

本书以为，本号解释，若就非常上诉本质言之，不当殊甚。盖日本非常上诉制度乃仿自法国"为法律之利益而行之上诉"制度而设。亦即，以统一法律之适用为目的。我国台湾地区非常上诉制度既源于日本法，自亦应以统一法律之适用为主要目的。然刑事司法之实践，目的在保障人权实现正义，是以如能将"统一法律之适用"与"救济被告之不利益"两者适当之调和，亦有其必要。"刑事诉讼法"于第 447 条第 1 项第 1 款另设但书规定，又在 1945 年修正同条第 2 项规定，其用意在不违背非常上诉本质，而兼顾被告之不利益之救济。然若以解释方法企图达到具体救济目的，非但有侵害立法机关职权之嫌，尚且扭曲了非常上诉制度之本质，因此，非常上诉制度在我国台湾地区，仍以统一法律适用为主要目的，而对被告之不利益予以救济，仅属其附随效果较妥。

本号解释鉴于依法应于审判期日调查之证据，未予调查，致适用法令违误，而显然于判决有影响者，若认为属于诉讼程序违法，仅撤销其程序，则不具有实质上之效力，于被告并无实质益处，故解释其应属判决违法，为兼顾被告之利益，得将原判决撤销另行判决（"监察院"认为应将原判决撤销，由原审法院依判决前之程序更为审判，但并未被本号解释所采），虽可谓为"用心良苦"，实不妥适。盖关于不得上诉于第三审法院之案件，其经第二审确定之有罪判决，如就足生影响于判决之重要证据漏未审酌者，依"刑事诉讼法"第 421 条规定，本得为受判决人之利益声请再审；而得上诉第三审之案件，其应于审判期日调查之证据未予调查，依"刑事诉讼法"第 379 条第 10 款规定，其判决当然违背法令，可依通常上诉程序救济，均为"刑事诉讼法"考虑所及，似无另设救济途径之必要。

另查误认事实导致判决违法，非常上诉审所得审查者，应仅限于诉讼法上之事实。关于实体法上之事实，应予严格证明，非常上诉审系法律

---

① 褚剑鸿，刑事诉讼法论，408～409 页。

② "依法应于审判期日调查之证据"是指，证据有无调查之必要，应以客观为标准，即须以该证据与待证事实有重要关系，在客观上有其调查之必要，并应审酌个案之一切具体情事定之，是以客观上不必要之证据纵未予调查对于判决无影响，即不构成证据未予调查之非常上诉。

③ 参照大法官第 238 号解释。

审，就此显无从为必要之调查，而应为确定判决所认定事实所拘束，否则将与审查事实误认之再审制度混淆不清。应调查之证据未予调查时，该证据既非在诉讼卷宗内即可一目了然，非常上诉审便无法据以判断其是否已致适用法令于违误，以及是否于判决有影响，即使是确定判决所认定之事实与卷宗内附上之证据不相符合时，依释字第 146 号解释，已足够解决，又何必多做解释？足见释字第 181 号解释，非特于法理上难以理解，即就实际情形而言，似亦少有适用之可能。

第六节　结　语

判决一旦确定后，不许再加以变更，乃基于法的安定性要求。但是审判官非神仙，审判不可能绝无错误、绝无瑕疵，故于事后发现判决有法律之瑕疵时，应承认瑕疵并设法加以救济或纠正，方合乎正义，此为设置非常上诉之立法目的。

虽然非常上诉制度本质乃以统一解释法令为务，似有与大法官会议解释之功能相重叠的疑虑，然究非常上诉之根源精神言，非常上诉在形式上系基于为求法的安定性与正义之调和而设，在实质上则又赋有人之理性与怜悯之心所产生之制度。故在不违反非常上诉本质之范围内，亦不妨本于法律之规定而兼顾被告之权益，倾向于对被告有利之方向解释亦无不妥，准此，大法官会议释字第 146 号及第 181 号解释，为了确保人权，维护客观上之正义，其所作之努力，真可谓为用心良苦，然美中不足者，在现行法尚未修正前，若以具体救济为尚，将与非常上诉制度本质之维护法规上之正义，有所违背，故为了调和法的安定性与正义，仍须以立法出之，方不致误解非常上诉。

下　篇
刑事证据

第六章　违法取得证据之排除

第一节　序　言

刑事诉讼程序在审酌与确定犯罪事实，进而正确地适用法律，必须事实达于明确之程度后，法院始得据以论罪科刑；然事实之认定，端赖证据，无证据，罪刑即无所附丽。证据之取得不应与法定程序相违背，乃为近世各国刑事证据法上之一大原则，盖证据不能凭空臆测，其搜集与利用，均须合于法律之规定，方能使裁判达于正确无疵，通常取得证据之方法甚多，合法取得之证据，如具有合理之立证价值，固得采为裁判之基础；惟如以非法之方法取得证据，其证据能力（证据适格性）如何？则不无研究余地。

刑事诉讼由来于刑罚权之作用，故为国家权力之具体表现，究其目的：一是为保障社会福利及大众安宁为主的集体安全论，二是崇尚个人自由及人权至上的个人权利论。申言之，前者强调如何迅速消弭犯罪及维护安全，因此连带地对犯罪嫌疑人及被告也比较严厉；后者则以为个人之保障须建立在保护个人权益的基础上，因此，一切有害个人权益的法规命令都受严格限制，不容些微违背，甚至有违大众福利之虞时也在所不顾。由于两种思想模式宿命的对立，究竟刑事诉讼法之设计是为了"保障人权之假设"抑或出于"发现真实之方便"。其争执的结果，常使得吾人面临进退维谷的困境，在两大目标之间左右为难，无所适从。

由于近代刑事法的思想趋向，认为刑事诉讼法的机能，不特为维护社会之安全，并应保障个人之自由。刑事诉讼上之目的，固在发现实体之真实，使刑法得以正确适用，但为达此项目的，仍应维持程序之公正，以资调和。否则将与宪法保障人民之基本权利本旨相违背，开启"为达目的，不择手段"之可能，故如何经由对违法取得之证据探讨与分析其应否排除，达成折中协调，兼顾保障人权之程序公正，与抑制犯罪之实体真实两大刑事诉讼之目的，即为本章研究之主要原因。

第二节 证据排除法则之发展与建立

一、证据排除法则之发展史

英美之刑事证据法，与财产法、契约法、侵权行为法、信托法等，均为构成英美法广义普通法（Common Law）之重要部分，然其核心在于因判例之长期发展累积所形成之证据排除法则。① 此项证据排除法则，系为防止将某种证据提出于陪审之前，所形成之原则及其例外。盖因英美法之陪审员为担当事实认定之审判官，类此裁判或法律之门外汉，为避免使其事实认定陷于错误，故有预先将有导致错误之虞之证据加以排除之必要，因而历经判例之演进、累积，终于形成今日错综复杂之证据法体系。

然而，英美法并非早即完成保障被告及犯罪嫌疑人基本人权之构造，英国学者 G. Williams 曾谓："若以现代之水平而言，18 世纪前之英国刑事裁判，显非英国式"；② 又如 R. M. Jackson 亦谓："19 世纪初叶之英国刑事法，较之其他任何文明国家，均更为残酷且野蛮。"③ 其陪审裁判、默秘权、自白法则虽早已发轫，但迟至 19 世纪以后，始进行其他重要部分之改革；辩护人依赖权于 1836 年，被告之证人适格于 1898 年，上诉制度于 1907 年，始得到承认。④

美国虽然于 1791 年追加构成联邦宪法"权利典章"（Bill of Right）之十条修正条文中揭橥，刑事诉讼程序中保障犯罪嫌疑人及被告之基本人权之规定，但由于宪法条文之抽象性及联邦与州之二元构造，犯罪嫌疑人及被告并未能享有太多权利之保障。

实际上，在 1865 年南北战争结束前，联邦议会或法院在此一领域之活动，简直微不足道，其变化直至 19 世纪末 30 年间开始发生，迨 20 世纪才更为显著。因而联邦宪法之规定，在州刑事诉讼程序中发挥作用，赋予

---

① 平场安治，刑事诉讼法的基本问题，1969 年，63 页。
② Williams, The Proof of Guilt, 3rd ed., p. 10 (1963).
③ Jackson, The Mechinery of Justice in England, 4th ed., p. 129 (1964).
④ Williams, ibid., p. 45. Jackson, ibid., p. 109.

犯罪嫌疑人及被告程序之保障，乃是 20 世纪中叶以后的事。①

二、当事人适格要件

证据排除法则，系针对侦查机关违法取得之证据，使其无法享受违法行为之成果，故任何因违法取得之直接或间接证据，均应排除在外。就此项法则之适用，美国联邦最高法院判例发展，于何人始可主张排除之情况，确立有"当事人适格要件"。依照传统证据法则，对于有与事实不符之虞之证据，所有当事人均得主张排除，然而为了保护其他特定利益或权利，纵与事实相符之证据，亦应予以排除时，则仅限于其特权被侵害之直接被害人始得主张方属适格当事人，此即所谓当事人适格要件。

美国联邦法院于 1914 年确立排除法则后，即开始限制诉讼当事人适格要件，然其所持见解，一向依照普通法上财产法之概念，认为仅有财产上之"所有利益"被侵害者，始可主张排除法则之适用，例如，搜索扣押之情形，仅对于扣押物有所有权者，始得主张将违法搜索扣押所取得之证据予以排除。②

最高法院于 1960 年之 Jones v. Unites States 一案中，则大幅度扩张占有权限之概念，认为当事人于搜索场所合法在场者，亦得主张排除，亦即将是否在场，为唯一决定其是否适格之标准。③ 直到 1961 年之 Silverman v. United States 及 1963 年之 Wong San v. United States 案件，当事人适格要件终于与财产法上之概念分离，确立宪法保障之基础。④

1967 年 Katz v. United States 一案，确认宪法第 4 条修正案所保障者，实为人民，而非处所，故个人隐私权即应受宪法规范之保护。⑤ 亦即，个人（非其处所）始为法院关切之对象，因而显示最高法院对宪法第 4 条修正案之态度已与传统有别，确立以隐秘权为适格要件之基础法理。

对于当事人适格要件之法理，可否亦适用于共犯或共同被告？联邦最高法院于 1969 年之 Alderman v. United States 一案⑥，即明示宪法第 4 条修

---

① Schaefer, Federalism and State Griminal Produce, 70 Harvard L. Rev. 1, (1956).

② Tusie Shee v. Backins, 243 F. 551 (9th Gir. 1917); Remus v. United States, 15F. 501 (6th Gir. 1923).

③ Jones v. United States, 365 U. S. 505 (1961).

④ Silverman v. United States, 371 U. S. 471 (1963).

⑤ Katz v. United States, 398 U. S. 347, 353 (1967).

⑥ Alderman v. United States, 394 U. S. 165 (1969).

正案所保障之权利，为个人之权利，故具有一身专属性质，不容他人代为行使，因此否认共犯或共同被告可对并非侵害其权益所得之证据，主张加以排除。1973 年联邦最高法院于 Brown v. United Staes[①] 案中，却又重申传统"合法在场"之标准，主张被侵害者必须于搜索当时在场，扣押当时就扣押物必须具有所有权或占有权，因扣押当时持有该扣押物系所诉追犯罪之构成要件之一，否则不具备当事人适格，在此严格限制下，将仅有少数被告或犯罪嫌疑人得以主张证据之排除。

1978 年 Rakas v. Illinois[②] 一案，最高法院却又明白表示系基于 Mancusi 及 Alderman 两次之判决为基础，确认其已放弃合法在场之标准，而改采以隐私权之存否为准。同时判决车内之乘客不得仅以其于搜索时适逢在场，即属违法搜索扣押之被害人，而有资格要求排除对该车违法搜索扣押之证据。然其既与车主共乘一车，却为何无法共享车主之隐私权，又无法自圆其说。但最高法院似于可预见之未来，继续此一并非妥适之立场，1980 年 United States v. Payner[③] 一案，即为例子，本案否认被告对于违法扣押之银行贷款书，具有适格能力，故虽然此一证据之采择，对其造成不利之后果，仍不得主张排除。虽然最高法院仅是改采另一认定之标准，但因其比较抽象，即可经由解释之方式，达到减缩排除法则适用范围之效果。

惟加州法院对此却早有先见之明，1955 年 People v. Wartin[④] 案中，即不采任何之特定标准，主张任何人如因违法证据之提出，有可能受到不利益时，即具有当事人之适格，而不问违法搜索时是否合法在场或有无隐私权。另外美国法律学会（American Law Institute）邀请学者主编之"罪状认否先行程序之模范法典"将被告之适格要件，限制可主张违法搜索者，计有受害者之家属、同居人、共犯、商业往来之对象以及其他被执法单位规避排除法则适用所从事违法搜索之被害人，均可请求法院将因此所扣押之证据排除。

三、毒树果实理论

毒树果实理论是指，即凡经由非法方式所取得之证据，即系"毒树"，

---

① Brown v. United States, 411 U. S. 223 (1973).
② Rakas v. Illinois, 435 U. S. 922 (1978).
③ United States v. Payner, 477 U. S. 272 (1980).
④ 45 Gal. 2d 755, 290 P. 2d 855 (1955).

由其中获取数据，进而获得之其他证据，则为"果实"。此理论最初出现于判例者，系 1920 年 Silverthorne Lumber Company v. United States[1] 一案，该案件侦查机关将违法扣押之书类，于依法院命令返还于被告以前预为摄影，并于审判程序中提出该项照片，用以声请法院命被告提出该书类之原本。但最高法院认为由于违法之搜索而得之知识所预发之传票为无效，谓："禁止由违法方法获得证据之规定之本质，并不只在不许法院在审理时提出以该项方法所获得之证据，并在完全禁止该项证据之使用，亦即，在审判庭外也不能使用。"故检察官非但不能在法庭使用直接由违宪之搜索而得之证据，也不能使用基于不法搜索而发之传票间接得到之证据。

Silverthorne 案排除后继的（Secondary）或派生的证据之要求，一般称之为不容许"毒树果实"之法则。虽然"毒树"法则是在适用违宪搜索的排除法则时所形成的，不过，一般认为该法则在取得证据出于其违宪（即违宪搜索外之违宪）之情形，亦有其适用；如最高法院认为"毒树"法则对因违宪之逮捕而得之证据[2]，对违反排除内非关宪法所定之限制而得之证据[3]及对因违宪之指认程序而得之证据[4]均有其适用。

如上所述，侦查机关最初违法取得之证据，通常乃成为"毒树"，而利用该证据取得之第二次证据 Secondary Evidenee，则犹如毒树之"果实"，均应予以排除。[5] 然而，违法行为之直接果实成为毒树，再次产生之"果实"，其与违法行为间之关联已经稀释者，若仍认系排除法则之射程所及并不合理。因此，在贯彻防止侦查机关之违法行为，并使宪法有关基本人权之保障不流于具文之目标下，联邦最高法院创立有例外法则，用以限定排除法则之非必要射程，故承认有下列情形之存在：

（一）独立来源法理

在适用毒树法则时，在 Silverthorne Lumber Company v. United States 案中强调因违反宪法而得之事实，并非一定不能使用，亦即，与非法取得行为无关之真实发现，仍有证据容许性。[6] 法院指出"如果有关事实之知识可以从独立之来源获得时，事实照样是可以证明的"。Bynum v. United

---

[1] Silverthorne Lumber Company v. United States, 251 U. S. 385 (1920).
[2] Wong Sun v. United States, 371 U. S. 471 (1963).
[3] Harrison v. United States, 392 U. S. 219 (1968).
[4] United States v. Wade, 388 U. S. 218 (1967).
[5] 臼井滋夫，证据，昭和 59 年，97 页。
[6] Gadish and Faulseu, Griminal Law and It's Processes, pp. 965, 962.

States 案第二个判决①是最高法院嗣后适用 Silverthorne 的 "独立来源法理"
最喜欢引用之案例。在 Bynum 案的第一个判决②法院以不法之逮捕为由，
排除使用被告之指纹为证据，由于该案警察在逮捕被告时，虽有理由怀疑
被牵涉在一件警方正在调查中之强盗案，但其逮捕却欠缺法律上之相当理
由，而违法。当 Bynum 再度被起诉时，政府改使用一套从联邦调查局档案
取得之旧指纹，而这套指纹与在犯罪现场所得之指纹相符。因为警察有理
由核对 Bynum 的指纹，此项查对既与先前之违法逮捕不相关联，且该套旧
指纹是在一件与本案不相关案件上取得，这套指纹乃被认为与违法之逮捕
不相关联，独立取得之证据而被容许于法院。

（二）稀释法理

稀释法理③是指，违法搜集证据与衍生证据二者间之关系，发生稀释
现象，得将原污点洗净。故如被告在自由意志下，自愿提出供述证据或物
之证据，则原来因非法搜索扣押所生之污点，即得随之洗净。例如，缉毒
之刑事侦查人员，非法侵入某甲之住宅，并逮捕某甲，甲告诉该缉毒人
员，某乙曾贩卖毒品，缉毒人员循其所言至某乙处，乙交出毒品并供称某
甲与某丙亦参与其事。在刑事侦查人员告知某丙得享有默秘权及律师协助
权后，丙仍为任意性之自白。本案审理法院认为，对于违法侵入某甲之住
宅，及其后导出之某甲及某乙的供词，因带有非法之污点，应加以排除。
但在某丙之情形则不同，因某丙认识其已被逮捕，仍自愿选择自白供述犯
罪，则逮捕与供述间之关系，因而被稀释，其污点即被冲洗。因而驳回某
丙所为供述是被违法逮捕所得果实之主张，因法院认为虽然某丙如果未被
逮捕即不会自白，但某丙在交保释放后经告知其应享之权利后，仍任意为
自白，已使得其供述与违法逮捕间之关系变为极稀薄，而稀释该违法逮捕
之污点。④

（三）不可避免发现法理

由于独立来源之法理，并不是证据事实上必须从独立的来源获得时，
才有其适用，因此，有许多法院认为如果违反宪法之行为（如违法之搜

---

① Bynum v. United States, 274 F. 2d 767 (D. C. Cir. 1960).
② Bynum v. United States 262, F. 2d 465 (D. C. Cir. 1958).
③ 亦有称为 "违法污染状态中断之例外"，参照黄朝义，证据排除法则，刑事证据法研究，1999
年，48 ~ 49 页。
④ Wong Sun v. United States, 371 U. S. 471, 835. Ct. 407, PL. Ed. 2d 441 (1963).

索）所获得之证据，即使不违宪也必然"不可避免地"因合法之侦查活动而发现时，基于与独立来源之法理同一之理由，此种证据也应该被容许。因为"不可避免发现"之法理，并未让政府从违法行为得到任何特别之利益，故与"排除法则"所要达到妨阻之功用并不生矛盾现象。[1] 不可避免发现之法理，通常在政府能够以有力之证据表示证据不违宪也必然发现时，便有其适用，从这个标准，有些法院便喜欢将这个情形说成为"假想的独立来源法则"。

不过，不可避免发现之法理，也有几个理由受到批评，一是认为这个例外之适用似乎不够严格，以致它包括了几乎所有"可以"而非必然以不违法之方法发现之证据；二是认为这个例外有鼓励违宪行为而减弱"排除法则"之功能，因为这种例外地鼓励政府走违宪之快捷方式所得之证据，比依合法的程序须经较长之途径才能获得之证据，节省许多精力。故法院于适用此法理时，必须以较严格之态度审查是否确实符合，否则就有使用过滥之嫌而导致喧宾夺主之反效果。

（四）善意诚实法理

善意诚实法理[2]乃证据排除法则之相当重要的法理，美国联邦最高法院在 Sheppard 一案中，认为警察相信由中立且独立的治安法官所签发之搜票为有效进行搜索行动所搜集之证据，纵然嗣后该搜票被认定为违宪、无效，但该证据仍具有容许性，可被使用。[3]

Sheppard 案为某刑警于搜索被告家时，提出逮捕搜索令状及必要的宣誓供述书。该宣誓供述书记载警察搜索案件时被害者衣服与可能为杀害时之钝等特定物品。由于当天为星期假日，地区法院休息，警察人员为了免去请求令状之申请表格之困难，找到曾于某地服务过用于搜索违禁物品之书类表格，对其加以若干之更改后使用。之后法官判断宣誓供述书上已证明具有搜索被告住处之相当理由，于听取刑警的说明后，修改令状格式。惟法官却忘记修改最重要部分，因为法官只求合宣誓供述书之内容，却未对书状格式加以修正，法官在搜索票签名后，并同宣誓供述书交还给该刑警，然而令状虽具有书状格式，却仅能适用于对违禁物品之搜索。刑警基此令状，对被告之住处为搜索，结果发现几件足以构成有罪根据之证据。

---

[1]　People v. Fitzpatrick, 300 N. E. 2d 139（N. Y. 1973）.

[2]　参照黄朝义，证据排除法则，刑事证据法研究，1999 年，51～54 页。

[3]　Massashusetts v. Sheppard, 468 U. S. 981（1984）.

在审判程序中，法官使用依据令状执行所搜集之证据为基础，被告被控谋杀罪判处有罪。上诉程序中，联邦最高法院虽认定治安法官所签发之搜索令状有违宪，但却认为执行搜索之侦查人员因信赖令状有效，侦查人员之行为亦属妥当善意且诚实，故判断该证据具有容许性。

第三节　比较法上之检讨

一、美国证据排除论之动向

关于证据适格性问题，在美国系采用"排除法则"，此项法则是由美国判例发展而来的。美国法上排除法则之概念和德国法上"证据禁止"之概念，并不完全相同。一般而言，美国法上排除法则之概念，只能相当于德国法上"证据利用之禁止"之概念相当。

美国素以法治国家自居，其"正当法律程序"发展之基础为美国的宪法，并经不少之法院判例，发展出一套实至名归之正当法律程序。在美国刑事诉讼制度上，亦将宪法上之原理原则，应用至诉讼上之实际作为，如以违法手段所搜集之证据，在诉讼上应予排除。因而，美国"排除法则"立论之主要根据是直接以其宪法之条款精神，用来解决不法搜集所得之证据，有无证据之能力。

二、德国证据禁止论之展开

考察德国证据禁止论 70 余年的历史，发现有三个发展阶段的存在，亦即，第一阶段是从贝林（Beling）自始提倡至第二次世界大战为止，即所谓相当于证据禁止论的草创期；第二阶段是从第二次世界大战终结至 19 世纪 50 年代的过渡期；第三阶段则为自 1960 年以后的证据禁止论的展开期[1]。

德国刑事诉讼法学界，由贝林于 1903 年之论文"证据禁止作为刑事诉讼上真实发现的界限"[2]中确立"证据禁止"之概念，贝林首度主张刑

---

[1] 井上正仁，刑事诉讼证据排除，1965 年，17 页以下。

[2] Beling, Rie Beweisverbote als Grenzen der Wahrheitserforschng in Strafprozeß, Str. Abh. Helft 46 (1903).

事诉讼程序以发现真实为最高指导原则之一贯见解，必须更正因人民权利之保障于追求真实之过程中，亦不可完全置诸脑后，应赋予相当之注意，苟侦查机关以非法之方式取得之证据，法院即不得加以利用。惟因学者间之意见不一，不同之术语与标准推陈出新，因此很难确定证据禁止之实质内涵与范围，司法机关亦持怀疑的态度，因而早期德国对于违法取得之证据，仍认为无碍其所具之证据资格，可为法院所采用。

迨至第二次世界大战之后，因鉴于纳粹蹂躏人权之惨痛经验，以及麻醉分析技术之惊人进步，才戮力于人权之保障，希望借此一扫纳粹德国时期仅有国权而无人权之恶劣法制。德国乃于 1950 年增订刑事诉讼法第 136 条 a 规定：（1）被告之意思决定与意思活动之自由，不得以虐待、疲劳、侵害身体、利诱、苛责、欺罔或催眠术之方法予以影响。强制只有刑事诉讼法许可之情况下使用之。禁止以刑事诉讼法之规定所不许可之处分相恐吓与法律上所未规定之利益相引诱。（2）不准采取对于被告之回忆能力或判断能力予以不利影响之处分。第 1 项及第 2 项之禁止规定，无论被告是否同意，均可适用。违反禁止规定而取得之陈述，无论被告是否有同意，不得予以利用。上述规定依解释之方法，范围相当广泛，故在德国刑事诉讼法史上，可谓系划时代之规定。[①] 然而此一规定虽甚具时代意义，却仅能适用于有关供述证据之领域，对于违法搜索所取得之非供述证据，则乏可资适用之依据，此因德国联邦宪法第 13 条虽有保护居住自由之规定，[②]但却无如美国联邦宪法第 4 条禁止无理搜索扣押及实施搜索扣押要件之类似规定，属美中不足之处。

所幸联邦最高法院由宪法规定保障民权之崇高意旨，直接导出证据禁止之法理，于 1960 年之秘密录音案件及 1964 年之日记案件[③]均能直接援引基本法抽象概括之条文。1960 年之秘密录音案件，被告以教唆伪证罪被提起公诉，其有罪证明之唯一依据，乃是被告与其友人在电话中会话之录音带，原审法院拒绝以该录音带为证据，谕知被告无罪，联邦法院之判决引用联邦宪法第 1 条、第 2 条所谓："人性尊严不可侵犯"，"各人均有谋求人格自由发展之权利"，并引世界人权宣言中有关条文谓："不顾一切的探求真实，并非刑事诉讼之原则"，而驳回检察官之上诉。1964 年之日记

---

① Kleinknecht/Meyer - Goßner, StPO, 1999, §136a, Rdnr. 1ff.

② 德国联邦宪法第 13 条规定：（1）住居，不得侵犯；（2）搜索，依法院或于有急迫危险时依法律所定之其他机关之命令，且依法律规定之形式为之。

③ BGHSt, 14. 358, BGHSt 19. 325.

案件，为有关伪证罪之案件，原审以被告日记之记载为证据，谕知被告有罪，联邦法院则认为，日记之记载，系属被告内心之领域，不得违背其意思而引为证据，撤销原判决，确认日记为私人所为记载，并非国家行使公权力之结果，故与传统认为宪法规定与私人行为无关之原则，并不尽相符，故此一判决之影响，实具有里程碑之地位。[①]

另外，德国法院判例上，就排除法则之适用范围，即由禁止之证据取得之衍生证据，应否予以一并排除，亦即波及效力问题，学者之间众说纷纭，莫衷一是，有认为衍生证据亦沾有污点，若不予禁止，将使证据法则徒成具文，另则根据若衍生证据给予排除，将有使显为有罪之人逃漏法网之虞，而否定其波及效力。

三、日本"相对的排除法则"之采用及其展开

日本战前之刑事诉讼法，受到大陆法系根深蒂固之影响，以发现真实主义和自由心证主义为骨架，故采取证据之程序纵属违法，亦不影响该证据之证据能力。战后亦如德国般，力图刷新其为专制极权国家之形象，对人权保障不遗余力，不仅于刑事诉讼法第 319 条规定非任意性之自白，不得作为证据[②]，且宪法亦于第 38 条明定有排除不法供述证据之规定。[③] 惟此些规定，系有关供述证据之规定，至于违法取得之非供述证据应否予以排除，因法无明文，学说及判例上亦未有定论。现就日本学说和实务上之看法分述如下：

（一）学说上之见解

在日本对于违法取得证据之证据排除的根据计有宪法保障说、保持司法廉洁性说和抑止效果说。[④] 在学说上对于是否排除违法取得证据之见解有：

1. 规范说（绝对排除说）

此说认为违法取得证据之排除为默示地内含于宪法上具体的基本人权

---

① 翁岳生译，基本人权之保障在私人间之法律关系，宪政思潮，4 期，1968 年 10 月，51～61 页。

② 赖玉山译，日本刑事诉讼，1982 年，88 页。

③ 民众大会宪政研讨委员会编，世界各国宪法大全第一册，1965 年，328 页，其谓："不得强迫任何人作不利于己之供述。因受强制、拷问、胁迫而为之自白，或因经长期拘留或监禁以后之自白，不得采为证据。"

④ 详可参黄朝义，证据排除法则，刑事证据法研究，1999 年，67 页。

之保障规定，排除法则根源自宪法之原则；① 规范说亦认为日本宪法第 35 条系在于保障个人之隐私权，若一旦认为证据取得侵害到宪法上所保障之基本人权时，则在刑事诉讼法上应立即加以排除之证据，此可谓为绝对的证据排除论。

2. 相对排除说②

此说由正当的法律程序保障之观点立论，相对的排除说之所以排除违法取得之证据，乃在于对被告所为证据取得过程中，存有使往后之所有诉讼程序形成无效之重大违法情况，此时处罚被告被认为系构成违反基本的正义，从维持司法之廉洁性与抑止违法侦查观点言，相对排除说之理论根据系依个案来认定。③

不过，在日本亦有学者认为从宪法原理出发探讨排除法则直接规范作为刑事诉讼法上之证据法则，其间两者之功能应是不同的，④ 日本实务上已采此种看法。

（二）实务上之见解

然而于新刑事诉讼法施行后，初期法院判例大多因袭传统法则，认为违法取得之证据不应予以排除，⑤ 但是多数学者受美国联邦最高法院判例之影响，都主张与传统法则相反之见解。⑥ 近日更有学者整理，昭和 53 年后之最高裁判判决后的下级审裁判例，发现日本最高法院虽至今尚未就违

---

① 参阅渥美东洋，刑事诉讼法（新版），1990 年，162 页。

② 参阅井上正仁，刑事诉讼证据排除，1985 年，369 页以下；另日本最高裁判所昭和 53 年 9 月 7 日判决（刑集 32 卷 6 号 1672 页以下）亦持相同见解。

③ 对此个案认定的要件大致有以下几点：（1）程序违反之程度（逸脱的程度、被害利益之重要性、损害的程度等）；（2）程序违反时之情状（在紧急状况下法律之遵守是否困难）；（3）程序违反之意思（有无计划与违法性之认识）；（4）程序违反之频率（由性质判断有无反复违法之虞）；（5）程序违法与该证据取得之间因果关系之程度（合法的程序可利用，而依该合法的程序可否获取该证据）；（6）证据的重要性（证据对该案件之证明具有何种程度之重要性）；（7）案件之重大性（基本上系以法定刑之程度与罪质为基准，另外案件之特性与社会关心之强弱亦包含在内）。详见参照黄朝义，证据排除法则，刑事证据法研究，1999 年，68 页。

④ 参阅安富洁，违法收集证据的证据能力，搜查研究，512 号，1994 年，66 页以下。

⑤ 大审院刑事判决录五辑一卷，38 页（明治 32 年 1 月 27 日）；高等裁判所刑事判决时报 16 号，41 页（东京高裁昭和 25 年 3 月 9 日）。

⑥ 参照平场安治，刑事诉讼法讲义，177～178 页；平野龙一，刑事诉讼法，法律学讲座，119 页；团藤重光，刑事判例刑事集，3 卷，150 页；江家义男，违法收集证据の许容性，刑法杂志，2 卷 3 号，71 页。

法之非供述证据之证据能力表明态度，① 然而在下级审之法院判例中，则已散见肯定之见解，因而主张日本现时对于违法取得之非供述证据，如非属超越必要性和紧急性程度所获得之证据，仍可采用，但如果被评价为重大的违法取得，则必须被排除使用，其所主张之"相对之排除法则"之采用，殊值密切注意。因此违法搜索扣押之证据，是否绝对无排除法则之适用，今日于日本已非全无疑义。②

第四节　违法取得供述证据之排除

一、非任意性之自白

（一）自白任意性之根据

被告之自白非出于任意性者无证据能力，此一原则于 18 世纪初滥觞于英国，至 19 世纪法国革命及人权思想兴起后，自白须有任意性之需求更趋严格，当时对于些微程度之诱导行为，所为之自白，亦被认为系非出于任意性，而此种极端之思想直至 19 世纪后半叶才渐趋缓和。③

自白如非出于强暴、胁迫、利诱以及各种不正方法而取得，始可谓为出于任意性。换言之，被告之自白以出于本人自由意志者始具有证据能力，反之，非出于任意性者则无证据能力。英美法上认出于任意性之自白方可容许为证据；反之，如系因胁迫、诱引而为之自由，则不容许为证据。大陆法例亦认凡出于虐待、疲劳、利诱、欺罔或不当长期拘禁后所得之自白，不得采为证据。④ 故此一法则系为各国所共认，然其何以不得采为证据？其理论根据为何？约有下列不同之见解：⑤

---

① 关于此一部分之裁判例内容，可参照黄朝义，证据排除法则，刑事证据法研究，1999 年，69～76 页。

② 井上正仁，刑事诉讼证据排除，1985 年，564～588 页。

③ Wignore, On Evidence., §865 (1935).

④ 参照德国刑事诉讼法第 136 条 a、日本刑事诉讼法第 319 条第 1 项及我国台湾地区"刑事诉讼法"第 156 条第 1 项，均有类似的规定。

⑤ 亦可参阅黄朝义，违反夜间讯问规定之自白的证据能力，本土法学杂志，第 7 期，2000 年，77 页以下。

1. 虚伪排除说

此说认为基于强制、拷问或胁迫等而取得之自白，将有招致误判之虞，且其自白皆为虚伪陈述缺乏真实性，有碍真实之发现，因而不得采为证据。日本从来判例之立场[1]及昔日英美判例之态度均倾向于此说[2]。日本学者栗本一夫亦倾此说。[3]

2. 人权拥护说

以人权拥护为目的，否定由于强迫等所得自白之证据能力，此说旨在保障人权。盖依美国宪法修正案第 5 条之"不利益自供之拒绝权"，相当于日本宪法第 38 条第 1 项，[4]即不得强使任何人为不利于己之证言，而非任意性之自白，即属违背宪法上此种人权保障之规定，故不得作为证据，此外，亦有学者认此说是以缄默权之保护为立论基础，[5]主张此说之学者在日本有团滕重光[6]及鸭良弼[7]等。

3. 违法排除说

认为排除欠缺任意性之自白，乃在保障自白采取过程之手续必须正当合法，亦即，为了防制违法手段取证而设之法则。此说系从侵害辩护人选任权方面求得自白排除法则之根据。因美国宪法增修第 6 条及日本宪法第 31 条均明定被告享有律师选任权，故认为凡侵害此项权利所得之自白，属于违反正当法律程序，而须加以排除。此说强调自白之排除是因基于担保自白采取过程之程序上的适当与合法所为之手段上的考虑，因强暴等行为本身系属违法行为，理应排除该等行为所获取之物或自白，亦即，在采证过程中不可施以强暴、不可长期不当之违法羁押、不可为无任意性供述之侦讯等行为，故该法则亦可称为违法搜集证据排除法则之自白版。[8]

---

① 熊谷弘等编，证据法大系Ⅱ，自白，51 页。在日本之最高裁判所之判例中，关于自白之认定经常不为任意性之判断，而多以探求自白之真实性为主，如日本最高裁判所昭和 57 年（1982 年）1 月 28 日判例（鹿儿岛夫妇被杀案）、最高裁判所昭和 57 年 3 月 16 日判例（大森第一劝业银行案）、日本最高裁判所昭和 23 年 7 月 14 日判例、日本最高裁判所昭和 26 年 8 月 1 日判例。参阅黄朝义，违反夜间讯问规定之自白的证据能力，本土法学杂志，第 7 期，2000 年，78 页。

② Wigmore, ibid, §822.

③ 栗本一夫，新刑事诉讼法上的问题，84 页。

④ 臼井滋夫，证据，昭和 59 年，47 页。

⑤ 参阅黄朝义，违反夜间讯问规定之自白的证据能力，本土法学杂志，第 7 期，2000 年，78 页。

⑥ 团滕重光，新刑事诉讼法纲要，209 页。

⑦ 鸭良弼，刑事证据法，206 页。

⑧ 参阅田宫裕，刑事诉讼法（新版），1996 年，349 页。

4. 违背诚实说

此说以非任意性之自白作为证据，实有违诚实之观念。而任意之自白，其能被采用，乃系由于未涉及任何诚信之违背。此说虽为少数说，不过却常为出庭律师所主张。[①]

（二）非任意性自白之事由

非任意性之自白，没有证据能力，乃为英美法与大陆法所共认，惟所谓非任意性之自白，其态样如何？各国规定并不相一致。

英美法基于排除虚伪之理由，要求自白须有任意性，认为自白在一定状况下，依一般之经验，其虚伪之程度显然甚高时，即失去任意性。亦即，若疑虑诱导虚伪自白之行为或有存在之可能性时，该项自白即非属任意性之自白。判例将上述之诱导行为分为胁迫和期约两种。胁迫指向被告为加害之通知，使其心生畏怖，拷问及凌虐亦包括在内。期约为约定给予一定之利益，以作为被告自白之对价，利益之内容恒随时代而变异，19 世纪初尚无任何限制，凡能对其精神或身体之欲望有所满足者皆属利益，惟后来仅限于有关刑事责任之利益，如不起诉、不告诉、不告发或刑责之减轻或免除。例如，金钱或其他财产上之利益极大，恐将引起被告虚伪自白者，该项期约所为之自白，应无任意性。不过，关于胁迫利诱或期约必须由有侦查职权机关所为者为限，其自白始认为无证据能力。所谓有职权机关者，指能实现其利益或胁迫之人，至少在客观上必须使人信其具有该项权力或地位始可。

另英美法判例亦认为以伪计使人自白，例如，向犯罪嫌疑人诈称共犯业已自白，或诡称已掌握充分证据，隐瞒亦无益，或暗中派人与犯罪嫌疑人共处，从而取得该犯罪嫌疑之自白者，仍不失其任意性，但该伪计若能诱导真伪自白者，该项自白却无证据能力。又犯罪嫌疑人在被捕或在拘禁中所为之自白，除曾使用诱导之手段外，其自白仍不失其任意性。

德国关于非任意之自白，系规定关于违反询问方法（Vernehmungs-methoden）所取得之陈述，禁止利用。此项规定于德国刑事诉讼法第 136 条 a。典型之证据方法禁止，例如，为取得证据而以虐待、疲劳、身体侵害、催眠术、欺罔、拷打等强制方法，均应予禁止。盖如以违法方法所取得之陈述，除侵害陈述之自由，并危及"人性尊严"，纵使被告同意亦不

---

① Wigmore, ibid, § 823.

许以此种方法取证。

日本关于非任意性之自白，分别规定于宪法第 38 条第 2 项及刑事诉讼法第 319 条第 1 项，综观之：

1. 基于强制、拷问或胁迫之自白，不得作为证据

拷问为使用强暴或伤害等方法，对身体所加之一种危害；胁迫为向被告为加害之通知，使其心生畏怖；强制为拷问及胁迫以外，凡其方法足以侵害人权者均属之。

2. 不当长期拘留或拘禁后之自白，不得作为证据

是否"不当长期"应就案件之性质、证据关系，以及其他情况加以判断，且不当长期之拘留或拘禁须与自白之间有相当之因果关系，否则不影响其任意性。

3. 自白是否出于被告之任意性倘有疑义时，该项自白即无证据能力

其意乃在任意性之立证不易，故其任意性之存否一有疑义时，立即使其丧失证据能力。[1] 日本学者认为依强制所得之自白，纵于事后证明其为真实，亦无证据能力，不过，以期约所得之自白，若于事后证明期为真实者，仍具有证据能力。[2]

我国台湾地区关于排除自白之原因，规定于"刑事诉讼法"第 156 条第 1 项，亦即：

1. 强暴

为直接使用有形力强迫被告供述，包括拷问、罚站、疲劳讯问等均属之。

2. 胁迫

通知将加危害之意旨，使对方心生恐怖，包括恐吓之情形，其方法为明示或默示，言词或举动，在所不同，其所胁迫之事，包括生命、身体、自由、财产、名誉、贞操、信用或家庭声誉均属之。

3. 利诱

指约定给予利益，诱使被告自白之意。

---

[1] 横井大三，判例自白法，96 页。
[2] 江家义男，刑事证据法的基础理论，40 页。

4. 诈欺

以诈伪而诱导被告自白之谓，在我国台湾地区立法体制下凡属诈伪而诱导被告自白者，不论其为单纯使用自白（如诈称有供述之义务，否则即加重其刑），其自白均应当然视为无任意性，而予排除。

5. 疲劳讯问

疲劳讯问是 2003 年增订，作为排除自白的原因之一，主要系配合第 98 条的规定。因为身心处于疲劳状态中，所为之陈述就会随便，如同非任意性之自白。

6. 违法羁押

指羁押被告违背法律之规定，迫使被告在羁押中为自白者，且不限无羁押权之情形，凡羁押违背法律上之程序者均属之。

7. 其他不正方法

举凡以强暴、胁迫、利诱、诈欺、违法羁押以外之其他不正方法皆属之，故只须其取得方法不正，取得之自白即不能作为证据。

自白，系违反人类自己保护之本能，是以被告之自白多在不得已之情况下为之，完全出于任意自动之情形较少。不过，为了保障人权，对于非任意性之自白不能予以排除。[①]

（三）自白任意性之举证责任

自白是否出于任意性时，其任意性之举证责任，应由检察官或被告负担，各国法例不甚一致：

1. 英美法例

英美判例就任意性之举证责任，应由检察官或被告负责，见解并不相同，可分为下列几种情况：

（1）认为应属于检察官者，系英国之传统法。

（2）检察官不仅负举证证明未向取得自白之人予以诱引，且须举证未向他人予以诱引。

（3）有少数州认为应由被告举证有不当之诱引存在，因是否有理由对加以自白异议，被告知之最详。

（4）近代则采取中间态度，除了受不当诱引的自白，否则该自白系可

---

① 参照张丽卿，刑事诉讼法理论与运用，2001 年 7 版，328 页。

以接受，而在有疑问之情形，则由检察官负举证之。

美学者 Wigmore 认为参照可容许性之一般原则，非任意性之自白立证不易，主张除非自白显曾受不当之诱引，否则即应予接受。[①] 当检察官负有举证责任时，应提出证据显示被告自白时之一切情况系出于任意。当检察官证明，可能出于任意性之推论时；或法官有理由可以怀疑其出于非任意性时；或有其他证据倾向表示其自白系出于强暴、胁迫、利诱等方法时，所有取得该项自白及用为证据之人，在可能之范围内，均应传其作证。而被告亦得于自白被接受为证据或向陪审团宣读或陈述以前提出证据以表示其自白系出于非任意性。此时被告亦得请问检察官之证人并得自行作证，亦得声明其他之人证；不过检察官仍得提出证据，用以反驳被告之证据。亦即，英美一般认为自白是否出于任意性，乃初步之事实问题，法官应先加以调查，如认为出于非任意性，则根本不应接受为证据。[②]

2. 日本法例

由于日本之刑事诉讼法，采当事人进行主义，故现行日本刑事诉讼法不仅实体事实，且在程序形成之方面，当事人亦担任重要角色，并认当事人有某种权利之处分权，因此，自白之证据能力，虽本为程序问题，然而从自白作为证据，实际所作机能观之，关于自白证据能力之事实证明，则应准用实证事实之证明，而应由检察官负举证责任。[③]

日本学者江家义男基于调和当事人主义与职权主义之观点出发，主张当事人应有某种程度之举证责任，当事人虽不必使裁判官获得正确之心证，但应使之获得"近于确信之心证"始可。[④] 惟以自白作为证据者系属检察官，而于自白之任意性发生争执，或法官对于任意性发生疑义时，检察官对其任意性负举证之责任。另平场安治则从实质与形式两方面言之，就实质之举证责任言，检察官于真伪不明时居于受不利判决之地位，故应负举证责任；就形式之举证责任言，被告于未能提出证据时，居于事实上之不利地位，故被告应主张自白非出于任意性，并就足以使法院对任意性可能发生疑问之程度内，负举证责任，惟此仅系事实上之负担，被告纵未主张，法院亦可自供述记载内容判断其任意性是否可疑。[⑤]

---

① Wigmore, On Evidence, §860.

② Mckelvey, On Evidonce, §111.

③ 鸭良弼，刑事证据法，219~220 页。

④ 江家义男，刑事证据法的基础理论，33 页。

⑤ 平场安治，论自白的任意性。

3. 我国台湾地区法例

我国台湾地区"刑事诉讼法"本采职权调查原则，调查证据系属法院之职权，并不待当事人举证，故检察官（或自诉人）提出被告之自白为证据时，该自白是否出于任意性，检察官并不负举证之责，如被告主张其自白并非出于任意性时，则法院应依职权加以调查，[1] 惟实例上认为被告非有确实之证据，足以证明其系出于非任意性者，仍不容许任意推翻自白之效力，[2] 与英美法之基于"无罪推定"之原则，对被告在审判外之自白（尤其在检察官或司法警察官所为之自白），推定为非任意性之情形，颇异其趣。且我国台湾地区"刑事诉讼法"既从大陆法系，而认侦查机关有强制处分权，侦查程序又不公开，对被告在侦查中，对于非任意性之收集，自甚困难，如本"被告有罪"之观念，非经严格证明其自白为非任意性即推定为具有任意性，其限制自白非任意性之举证须至"确实之证明"，此就审判上之自白，尚无不可，但一律适用于审判外之自白，不特有鼓励侦查机关倾向于强求自白，而忽视其他证据调查之弊，且无异将举证责任，完全委之于被告，[3] 殊非保护被告之道。

有关于此，2003 年修正"刑事诉讼法"增订第 156 条第 3 项规定："被告陈述其自白系出于不正之方法者，应先于其他事证而为调查。该自白如系经检察官提出者，法院应命检察官就自白之出于自由意志，指出证明之方法。"明订检察官应就自白任意性的争执负举证责任。因为，过去有关被告自白之证据能力，检察官不负举证之责，只有被告主张其自白并非出于任意时，始由法院依职权加以调查。然实务运作之结果，反使被告必须证明其自白非出于任意，否则被告之自白即不容被推翻。事实上，被告欲证明其自白非出于任意，十分困难。因此，有关自白非任意性之争执，每每成为民怨之所在，2003 年修正"刑事诉讼法"站在人权保障及以当事人进行主义为原则之立场，增订"该自白如系经检察官提出者，法院应命检察官就自白之出于自由意志，指出证明之方法"。明白规定检察官的举证责任。所谓"指出证明方法"，例如，检察官得提出讯问被告之录音带或录像带或其他人证，以证明被告之自白系出于自由意志。如此，能将自白是否出于任意的争执减至最低。

---

① 陈朴生，刑事证据法，273 页。
② "最高法院" 1935 年度上字第 634 号判决及 "最高法院" 1935 年度上字第 945 号判例。
③ 陈朴生，刑事证据法，127 页。

（四）非任意性自白所取得证据之证据能力

基于非任意性自白所取得之证据，其证据能力如何？是否包括因非任意性之自白所发现之证物及间接证据之证据禁止情形在内？英美法上虽有主张，不适当诱导所取得之自白，将污染由其结果所发现之事实，因该事实如同毒树之果般应受排斥。但此种见解却被学者 Wigmore 及 Mckelvey 所反对，认为此种原则乃是缺乏逻辑原理，并主张由于被告自白之结果而获得之其他证据，可予容许，纵被告自白本身受排除时亦然。彼二人亦同引案例以为佐证。① 其后判例亦采此一见解，基于必要性及信用性之法理上依据，认为非任意任之自白，仅排斥其作为法庭证据，除此外即非属于自白排除法则之支配范围。例如，关于由非任意性自白中所发现之尸体及被窃之赃物，并无自白排除法则之适用，皆可容许为证物。②

日本法因认自白非任意性之禁止，系绝对之禁止，其所以发生证据禁止之效果，仅为违反程序禁止规定之直接对象之自白，如该证物，虽系由于自白所发生，但其取得证物之程序既无违背其禁止规定，自非其证据禁止效果之所及，本于发现真实之旨趣，仍具有证据能力。

我国台湾地区现制，排斥非任意性之自白，亦与日本相似，仅就其自白如系出于不正程序而取得者，应加以排除，故基于非任意性之自白所取得之证物即系出于不正方法，自得加以禁止，而不具有证据能力。我国台湾地区学者陈朴生认为，如非出于不正方法，因与原求取自白之不正方法，不具因果关系时，自不受自白非任意性之影响。此因"刑事诉讼法"第 155 条虽有"无证据能力"之用语，惟并未明定何种证据无证据能力，而第 156 条第 1 项仅就自白非任意性之事由加以规定，以限制不正方法所取得之自白作为证据，而基于非任意性自白所取得之证据，是否有证据能力，此一问题须探讨非任意性自白之放射效力的问题，亦即，如果是直接违法取得之自白，直接依"刑事诉讼法"第 156 条第 1 项不得使用，然而，如果间接违法取得之证物，本身取证固属合法，但因先前违法手段间

---

① Wigmore, On Evidence Evidene. §985; Mckelvey, On Evidene, §126 foot – note 6.

② Mckelvey, On Evidene, §126 footnote 6.

接取得，则此一部分即属放射效力之问题，[①] 最近实务上亦针对非任意性自白之放射效力亦有相关之判决出现，[②] 然而，此一放射效力应如何界定其范围，亦即放射效力之射程如何，乃是值得探究之问题，故有学者主张，证据使用禁止使用之放射效力，应依个案认定，方法上应以个案中被违犯法规之规范目的出发，同时，审酌侦查官员主观上（如故意或过失、恶意或善意等）及客观上（如侵入害权利之方法、种类及范围等）的违法程度、犯罪嫌疑人涉案程度及所涉案件是否重大等。[③] 然若就人权保障之观点言，若皆承认其具有证据能力，则又有鼓励司法警察官员为了取得犯罪证据之线索，不惜以各种方法迫使被告自白的情形，盖自白证据能力虽被排除，惟因此所取得之证据仍可作为判罪之基础，其结果必致自白排除法则维护被告权利不受侵害的立法破坏殆尽。因此，就证据理论言之，应不能因为免徒增程序烦琐之理由，均认为有证据能力，若是以侵害个人秘密及自由权之违法手段取得之证据，并无许容性，比较合理。最后，附带一提，有关 1997 年修正的"刑事诉讼法"第 95 条中，对于讯问被告前应先告知："得保持缄默，无须违背自己之意思而为陈述。"此乃缄默权之明文规定，然，若被告行使缄默权之后，可否以被告之缄默而作证据上之推断？则有深究之必要，限于篇幅，在此暂不做讨论。[④]

---

① 相关问题可参照林钰雄，非任意性自白之放射效力：毒树果实问题，本土法学杂志，第 7 期，2000 年，154~159 页；林钰雄，违法搜索与证据禁止，台大法学论丛，28 卷 2 期，1999 年 1 月，252 页；林钰雄，违法搜索逮捕之证据禁止及放射效力——评花莲地院 1996 年度易字第 989 号刑事判决，刊于罪与罚——林山田教授六十岁生日祝贺论文集，1998 年，485 页以下；林钰雄，非任意性自白之继续效力，本土法学杂志，3 期，1999 年 8 月，192~195 页；蔡秋明，美国刑事程序中之证据排除法则简介，律师杂志，232 期，1991 年。

② 如花莲地院 1996 年度易字第 989 号刑事判决，学者亦针对此一判决有相关之评论，详可参阅林钰雄，违法搜索逮捕之证据禁止及放射效力——评花莲地院 1996 年度易字第 989 号刑事判决，刊于罪与罚——林山田教授六十岁生日祝贺论文集，1998 年，485 页以下。

③ 参阅林钰雄，非任意性自白之放射效力：毒树果实问题，本土法学杂志，第 7 期，2000 年 2 月，154 页。

④ 有关缄默之证据能力之问题，深入之探讨可参阅王兆鹏，缄默之证据能力，本土法学杂志，4 期，1999 年 10 月，50~62 页；林钰雄，论告知义务，月旦法学杂志，60 期，2000 年 5 月，104 页以下。

二、被告以外之人的供述证据

（一）证人供述的部分

证人，负有陈述及具结之义务，关于其陈述及具结，在诉讼上设有拒绝证言权及具结能力之规定，违背此项程序上之规定时，其供述证据之证据能力是否受有影响，不无检讨之价值。

证人具有"刑事诉讼法"第 179～182 条之情形，得拒绝证言，在此拒绝证言权之范围，禁止采取证言，为程序禁止之一种。但违反此项程序禁止规定所取得之证言，是否亦为程序禁止之对象，应分别观之：

1. 就公务员或曾为公务员之人之职务上应守秘密之事项者，依第 179 条规定应得该管监督长官或公务员之允许，此项程序之禁止，关系社会之利益，亦为绝对禁止之一种，违反此项程序禁止规定所取得之证言，即生证据禁止之效果，不得利用来认定事实。①

2. 对于身份上、业务上秘密事项，依第 180～182 条规定，均属相对禁止，乃指证人有此法定情形时，有拒绝陈述之权利，并非法院得拒绝其陈述，亦非绝对禁止就此秘密事项加以讯问。因此，得拒绝证言之证人，其拒绝与否之自由，在于证人，如证人放弃其拒绝证言之权利为陈述时，并不生证据禁止之效果，其陈述之可否采取，法院仍得自由判断，如采为判决基础，亦不得遽指为违法，盖此非证据能力之问题，乃是证据价值之问题。②

证人所以应命具结，系以担保其真实之义务，如违反此项程序禁止之规定，证人未于讯问前具结，亦未于讯问后补行具结，其所为之供述，依"刑事诉讼法"第 158 条之 3 规定，即生证据禁止之效果，并未认其有证据能力，仅能供事实上参考，不得采为判决之基础。③ 然依"刑事诉讼法"第 186 条第 1 项但书规定，具有所列情形之一之证人，不得令其具结，此乃具结能力之规定，如违反此项禁止具结之程序上规定，对于法律上不得

---

① 德国学者 Beling 称此种程序禁止之规定为"附条件之证据禁止"。

② "最高法院"1940 年度上字第 503 号判决：证人与自诉人纵有（旧）"刑事诉讼法"第 167 条第 1 项第 1 款之关系，亦只得拒绝证言，如不拒绝而为陈述，其证言即非绝对不得采用。同院 1943 年度上字第 130 号判决：得拒绝证言之证人，如放弃权利不拒绝证言时，法院采其供述为判决基础，自非违法。同院 1940 年度上字第 1040 号判决：得拒绝证言之证人到庭自愿陈述，在法院方面采取与否仍得自由判断，均本此旨趣。

③ "最高法院"1934 年 6 月 18 日民刑庭总会决议；1945 年度上字第 824 号判决。

令其具结之人误令其具结，虽不发生具结之效力，但此系不认其具结义务，即误令其具结，亦无履行具结之义务，单纯属于程序上之规定，于证据能力不生影响。因此，该条项但书所列之证人虽不得令其具结，而其所为之证言，并非绝对不得采取。[①]

证人之诘问，2003 年 1 月修正"刑事诉讼法"时，增订第 166 条之 7 规定，诘问证人不得以恫吓、侮辱、利诱、诈欺或不正之方法为之。如违反此项程序禁止之规定，即生证据禁止之效果，盖以此不正方法讯问证人，即难使证人为真实之陈述，缺乏信用性，不足以发现真实，故不认其有证据能力。

此外，证人于审判外之陈述，亦是值得深究的问题，依 2003 年之修法，我国台湾地区现制，实行传闻法则，故证人以书面代替陈述，不得采为认定事实之基础。[②]

（二）共同被告供述的部分

在我国台湾地区的刑事诉讼制度中，在同一个诉讼程序中被告人数之单一与否可分为单独被告与共同被告，[③] 此观"刑事诉讼法"第 180 条第 2 项自明。而在大陆法系中，被告一方面为诉讼当事人，另一方面亦具有证据方法之性质。[④] 而被告之陈述乃就其所知之犯罪事实予以供述，此与证人之供述毫无差别，而被告之供述亦可认为人证之一种。惟被告亦有与其他人证不同之处，如证人与鉴定人原则上应经具结（"刑事诉讼法"第 186 条、第 202 条），依"刑事诉讼法"第 158 条之 3 规定，证人未经讯问前具结，也未在讯问后补行具结，其所为之陈述，仅能做参考；鉴定人在第一审实施鉴定时，并未依法履行具结程序，则无论该鉴定书之内容有无瑕疵，在程序上欠缺法定条件，即难认为合法之证据资料（1941 年度上字第 506 号）。

然被告之供述，可分为两种，不利于己之供述和不利他人之供述。前者只关于自己犯罪之事实，其属自白，并无问题；后者只涉及他人犯罪之

---

① "最高法院"1940 年度上字第 1190 号判决：证人某甲虽经自诉人指其为共同舞弊侵占之人；但证人与本案有共犯之嫌疑者，依"刑事诉讼法"第 173 条第 1 项第 3 款（即现行"刑事诉讼法"第 186 条第 1 项第 3 款）只不得令其具结，而其所为之证言，并非绝对不得采取。

② 详参陈朴生，传闻证据处理方法之比较，法令月刊，50 卷 2 期，79~85 页。

③ 参阅林俊益，论共同被告之供述，月旦法学教室公法学篇一九九五至一九九九，2000 年 1 月；详可参照张丽卿，刑事诉讼法理论与运用，2000 年 5 版，104 页以下。

④ 参阅蔡墩铭，共同被告之陈述，蔡墩铭、朱石炎，刑事诉讼法，1981 年初版，123~133 页；张丽卿，刑事诉讼法理论与运用，104 页。

事实，则其是否视为证言则有探讨之余地。亦即，在共同被告之案件，一个共同被告所为之自白，可否视为其他共同被告之自白，或对于自白之共同被告作为其他共同被告之证人予以讯问，均不无问题。

学界对于具有共犯关系之共同被告所为之不利于己之陈述，如有涉及其他共同被告之犯罪时，可否视为其他共同被告之自白，见解并不一致。肯定说认为共犯之中如有人自白，即可视为共犯之自白。否定说则认为自白须明示，且不可代替之。①

实务上，虽采否定说，然事实上与肯定说之见解相去不远，其虽未将共同被告不利于己之陈述，视为被告之自白，仍得采为该被告犯罪之证据。② 此外，共同被告可否作为其他共同被告之证人，应以有共同被告间有无利害关系而定，换言之，如系居于当事人的地位不可以之为证人，但不在同一程序受审判时，自不妨以为证人加以询问或以共犯之陈述作为证据。

2003年修正"刑事诉讼法"后，依第156条第2项之规定，除被告之自白外，共犯之自白，亦不得作为有罪判决之唯一证据，仍应调查其他必要之证据，以察其是否与事实相符。另新增第287条之1规定："法院认为适当时，得依职权或当事人或辩护人之声请，以裁定将共同被告之调查证据或辩论程序分离或合并。若因共同被告之利害相反，而有保护被告权利之必要者，应分离调查证据或辩论。"第287条之2规定："法院就被告本人之案件调查共同被告时，该共同被告准用有关人证之规定。"使法院于共同被告之调查证据或辩论程序，得视情形分离或合并之。且法院就本人之案件调查共同被告时，该共同被告系立于证人之地位，应准用人证之调查程序，以充分保障本案被告之权利。

---

① 参阅蔡墩铭，共同被告之陈述，蔡墩铭、朱石炎，刑事诉讼法，1981年初版，127页。

② 可参考1942年度台上字第2423号判决，1952年度台上字第338号判决，1957年度台上字419号判决。

第五节　违法取得物的证据（非供述证据）之排除

一、说明

由于我国台湾地区"刑事诉讼法"中有关非法取得证据限制其证据能力之条文，原本仅有第 156 条第 1 项之规定，① 且由其内容得知，本条项系针对被告之白白，所为之供述证据而言，至经由非法搜索扣押或勘验所取得之非供述证据，则非其所规范，而任由法院自由判断。虽自 1967 年修正"刑事诉讼法"后，酌采当事人进行原则之规定，增强当事人在诉讼上之关系，并纠正过分职权化，以保障人权，并参照法定证据主义之特征，限定证据之范围，明示其判断标准，期臻合理，惟真正有关证据本体之法则，仍嫌简陋，② 鉴于我国台湾地区"刑事诉讼法"有关非法取得证据限制其证据能力之条文，仅有第 165 条第 1 项之规定，此外即付之阙如，2003 年修正虽新增相关证据排除之条文，然而对于以不法行为取得被告自白以外之其他非法取得之物的证据之证据能力，仍有研究之必要。

二、非法搜索与扣押所取得之证据

（一）搜索与扣押之合法性

1. 搜索与扣押之意义

搜索是以发现被告或应扣押之物为目的，对于身体、对象、住宅或其他处所，施以搜查检索之强制处分。搜索系以物之发现为主，虽间或亦有对人之身体施行搜索之情事，但其目的乃在于发现犯罪证据或其他应扣押物。搜索因其范围不同，得分为广狭二义。狭义之搜索，专指为发现证据对象及可以没收之对象之强制处分而言；广义之搜索，则兼指发现被告之强制处分而言。③ "刑事诉讼法"就搜索所作之规定，依第 122 条规定：

---

① "刑事诉讼法"第 156 条第 1 项原规定："被告之自由非出于强暴、胁迫、利诱、诈欺、违法羁押或其他不正之方法且与事实相符者，得为证据。"

② 韩忠谟，刑事证据法则之检讨，二十世纪之科学（第三辑）：法律学，1966 年初版，166 ~ 167 页。

③ 参阅张丽卿，刑事诉讼法理论与运用，2001 年修订 7 版，278 页。

"对于被告或犯罪嫌疑人之身体、对象、电磁记录及住宅或其他处所，必要时得搜索之。对于第三人之身体、对象、电磁记录及住宅或其他处所，以有相当理由可信为被告或犯罪嫌疑人或应扣押之物或电磁记录存在时为限，得搜索之。"借以发现及保全证据，系采广义说。因此，搜索不仅为扣押之手段，借以发现及保全证据；亦为拘提或逮捕被告之执行方法。

扣押是指为保全证物或得没收之物对于可为证据或得没收之物，未经有权者之同意，而取得其占有所为之强制处分。① 扣押物因其范围不同得分为狭义扣押和广义扣押两种。狭义扣押，系指扣押得没收之物而言，所谓得没收之物乃指违禁物，供犯罪所用或供犯罪预备之物及因犯罪所得之物而言。广义扣押，则指包括扣押可为证据之物在内，至可为证据之物则指除没收物外，凡可为案件之直接或间接证据用之物均属之，其范围如何，并无限制。依"刑事诉讼法"第133条第1项之规定"可为证据或得没收之物，得扣押之"得知，系采广义说。通常扣押之情形有三：（1）直接以强制力为之者；（2）命所有人、持有人或保管人提出或交付而为之者；（3）被告或第三人遗留，或所有人、持有人、保管人任意提出或交付之物经留存者。狭义的扣押物，应不包括第三种之留存物在内。惟上述三种情形，仅取得之占有方法之方法不同而已，其在法律上所生之效果，并无差异。由于扣押之作用，乃为保全证据以防湮灭，或为保全得没收之物，以利将来执行，至于如何之物，可为证据或得没收之物，以利将来之执行，依司法机关之自由裁量定之。另，考量案件于侦查、审理中，若未能实时保全扣押相关犯罪所得，待判决确定后，被告恐已脱产或花用殆尽，致使无从执行，而无法达到剥夺犯罪所得之目的，故为确保判决确定后没收追征的执行，2016年"刑事诉讼法"增订第133条第2项的保全追征的扣押配套规定，并明定为保全追征，必要时得酌量扣押犯罪嫌疑人、被告或第三人之财产。本次增订等同扩大原本广义说法例的内涵与范围。

2. 有搜索票之搜索及其规定

搜索因其形式不同，得分为要式搜索与不要式搜索两种，有搜索票之搜索称为要式搜索，无搜索票之搜索称为不要式搜索，兹就英美法例与我国台湾地区法例说明于下：

（1）英美法例：美国早期殖民地时代，政府官员时常签发总令状，凭

---

① 参阅张丽卿，刑事诉讼法理论与运用，286页。

此状可以逮捕一切嫌疑犯，并侵入民宅，任意扣押私人文件，以作为罪证。① 因此，制宪者为求人民之自由与安全得以确切保障，乃于该国宪法第 4 条修正案规定："人民有保护其身体、住所、文件与财产之权利，不受无理由之扣押与搜索；除非有正当理由，以宣誓保证，并详述必须搜索之地点，须拘捕之人或须扣押之物品外，不得颁发搜捕状。"② 依此，搜索与扣押，须具有下列要件，始得为之：①搜索与扣押须根据法院所发之搜索票，警察机关不得擅自为之；②搜索票之颁发，须有相当理由，且须经宣示或代誓确保之；③搜索票须详细证明搜索之地点、拘捕之人或扣押之物。搜索票在性质上，乃为发现犯罪之关联性证据为目的所发之文件，其通常目的，乃在某种特殊之条件下，搜索个人之财产，以示与拘票有别。

（2）我国台湾地区法例：依"刑事诉讼法"第 128 条第 1 项规定："搜索，应用搜索票。"在我国台湾地区实施搜索，原则上为要式搜索。惟例外情况下，诸如同法第 130 条、第 131 条、第 131 条之 1 之规定，则无须搜索票，亦得径行搜索。因此，搜索原则上应用搜索票，无须搜索票者，必须法律有明文规定者为限。依"刑事诉讼法"第 128 条第 2 项之规定，"搜索票，应记载下列事项：①案由。②应搜索之被告、犯罪嫌疑人或应扣押之物。但被告或犯罪嫌疑人不明时，得不予记载。③应加搜索之处所、身体、对象或电磁纪录。④有效期间，逾期不得执行搜索及搜索后应将搜索票交还之意旨"。故搜索票之制作，非可任意为之，限于具体事件发生后方可，不可预为滥发交付司法警察或检察官相关使用，须将应搜索之被告或应扣押之物记明于搜索票。③ 所谓应扣押之物，即依"刑事诉讼法"第 133 条第 1 项之规定，为证据或得没收之物。惟未搜索前有时甚难举出具体之品名物类，故如仅为概括之记载，仍无影响于搜索票之效力，纵令已为具体之记载，执行时发现本案应扣押之物存在为搜索票所未记载者，亦得扣押之（参照"刑事诉讼法"第 137 条）。惟其系由检察官为之者，应于实施后 3 日内陈报该管法院；由检察事务官、司法警察官或司法警察为之者，应于执行后 3 日内报告该管检察署检察官及法院。法院认为不应准许者，应于 5 日内撤销之（"刑事诉讼法"第 137 条第 2 项准

---

① 参阅甘添贵，非法搜索与扣押，法商学报，6 期，610 页。
② 李学灯译著，证据法之基本问题，245 页。
③ 另有学者认为发动搜索另须具备实质要件，即须具备"合理依据"与"比例原则"，详可参阅林钰雄，违法搜索逮捕之证据禁止及其放射效力，罪与刑——林山田教授六十岁生日祝贺论文集，1998 年 10 月初版一刷，497 页。

用第 131 条第 3 项）。另外，应加搜索之处所、身体或对象，则必须详细记载，执行搜索时，除有特别规定外，应以此项记载为范围，其未记载者，执行搜索之人纵有相当理由可信为被告或应扣押之物存在时，亦不得自动搜索，否则可能构成"刑法"第 307 条之违法搜索罪。盖搜索处分足以影响人民居住、身体或财物之自由，故须从严解释。[①]

3. 无搜索票之搜索及其规定

搜索原则上应有搜索票，惟在特殊情况下，因情势急迫，不及取得搜索票，为免证据之灭失，亦均承认无搜索票亦得搜索之例外，其条件如下：

（1）基于相当理由之搜索与扣押：无搜索票之搜索与扣押，而被认为妥适者，其最显著之例，为基于相当理由而为之者。美国许多联邦法院认为官员基于相当理由，得无搜索票进入建筑施以搜索，但此项见解常为美国联邦最高法院所驳斥，[②] 盖一般而言，政府官员虽对于在某种场合所发生之犯罪行为，具有相当理由，如无搜索票，亦不能径予搜索。惟依美国宪法第 4 条修正案之规定知，人民之住宅应有安全之保障，故就一般情形而论，除了有"强而有力之理由"或"特殊情形"外，没有搜索票，不得径予搜索。

（2）汽车或其他活动物体之搜索与扣押：行驶中之汽车、船舶、机器脚踏车或其他活动物体，行动快速，转瞬即逝，此种物体具有"易动性"，如须俟取得搜索票后始行搜索，势必无法施行，故美国向来最高法院判例认为物体之易动性，乃基于相当理由为非要式搜索之一正当理由，故纵无搜索票，亦无当场犯罪情事，执法官员仍有权拦阻行驶中之舟车，予以搜索。但非得任意拦阻，应具备"由当时情况显示，使人相信有可能之缘由存在"。又无搜索票搜索行驶中之汽车，不包括车上之乘客，除非有发现当场犯罪情事，否则不得对车上乘客搜索。[③]

（3）逮捕之附带搜索与扣押：无论有无拘票，只要逮捕合法，均得对被逮捕之人实施附带搜索。该项例外之理由，系属权宜之计，一方面系因拘捕人于执行拘捕时，为防卫自己，自须解除被捕人之武器，且为防止被捕人可能用以脱逃之任何物体，自应附带搜索一并加以除去；另一方面则因实施逮捕时，应同时注意防止犯罪证据之湮灭，故应实施附带搜索扣押。此种例外，乃基于事实上之需要，其理由有二：①保护执行拘捕之官

---

① 参阅张丽卿，刑事诉讼法理论与运用，281 页。
② 甘添贵，非法搜索与扣押，法商学报，6 期，610～612 页。
③ 翟宗泉，中美刑事案件搜索与扣押之比较，法学丛刊，16 卷 1 期，1972 年 1 月，28 页。

员，并防止被告脱逃；②避免被捕之人湮灭证据。基于上述理由，官员不仅得搜索与扣押被捕人有形之物，即在控制范畴内之物，亦得搜索扣押。①

征诸我国台湾地区"刑事诉讼法"之规定，有下列情形之一者，虽无搜索票亦得搜索：

1. 附带搜索

检察官、检察事务官、司法警察官或司法警察逮捕被告、犯罪嫌疑人或执行拘提、羁押时，虽无搜索票，得径行搜索其身体、随身携带之对象、所使用之交通工具及其立即可触及之处所（"刑事诉讼法"第 130 条）。

2. 紧急搜索

得为紧急搜索之情形，依"刑事诉讼法"第 131 条之规定有二：

（1）有下列情形之一者，检察官、检察事务官、司法警察官或司法警察，虽无搜索票，得径行搜索住宅或其他处所：

因逮捕被告、犯罪嫌疑人或执行拘提、羁押，有事实足认被告或犯罪嫌疑人确实在内者。

因追蹑现行犯或逮捕脱逃人，有事实足认现行犯或脱逃人确实在内者。

有明显事实足信为有人在内犯罪而情形急迫者。

（2）检察官于侦查中确有相当理由认为情况急迫，非迅速搜索，24小时内证据有伪造、变造、湮灭或隐匿之虞者，得径行搜索，或指挥检察事务官、司法警察官或司法警察执行搜索，并层报检察长。

前两项搜索，由检察官为之者，应于实施后 3 日内陈报该管法院；由检察事务官、司法警察官或司法警察为之者，应于执行后 3 日内报告该管检察署检察官及法院。法院认为不应准许者，应于 5 日内撤销之。

紧急搜索执行后未陈报该管法院或经法院撤销者，审判时法院得宣告所扣得之物，不得作为证据。

3. 同意搜索

搜索，经受搜索人出于自愿性同意者，得不使用搜索票。但执行人员应出示证件，并将其同意之意旨记载于笔录（"刑事诉讼法"第 131 条之 1）。

综上所述，附属于合法逮捕之搜索与扣押，同为我国台湾地区及英美法例所承认，我国台湾地区与美国所规定之得搜索与扣押之范围及限制，亦大同小异。

---

① 参阅张丽卿，刑事诉讼法理论与运用，281 页。

（二）搜索与扣押之非法性

1. 英美法例对于非法搜索与扣押所取得证据之效力

英美两国对搜索与扣押，所取得之证据，是否被容许，历来判例与学者之见解，屡有变更，迄未一致。例如，美国联邦法律规定，以非法方法所获得之证据，审判时不得采用。但若干州的法律仍然认为，执法人员以非法方法搜集证据，法律尽可就其非法行为予以制裁，如仅对以违宪方法搜索之证据之执法官员科以民事、刑事及行政责任等，不会影响证据本身之效力。①

直至 1961 年美国联邦最高法院于具有历史性意义之 Mapp v. Ohio 一案判决中宣布：凡以违宪方法搜索与扣押之证据获得，依照宪法规定，州法院不得采用。故自 Mapp v. Ohio 一案之后，各州法院皆受其拘束，盖因联邦最高法院认为——各州法院如果采用非法方法所获得之证据，则违反宪法第 14 条修正案所规定之正当法律程序。

2. 我国台湾地区法例对于非法搜索与扣押所取得证据之效力

我国台湾地区"刑事诉讼法"总则第十一章有关"搜索与扣押"明定其法定要件及程序，因而非法搜索者，依"刑法"第 307 条规定，不依法令，搜索他人之身体、住宅、建筑物、舟车或航空机者，处 2 年以下有期徒刑、拘役或 300 元以下罚金。若非法搜索者系公务员，依"刑法"第 134 条规定，更得加重其刑至 1/2。② 因此对于免被非法搜索与扣押之自由，在我国台湾地区已有其保障规定。

由于何种证据，具有证据能力，在大陆法系和英美法系异其理论。大陆法系之国家，其诉讼程序系以职权进行原则为基础，复兼采自由心证原则，故其证据法则之规定颇为简单，与英美法系之采用法定证据原则迥不相同，为了发挥职权进行原则之功能，对于证据能力很少加以限制，凡得为证据之数据，均具有论理的证据能力。③ 英美法系之国家，其诉讼程序其于证据价值与当事人进行原则、陪审制度等实务上政策之要求，就证据之许容性设有严格之规则，来保障证据之证明力。我国台湾地区"刑事诉讼法"，鉴于刑事法之思想趋势，故于修正"刑事诉讼法"时，斟酌采取

---

① 参阅黄茂德，非法搜索与扣押所取得证据之效力，法律评论，44 卷 7 期，18 页。
② 参照张丽卿，刑事诉讼法理论与运用，292 页。
③ 参阅陈朴生，刑事证据法，1983 年，249 页。

当事人进行原则之精神，予以调和过分职权化之缺点，乃增订证据专章，限定证据之范围及判断标准。

对于非法搜索与扣押所取得之证据，我国台湾地区实务向来没有证据排除法则的观念，近年的态度改变，明显地采取"裁量排除"的立场。例如，"最高法院"1999年度台上字第233号判决："违反法定程序取得之证据，应否予以排除，必须考虑容许其作为认定事实之依据，是否有害于公平正义。倘依宪法所揭示之基本精神，就个案违反法定程序情节、犯罪所生危害等事项综合考虑，认以容许其作为认定事实之依据，始符合审判之公平正义，而不予排除，于法尚无不合。原判决考虑查获之安非他命数量庞大，且为政府公告查禁之违禁物，依比例原则，认扣押之安非他命有证据能力，于法尚无不合。""刑事诉讼法"第416条第2项即已采纳上开精神，规定搜索经撤销者，审判时法院得宣告扣押之物，不得作为证据。2003年增订第158条之4规定，实施刑事诉讼程序之公务员，因违背法定程序取得之证据，其有无证据能力之认定，应审酌人权保障与公共利益之均衡维护，即本旨精神而定。

由此可知，当前证据法则之发展，域外立法例系朝基本人权保障与社会安全保障两个理念相调和之方向进行，既能保障个人基本人权，又能兼顾真实之发现。因此，对于径行搜索后未陈报法院或被法院撤销者，不应不分情节，一概强制排除其证据能力，应依比例原则及法益权衡原则加以权衡，以避免仅因程序上微小瑕疵，致使许多与事实相符之证据，无一例外地被排除。

关于裁量排除违法所得的证据，于私人将违法搜索所得证物持交警察，有无证据能力不同。因证据排除法则在规范警察的搜证活动，不规范私人的违法搜证活动（如窃录），所以私人搜证不能排除。但如果这样，法院就成了窝赃者。所以，如果私人搜证活动所破坏的规范（如"刑法"的妨害秘密罪），会因为证据不被排除而终局的破灭，此一证据就必须被排除。不过，掳人勒赎之类的重大犯罪，私人窃录的证据不应排除。

（三）评释

在英美法系国家及日本，其刑事诉讼法并不承认检察官具有签发强制令状之权限。并且美国宪法规定，人民享有不受非法搜索扣押之权，此种宪法上之权利保障，对于无罪之人及有罪之人均有适用，故其只问搜索扣押是否合法，不问被搜索扣押之人是否有罪之精神，使得美国联邦法律，对于签发搜索扣押票之手续，非常审慎，而执行官员对于搜索扣押之执行方法也非常慎重，因其只要稍有疏忽，即可能构成违法搜索扣押，不但要负刑事责任，并有导致扣押物品成为不适格证据，因纵有证据亦不能采用，眼见有罪之人受无罪判决逍遥法外之结果。或谓，此种保障，徒增执法人员之困扰，反使坏人获得利益，岂不保障太过。此种质疑，表面观之，似有理由，仔细观之则又不然。盖非法搜索扣押之禁止，是民主法治精神之所在，美国宪法将禁止非法搜索与扣押规定于宪法条款中，乃贯彻民主法治的精义，确保个人之自由与尊严，且美国联邦法院对于保障人权条款之执行，亦不遗余力，此从历年来许多有关搜索与扣押之判例，可以窥见。

我国台湾地区"刑事诉讼法"原本对于侦查机关违法搜索与扣押所得之证据，并不否认其证据能力。然近年来历次修正，已逐渐建立"证据排除法则"，除于第158条之4规定证据排除法则的基本原则外，诸如违法搜索、扣押所得证据（"刑事诉讼法"第131条第4项），违反告知义务与违反禁止讯问规定，所得被告自白及其他不利陈述（"刑事诉讼法"第158条之2），其证据能力均予以相对排除。虽然"刑法"第307条规定"不依法令搜索他人之身体、住宅、建筑物、舟车或航空机者，处3年以下有期徒刑、拘役或300元以下罚金"，然而实际上执法人员因本条规定而受罚者，并不多见。

反对排除法则者所持之理由，乃在于其效果使显然有罪者"正大光明"地脱逃法律制裁，甚至进而影响社会之安宁和秩序，助长犯罪率之提高。不过，这种说法，缺乏具体之证据，足以充分显示是否采用排除法则与犯罪率之增减间，存有必然之关联性。

反之，由于排除法则之采用，却产生另一种为各界公认之良好效果，即因此反而促进及加强有关搜索与扣押程序之训练，使执行人员办案时更加细心求证，按部就班，科学仪器亦因此必须一再充实，结果不但未阻碍办案之效率，反而增加了破案之确实性，此即采用排除法则之真正目的所在。目前德法日等大陆法系国家均已趋向，甚至已实际采用证据排除法则之事实，即可证明此制并非美国之"特产"，而我国台湾地区似乎也不应落后。

三、勘验程序违法所取得之证据

勘验，为取得物的证据方法之一。其方式，法律上设有限制规定，但如违背其程序时，是否影响其证据能力，立法例上所采之制度不甚一致。

日本刑事诉讼法第 218 条认侦查机关之勘验，基于令状为其程序上之前提要件。如非基于令状而为勘验，有害被告在诉讼上之权利，是其勘验笔录，虽经真正作成；但其勘验既有背程序禁止之规定，自不认其有证据能力。

我国台湾地区"刑事诉讼法"第 212 条规定："法院或检察官因调查证据及犯罪情形，得实施勘验。"故法院或检察官之实施勘验，虽无令状亦非违法。司法警察官，依"刑事诉讼法"第 229 条规定于其管辖区域内，虽有协助检察官侦查犯罪之职权，然非实施勘验程序之公务员，故司法警察官虽得不待检察官之指挥，径行调查犯人、犯罪情形及必要证据，然若本实施勘验之程序而勘验，亦不认其具有勘验之证据能力。有人住居或看守之住宅或其他处所，依"刑事诉讼法"第 219 条准用第 146 条及第 147 条规定，除有下列情形，不得于夜间入内实施勘验：（1）经住居人、看守人或可为其代表之人承诺者；（2）有急迫之情形者，日间已开始勘验者；（3）假释人住居或使用者；（4）旅居、饮食店或其他于夜间公众可以出入之处所，仍在公开时间内者；（5）常用为赌博，妨害性自主或妨害风化之行为者。如于日出前、日没后实施勘验，又无上述情形，其程序虽属违法，但与被告人权之保障及诉讼上利益之保护，并无直接关系，并不影响勘验之效力。至检查妇女，不命医师或妇女行之；或检验尸体，不命医师或检验员行之；或解剖尸体，不命医师行之，虽亦与"刑事诉讼法"第 215 条第 2 项及第 216 条第 2、3 项之规定有违，但此乃勘验与鉴定之复合，纵实施鉴定之人，因缺乏特别知识或经验，致影响其鉴定力，但于勘验不生影响。[1]

第六节 结 论

从考察证据排除法则之发展与建立，并探求其理论基础及适用范围，及从比较法学之观点探讨排除法则之动向，吾人不难理解此项法则体系之深奥。

由于刑事诉讼法之目的，在发现真实，使刑法得以正确适用，形成公正之裁判，并不因诉讼制度、裁判之是否公正应以适用法令之是否正确为

---

[1] 参阅陈朴生，刑事证据法，288～289 页。

准，适用法令之是否正确，则应以认定是否公正；裁判之任务，亦即寻求真实之事实加以认定。换言之，裁判之威信，赖真实之认定，始得以确保，因而真实事实之如何认定，为刑事裁判之最基本问题。而刑事裁判因其所采制度之不同，不特异其作用，即其寻求真实事实之方式亦不相同。盖刑事程序之效用，有重在维护社会之安全，由于其重在真实发现，故对寻求事实之方法，不甚重视，有许其不择手段者，有仅加以论理之限制。亦有重在保障个人之自由，重在程序之遵守，而对于寻求事实之方法与形式，莫不加以严格之限制。① 此种对立，也可以说是刑事诉讼法上适当法律程序亦即基本人权之保障观念与实体真实发现主义之对立。

依我国台湾地区"刑事诉讼法"第156条第1项之反面解释，与德国刑事诉讼法第136条a项及日本宪法第38条第2项、刑事诉讼法第319条第1项之规定，相同旨趣。因此，被告之自白，若系出于所述之任何情形，即非自由陈述，亦即，其取得自白之程序属于违法，故应不问其内容是否确与事实相符合，均不得采用该自白为判决之基础，以资保障人权。

至于以违法手段取得之非供述证据，其证据能力如何？我国台湾地区"宪法"及"刑事诉讼法"原无明文，因此，司法实务上对于此种以违法手段取得之非供述证据，并不否认其证据能力。然鉴于排除法则之采用，为政府尊重人权之表征，显示其虽承担维持社会治安之重责大任，仍能抗拒"以非法对付非法"之躁进违规之方式，坚守"以合法对付非法"之缓进正规之途径，竭力自制守法，盖政府守法实为建立法治社会之前提。② 因此吾人深信，执法单位经由排除法则之适用，将促进及加强有关搜索扣押及勘验程序之教育训练，使执法人员办案时更加细心求证，按部就班，科学仪器亦因需求而逐步充实，如此不但未阻碍办案之效率，反而因更科学而增加破案之正确性。故在最近正积极进行之"刑事诉讼法"研修过程中，已仿美国法例增订排除法则之相关规定，重视采取证据程序之合法性，俾能充分达到保障人权之目的。

---

① 参阅陈朴生，刑事证据法，148页。
② 参阅翟宗泉，中美刑事案件搜索扣押之比较，法学丛刊，61期（16卷1期），1971年1月，15页。

第七章　侦查方法及其取得证据之适格性

第一节　序　言

　　刑事诉讼侦查方面，由于电子仪器的进步与成就，也因此蒙受其惠，有了许多有效的工具，可以秘密地用于刑事案件上，用来窃取犯罪嫌疑人的犯罪证据，作为犯罪的证明或裁判的依据。因为，刑事侦查人员使用电子科学仪器来侦查犯罪的情形急遽增加，所以，对于现代社会生活产生极大的冲击，由于使用电子仪器实施犯罪侦查，常使得被侦查者陷于不知而自证犯罪，也因此对于人民生活的平稳产生无形的压迫，例如，使用照相、录像、窃听（秘密录音等）等手段，都使得民众的基本权利受到干扰，都会破坏民众的基本权限。

　　很显然地，此种基本权限的保障和侦查机关的犯罪权限，是立于相对立与冲突的立场，[1] 因为，如果放纵侦查机关对照相、录像、窃听的权限，那么，民众的基本权利一定会受到相当的钳制。因而如何明确划分侦查机关合理的侦查权限来限制其滥用，以避免危及民众的基本权利，实为重要课题。本章拟就目前侦查机关较为普遍使用的上述三种方法，从比较法的观点加以论述，希望能对侦查方法的问题有充分的掌握。

第二节　相片与录像带之应用

一、相片与录像带之特性与功能

　　相片乃是因有原始的景物，透过由透视镜组成之照相机镜头，由摄影

---

① Beulke, Strafprozeßrecht, 3. Aufl., 1998, § 23. Rdnr. 454.

者轻按快门，原始的景物即经光线反射到感光底片，再经冲洗手续的底片或相纸。录像带是利用电子摄影机，将特定之原始的景物（画面）转变成电子讯号，透过磁头产生磁力线而磁化录像上之粒子，将其讯号保存在磁带上，当要使画面重现时，只须使磁带经过磁头，使其产生相同之讯号，即可使荧光幕上产生与原来录制时相同之画面。因此，相片及录像带可以说都是摄影者利用照相或录像器材，将其所欲留存之影像予以记录之科技产物。这两种产物，具有以下几种共同的特性：

（一）事实的再现性

相片及录像带皆系依机械力之使用使某种事物的状态予以再现。证据则是利用过去事实再现的价值而产生，故就事实再现的证据机能言，两者是没有本质上之差异的。[①] 盖照相及录像能使人们先前稍纵即逝的表情与举动，成为可以掌握的纸片（相片）或胶带（录像带）。

（二）精确性

由于科技的进步，使得照相或录像器材愈来愈加精密。因此，除非照相或录像者基于其他目的或企图加以特意制作或变造扭曲外，其所摄得之相片及录像带的精确性，乃是毋庸置疑的，甚且较人类的记忆更胜一筹而具有较大的说服力。

（三）复制性

照相或录像系对原始的景物加以描绘，并能使之以完全相同的状况之事实的再现。因此，其所摄得之内容，几乎是原所摄影对象之复制，如无原始对象之存在即不可能产生复制之内容。并且由于底片和磁带，亦使本身具有复制之性质，能将相同之内容，加以大量冲洗复制，使其更容易流传或保存。[②]

（四）变造之可能性

照相及录像之内容，由于科技之发达，使其再现的事实具有高度的真实性与精确性。但由于照相及录像须经人为之操作使用，因此难保没有人为不良动机或企图的加入，而加以变造或掺假之可能，使其可信赖度降低。因此，在实际采用此等证据时，须对其制作过程及状况加以特别注意

---

① 鸭良弼，刑事证据法，323 页。

② 王德麟，从证据法则论相片、录音带之证据能力——以刑事诉讼为中心，中兴大学法律研究所硕士论文，1984 年，3 页。

或慎重调查，而此种"信用性担保"之必要，通常都须传唤制作者到庭作证，以便担保此等证据之真实性。[①]

虽然有主观意识的介入，而使得相片及录像内定有变造之可能性，但是由于其所具有使事实再现的特性及高度的精确性及复制性等特质，遂使其作为诉讼实务上之证据时，具有重要之功能，而不能忽视其在诉讼程序上证明犯罪之重要性。这些功能是：

（一）辅助与补强之价值

相片之内容可以用来辅助或协助证人之证言的相片证据，归类于图解证据，并将此种解释或辅助之功能，故其与解释证人之证言无关联性时，则无独立之证明价值。[②] 录像带之内容则可用来增加或担保主证据之证明力。例如，犯罪现场之录像或嫌犯在犯罪现场所作之实地表演都可作为被告自白之补强证据。[③]

（二）使记忆鲜明

证人欲具结作证，可以借由相片及录像带之内容，来帮助证人产生鲜明之回忆，而得为更正确之陈述，但是此种情形亦可能产生引导证言之结果，因此不得不慎重。[④]

（三）显现原始的犯罪行为

如果相片或录像带之内容，系在犯罪当场所摄制，则必因其能充分显现犯罪现场之情节或状况，因此能作为证明犯罪行为或原始事件之证据，此亦即相片及录像带所具有使实再现之特性。

（四）独立之证据

相片及录像带本身可作为系争犯罪之主体，因其系有效地代表所看见事物之证明方法，能够代替证言，具有独立的证据价值。例如，具有猥亵内容之相片或录像带，可作为"刑法"第235条散布贩卖猥亵物品罪之直接证据。

---

① 鸭良弼，刑事证据法，328页。

② Mckelvey, on Evidence, § 379 ~ 381, pp. 668 – 669.

③ 我国台湾地区于1997年底修订"刑事诉讼法"规定，讯问被告之录音、录像（第100条之1及第100条之2参照），即是肯定录像具有此项价值的例证。

④ 王德麟，从证据法则论相片、录音带之证据能力——以刑事诉讼为中心，中兴大学法律研究所硕士论文，1984年，76页。

二、相片证据之分类及证据能力

有关相片证据之分类，英美法系与大陆法系之学者见解有所不同，兹就美国、日本及我国台湾地区学者之看法，加以说明其分类及证据能力。

（一）美国

美国学者通常将相片证据分为以下几种：①

1. 普通相片

普通相片系指通常由社会上各年龄、阶层及摄影师，使用普通之照相机所拍摄之相片。普通相片经由法院合法之确认，如其与所拍摄之主体有关联性及重要性，则通常皆被容许。此种相片又可分为：

（1）显示无生命之相片，此种无生命之客体的相片，有较广泛之容许性，因其较不易因时间之经过而有所改变。例如，因汽车碰撞蒙受伤害而有所改变。例如，因汽车碰撞蒙受伤害而起诉，于碰撞后 18 个月所拍摄之高速公路之相片，其被容许并非违法，因为在证据之观点上，高速公路之情况并没有重要之改变。

（2）显示有生命之相片，有生命之客体因受到生长、衰退或肉体之变化而经常改变，因此仅于较小的范围内容许之。一般言之，此类相片乃用以显示某特定时间受伤，手术、伤害或因此所致之结果，或显示意外事件发生时，树木、草丛等与街道之铁路之关系。

2. 特殊设计相片

经由人工预先摆设之客体或景像所拍摄之相片，即所谓之特殊设计相片，此类相片原则上是不可容许其显示原本之存在、外表或状况，仅能作为某种辅助证据，而不能作为系争主要或间接事实之原本证据，否则可能违反传闻法则而遭排斥。

3. 犯罪重演之相片

此种相片通常系用以解释被告之自白以显示其犯罪之重演，或用以作为证人关于犯罪时、地、人及物之位置的直接口头证言之说明，故其系属说明性之证据，仅于原来情景正确无争执时始可予以容许。

---

① 王茂松，照片证据之研究，载军法专刊，36 卷 7 期，17～25 页。此系美国学者 Mckelvey 之分类。

4. 航空相片

依照普通相片之同一法则，航空相片经由熟悉所证明事物之证人，证实所摄得之景像系真实之重现，或经由拍摄者到庭说明后可予容许。此等相片于土地征收之案件中，因系争财产之性质，可以航空相片为最佳之证明。

5. 放大相片

凡使现场景物较原片更为清晰之放大相片，由于能把原件所有记号均显现出来，指证人易于辨认及指出所争论之物与其所在，故经相当之鉴定后，能证实正确描述现场时，应予容许为证据。一般均用于有争执之文书案件中，因能借放大的效果，使系争文书之质量、性质更加清晰、明确，而得以确认其真伪。

6. X 光相片

X 光相片之容许性，在今日已被广泛地承认。X 光相片之证据基础，系建立在 X 光仪器为可接受之仪器，只要经过合格操作员在适当工作过程操作后，除非有理由怀疑 X 光相片之精确度，专家证人往往直接推定该底片之记录系精确的，而直接进行解释相片之证据力。

（二）日本

日本关于相片证据之分类及证据能力，向来实务和学说见解，相当分歧，在昭和 59 年以前尚无最高裁判所之判例，下级审之判决也未一致。① 不过大致说来日本学界对相片证据之分类及证据能力，可归纳为下列四种而分述之：

1. 纯粹是证物之相片

所谓纯粹是证物的相片，指如刀剑、手枪之证物，被拍摄体都有科学正确性，如以彩色底片拍摄，则其形态和色彩都正确。实务上就此等相片证据，并无判例，理论言之，此类相片并未包含供述之成分，故无须赋予对造反对讯问之机会，只要与被告之犯行具有关联性，即可承认其具有证据能力。② 但亦有认为此类相片乃"证物之代替物"，仅在原物灭失或有提

---

① 东京地方裁判所昭和 40 年 2 月 18 日判决（载下级裁判所刑事判例集，7 卷 2 号，266 页），与福冈高等裁判所昭和 39 年 5 月 4 日判决（载高等裁判所刑事判例集，17 卷 4 号，329 页），对于相片证据所采之态度并不一致。

② 平野龙一，刑事诉讼法，221 页。

出困难之情形下，且证实原物之存在及同一性时，才认为与原物有同一之证据能力。[①] 至于在相片上，除摄影者之签名外，并记载证明文字时，其证明文字依照传闻法则之规定，不承认其证据能力。[②]

2. 文书之相片

文书包括了以供述笔录所记载内容作为证据之证据书类，及以文书本身作为证据之文书证据两种，此类文书之相片被摄体系文书之原本，故该相片实质上与文书之誊本实现相同之效果。[③] 就誊本之证据能力言，应以书证之原本灭失或有其他难以提出之情况时，如誊本经证实与原本有同一性，即得就誊本本身为证据调查之请求，只是誊本之证据能力，应依原本之证据能力认定。[④] 如原本系毁谤名誉罪之毁谤文书，本身即属证据，不适用传闻法则，其相片当然也不适用传闻法则；但原本如系检察官面前之记录报告书，则其相片即有传闻法则之适用。

3. 附在勘验报告书、实况调查报告书及鉴定书之相片

此类相片为报告书或鉴定书之一部分，与其内容有密不可分之关系，其仅是报告某事实之补助或解释说明，为供述内容之一部，[⑤] 其证据能力依照此等报告书或鉴定书之证据能力如何而定。[⑥]

4. 现场相片

此种相片包括建筑物、风景、犯罪行为等相片，其重点在犯罪行为之场所，对该种相片之证据能力认定，学说及实务之见解并不一致，主要在于是否有传闻法则之适用，亦即供述证据与非供述证据之争论。[⑦]

（三）我国台湾地区

我国台湾地区学者将利用相片作为证据之情形分为三种：（1）将文书文件拍成相片；（2）将相片附于供述而作为供述内容之部分，如将相片当作补充说明（此种情形之相片，即称为图解证据或说明证据）；（3）将相

---

① 本田正义、桂正昭，传闻法则例外，载法律实务讲座，刑事编 8 卷，证据法，1937 页。
② 栗本一夫，写真录音·证据能力·证据调查，载综和判例研究丛书刑诉（三），148 页。
③ 臼井滋夫，证据，290 页谓：誊本是将原本内容之全部，使用同一文字与符号，而完全转写之文书。
④ 团藤重光，新刑事诉讼法纲要，276 页。臼井滋夫，证据，291 页。本田正义、桂正昭，传闻法则例外，载法律实务讲座，刑事编 8 卷，证据法，1935 页。
⑤ 田中和夫，新版证据法，205 页谓：此种相片为一种"图解证据或说明证据"。
⑥ 田中和夫，新版证据法，205 ~ 206 页。
⑦ 金隆史，写真，载证据法大系 I，130 ~ 135 页。

片当作独立之证据，如证人不能确认某事物，或人物时，向其提示现场相片，使其根据相片来指认（此种情形之相片，即称为狭义的相片证据）。①兹就前述利用相片做证据之情形，逐一讨论其证据能力：

1. 以相片作为物证之复本的证据能力

由于我国台湾地区系采直接审理原则，依实体的真实发现之立场，凡能证明待证事实之证据，均得采纳，且我国台湾地区未采取证据排除原则和最佳证据法则，② 依职权调查原则，可否以之为证据加以调查，法院有裁量权，故此种相片之证据能力，属原来之文书、文件之证据能力问题，只要相片所摄影之文书、文件与原来之文书、文件完全相同时，其相片之证据能力则取决于原来之文书、文件，③ 此即若以相片为物证之复本者，以之为证据时，其关系与"文书之誊本"同，而誊本之证据能力又决定于原本之证据能力而认定。④

2. 以相片作为供述之一部的证据能力

此类相片之提出，通常是附在勘验笔录或鉴定书或证言而附带提出，因此与笔录或鉴定书或证言而附带提出，而与笔录或证言之内容有密不可分之关系为其一部分，然其仅是报告某事实之补助或解释说明，因此其证据能力依照相片所附之勘验笔录或证言来判断。⑤

3. 以相片作为独立证据的证据能力

此种狭义的相片证据能力如何，学者说法不一，大抵是供述证据与非供述证据之争论。认为系供述证据应适用传闻法则者以为：此种相片，系录取摄影者之体验，故为供述证据。然有认为此种相片系物证，并非录取摄影者之体验，系利用机械力客观地录取，故并非供述证据，因此不适用传闻法则，得无条件为证据，但为防止其伪造，应调查摄影者之摄影经过。⑥ 亦有认为此种相片证据本身之性质，系属一种代替勘验之目的物，并非供述证据，然既以相片来代替实际之勘验，则必须限于实际之勘验有

---

① 黄东熊，证据法纲要，86 页。陈朴生，刑事证据法，126 页。

② 陈朴生，刑事证据法，126 页，称"最佳证据法则"为"最优证据法则"，341～343 页，则称为"优先法则"。

③ 黄东熊，证据法纲要，86～87 页。

④ 日本学者称此种情形之相片证据为"文书之相片"，参照团滕重光，新刑事诉讼法纲要，276 页。

⑤ 黄东熊，证据法纲要，87 页。

⑥ 陈朴生，刑事证据法，126 页。

困难或不能做时，拍摄勘验现场或勘验物之相片，始具有证据能力，如拍摄窃盗现场之相片，具有证据能力，但是拍摄留在现场凶器的相片，原则上，不能以该相片来代替现存之凶器，而认其具有证据能力。[①]

三、录像带证据之取得与证据能力

录像带证据是以透过放映机在银幕上之流动影像作为证据数据，非如相片系静止之画面，而是有影像流动连续的投影性质；且若是有声之录像带，更可将声音收录在磁气带后，以光学之变化，印入影片之中，[②] 由于将犯罪事实记录之录像带，乃是对事实加以观察，经记忆后再经回想，始将事实予以再现的影片，因此与目击证人之供述有非常相似之性格，故在诉讼实务的证据规定上，有着不可抗拒之魅力。兹就其取得方式及证据能力分述之：

（一）录像带证据之取得

由于录像带证据之取得，关系到民众之基本权利。尤其是违法取得之录像带证据，对于民众之隐私权或人性尊严等，都会造成直接而难以弥补之侵害，故在探讨录像带之证据能力前，应对其取得方式及其许容性加以研究。

1. 机关行库内之监看与录像

目前各机关行库中，大都基于管理或安全之理由，设置了监看及录像之设备。其中尤以银行、邮局、书店、超级市场、图书馆等机构最为普遍。由于这些机关行库中的监看和录像设备，大都均为公开设置，可为一般人看见并习以为常，故以此种方式所录取之录像证据，既处于一般人所得知之状况下录制，一般人一旦欲进入此类场所，即应有默示同意或至少应认其宁愿承担被录像之风险。而且此类机关行库所设立之此种装备，系以机械力操纵，并非由人为控制，通常较无被滥用或造假之虞，故依此方式所取得之录像证据，应有许容性。[③]

实务上大致持相同看法，[④] 对于金融机构为防制犯罪，装置录像机以

---

①　黄东熊，证据法纲要，87 页。

②　永井纪昭，映画，证据法大系（Ⅰ）证明，139 页。

③　王德麟，从证据法则论相片、录音带之证据能力——以刑事诉讼为中心，中兴大学法律研究所硕士论文，1984 年，95 页。

④　参照 1991 年度台上字第 4672 号判例。

监视自动付款机使用情形，其录像带所录取之画面，全凭机械力拍摄，未经人为操作，未伴有人之主观意见在内，自有证据能力。法院如以之为物证，亦即以该录像带之存在或形态为证据资料，其调查证据之方法，固应依"刑事诉讼法"第 164 条之规定，提示该录像带，命被告辨认；如系以该录像带录取之画面为证据资料，而该等画面业经检察官或法院实施勘验，制成勘验笔录，则该笔录已属书证，法院调查此项证据，如已依同法第 165 条第 1 项之规定，就该笔录内容向被告宣读或告以要旨，即无不合。纵未将该录像带提示于被告，亦不能谓有同法第 379 条第 10 款所称应于审判期日调查之证据未予调查之违法。

2. 对报道机关所有之录像带的证据采用

新闻报道机关为了报道事实而拍摄录像带，再经过电视或电影等手法将事实传达而使人知悉事实之真相。此种报道自由和民众的知的自由与权利，有互相表里之关系，盖从报道机关言固是指从事报导者之自由；然从民众方面言则是民众接受执导之知的权利与知的自由。且由于报道自由乃是以取材自由为前提，若报道者之取材自由受到限制，则报道自由与民众的知的自由，亦将受到钳制。因此，要保障报道自由也必须同时保障取材之自由。①

由于报道机关所报导之事实，有时会牵涉到犯罪案件现场之实况或其他内容，且因系本于正确报道消息之目的，故较能立于客观平实之立场拍摄，其所拍摄之画面，应有信赖科学之正确性，则司法机关可否对其加以扣押或命令报道机关提出作为证据，便产生了"实体的真实发现"与"报道取材自由的保障"之尖锐对立问题。②

德国刑事诉讼法关于此问题，于第 97 条第 5 项规定："如文件，发音画面或记载日、模写物或其他表现物，系依第 53 条第 1 项第 5 款所称之人所持有时或存在于编辑，出版所，印刷所或电台者，不得予以扣押。"③ 其

---

① 桥本公旦，日本国宪法，273～274 页。不遇，2000 年 7 月 7 日公布的大法官释字第 509 号解释认为，对言论自由与新闻自由应予充分保障，然该号解释，是否会形成新闻媒体有如脱缰野马般而不受束缚，殊值注意。

② 臼井滋夫，证据，233 页。

③ Beulke, Strafprozeßrecht, 3. Aufl., 1998, § 23. Rdnr. 462.

不但承认报道机关有拒绝证言权（第 53 条第 1 项第 5 款）；① 同时对此类人所持有之物，亦禁止扣押，其充分保障报道取材自由之态度值得吾人重视及引以为鉴。

日本对于此一问题，刑事诉讼法上虽无明文规定，但于昭和 43 年 10 月 6 日发生的"博德车站事件"最高裁判所曾为下列宣示："是否容许对报道机关的取材所得之物为提出之命令，一方面应考虑被审判者之犯罪性质、态样、轻重以及取材所得之物为证据之价值，及对实现公正的刑事裁判有无必要性；他方面亦应比较衡量对取材所得之物为证据提出之命令，将妨碍报道机关取材自由的程度及影响报导自由等其他各种之情形，因此即使在不得不承认将其作为刑事裁判之证据而使用时，亦必须考虑使报道机关因此所受之不利益，不致超过必要的限度。"②

基本上，日本对于报道机关所拍影片之证据采用，系建筑在"有无必要性"之前提，故如非属超越必要性及紧急性之证据，仍可采用，此即"相对排除法则"之见解。③

3. 侦查机关所为之以搜证为目的之预防性录像

侦查机关所为此之预防性录像，大抵系对游行、示威、集会等集体行动而为之，例如，选举期间之政见发表会、街头的游行示威等。由于民众以示威、游行之方式，来表达对社会问题之态度与看法，系属于"宪法"上保障集会自由之部分。因此，对于示威、游行或集会等集体行动，以预先搜集可能之犯罪证据为目的，而进行拍照或录像等之采证工作，仍难谓会影响民众所享有之集会或游行等自由。

日本在下级法院之判决虽曾认为个人参加游行、示威等集会活动时，即表示了其个人隐私利益的抛弃。因此，为对此行为所进行搜查之摄影，可以被容许。但此种"利益抛弃论"却受到学者鸭良弼先生之强烈批评，氏以为此种权力为背景之犯罪搜查情形，必须加以严格之限制。④ 此争点在于未经当事人同意所拍摄之影片，是否有侵害肖像权，及以此方式取得证据，是否有证据能力。

---

① 德国刑事诉讼法第 53 条第 1 项第 5 款规定："现或曾参与期刊或广播电台职业之筹备、制作或散布而获知内容之作者或投稿人对寄付或支持保证人之个人事项与对其活动所获得之消息以及在编辑上所获得有关寄付、支持与消息之事项，享有证言拒绝权。"
② 臼井滋夫，证据，234 页。
③ 张丽卿，论违法取得证据之排除，军法专刊 33 卷 3 期，20 页。
④ 鸭良弼，犯罪搜查的目的——写真摄影肖像权，刑事诉讼法判例百选，35 页。

日本最高裁判所昭和 44 年 12 月 24 日大法庭之判决谓："任何人在未经承诺前，拥有不受拍摄容貌之自由，但在现正进行犯罪或实行刚完了时及有证据保全之必要性及紧急性，且摄影不超过一般容许限度；而以适当方法执行时，并不违反宪法第 13 条之规定，仍得以拍摄。"日本学者通常据此判决而认为人们享有肖像权。① 此即，侦查机关如无正当理由，任意摄影个人之容貌、姿态时，即侵害个人之肖像权，违反宪法第 13 条意旨，不被容许，但是个人的所有自由亦非受无限制之保护，故为了公共福祉之必要时，得对其做相当之限制②。因此，此种预防性的摄影采证，原则上应在对现行犯或准现行犯及具有保全证据之必要性和紧急性之情况下才得为之。

我国台湾地区"宪法"，只规定保障人民之秘密通讯自由，因此，对于侵害肖像权尚不生违法搜集证据之问题。然本书认为，在经依合法程序所允许之示威游行集会等集体活动，除非该游行示威集会等行动已产生犯罪行为，而有立刻搜证之必要性或紧急性，能允许进行采证摄影外，应该适度限制侦查机关对合法之集体行动进行摄影与采证，其所为之采证始属合法。

（二）录像带证据之证据能力

对于录像带之证据能力，日本学者永井纪昭以为，应依照问题之特性，原则上录画之部分准于相片；录音的部分则准于录音带之情形，来加以综合之考察。下述仅就关于准于录音带之情形，加以论述之。

由于录像带证据之物理性质与录音带证据相同，因此，亦可就其所录制之内容加以区别为供述录像、现场录像及纯粹作为证物之录像三种。③ 录像带乃是对事实加以观察，经记忆之后，经记忆再生而将该事实状况再度表现出来。因此，其与目击证人之供述有非常类似之性格，然而由于对录像带本身无法作反对讯问，并且由记忆到再生的过程，主要是委由机械力之帮助，才能将对象忠实且详细地表达出来，此与证人之证言又有所不同，故有认为其是不属于非供述证据或证据书类的特殊证据。④

录像带证据之种类，已如上所述，可略分为三。因此在所谓"现场录

① 高田卓尔、小田庆一，刑事诉讼的基础，122 页。
② 日本宪法第 13 条规定："凡是民众、个人应受尊重，对于追求生命自由及幸福之民众权利，于不违反公共福祉之限度内，在立法或其他国政上须受最大的尊重。"
③ 永井纪昭，录音，证据法大系（Ⅰ），118～123 页。
④ 永井纪昭，录音，证据法大系（Ⅰ），138 页。

像"之情形，亦有非传闻证据说与传闻证据说之对立。依照非传闻证据说（证据物说、证据物类推说），录像带不适用传闻法则，只要能证明与要证事实有关联性，即可承认其证据能力。[①] 与此相对的是传闻证据说（检证调书类推说），其以为录像带从摄影到播放之过程，乃是一种传闻之过程。因此，有报告文书之性格，应依日本刑事诉讼法第 320 条第 3 项之类推适用，只要有摄影者之证言，即认为有证据能力。[②]

其次，就供述录像之证据能力言，因供述录像系就证人或被告在审判外所为供述之录像，以证明其供述内容与待证事实之关系确系确实，系供述证据之一种，惟因录像带之再生作用所获的知觉系在审判庭外之供述内容，在公判庭中未赋予反对讯问之机会而被采用为证据，故有传闻法则之适用，日本学说及判例均认为供述录像之录音证明能力，应类推适用刑事诉讼法第 321 条以下所定传闻法则之例外规定，即准用供述书，供述录取书认其证据能力。[③]

至于纯粹作为证物之录像带，系作为犯罪之物证、客体。此如具有猥亵内容之录像带，因该录像带本身即系纯粹的证物，并无传闻法则之适用，与通常之证物相同，只要能证明其与待证事实具有关联性，即得容许为证据。[④]

综上所述得知，录像带证据之性质，应依其内容而定，即供述录像应采传闻证据说之见解，有传闻法则之适用；至于现场录像和纯粹作为证物之录像则应认其系非传闻证据，只须证明其与待证事实有关联性，并注意其内容是否经过变造或伪造，便可采用为证据，无传闻法则之适用。

至于录音带证据之调查方法，依"刑事诉讼法"第 165 条之 1 规定：录音、录像、电磁记录或其他相类之证物可为证据者，审判长应以适当之设备，显示声音、影像、符号或数据，使当事人、代理人、辩护人或辅佐人辨认或告以要旨。

---

① 主此说之学者尚有栗本一夫、平野龙一、本田正义、桂正昭、藤野丰、服部一雄及田原义卫等。永井纪昭，录音，证据法大系（Ⅰ），140 页。

② 主此说之学者亦有藤井一雄、小野庆二、横川敏雄、高田卓尔及鸭良弼等。永井纪昭，录音，证据法大系（Ⅰ），140 页。

③ 永井纪昭，录音，证据法大系（Ⅰ），118 页。

④ 永井纪昭，录音，证据法大系（Ⅰ），122 页。

第三节　通讯窃听之应用

一、通讯窃听之违法性

通讯窃听乃对声音加以扣押而言，由于其侵害秘密通讯自由之危害，造成人们私生活平稳之无形之压迫，故域外立法虽有允许于一般侦查方法无法达其效果时，得授权侦查机关为窃听，但皆限制于重大犯罪，此观诸德国刑事诉讼法第 100 条 a 项之规定得知，系以内乱罪，外患罪，破坏和平罪、危害自由民主国罪、妨害国防罪、非军人教唆或帮助逃亡罪或教唆抗命罪、伪造货币或有价证券罪、买卖人口罪、谋杀、故意杀人或杀戮民族罪、妨害人身自由罪、强盗罪、恐吓罪及其他特定列举之有恶性之犯罪行为为限，故对一般之犯罪，不得通讯窃听。另如加拿大刑法典第 178 之 11 条和美国综合取缔犯罪及公路安全法（Omnibus Control and Safe Street Act of 1968，18 U. S. C，本法以后只称为 18U. S. A.）第 2518 条等是。若超过此犯罪范畴之窃听，即属违法。

我国台湾地区"刑法"过去并无处罚通讯窃听之明文，过去实务实施监听之依据，是"检察机关实施通讯监察应行注意要点"及"国内犯罪案件通讯监察作业执行要点"两个仅具行政命令性质的公函，其法理基础是援引"刑事诉讼法"赋予检察官搜索扣押之强制处分权的规定，① 如此滥用监听侵害民众隐私权益的弊端，受到了舆论界与学界的批评，② 所幸，在 1999 年 4 月 21 日公布了"刑法"第 315 条之 1、第 315 条之 2 和第 315 条之 3，明文规定"无故利用工具或设备窥视、窃听，或以录音、录相、录像或电磁记录窃录他人非公开之活动、言论或谈话者，处刑罚"使此等严重妨害秘密之行为，有了处罚的依据。在"刑事诉讼法"虽未在第

---

① 参阅江舜明，监听在刑事程序法上之理论与实务，法学丛刊，42 卷 4 期，1997 年 10 月，112 页。

② 相关之内容，如监听风波扩大——白案后遗症：检警卯上调查局，"中国时报"，1997 年 6 月 28 日，3 版；王志文，不容情治系统滥权监听，"自立早报"，1989 年 3 月 6 日，5 版。学界之批评如朱界阳，侦防犯罪监听电话要件及方式应以法律规定，现代法律，79 期，1989 年 3 月 5 日，22 页；张瑜凤，刑事诉讼程序中有关"监听"之研究，法学丛刊，168 期，1997 年 10 月，99～123 页；蔡墩铭，通讯监听与证据排除，刑事法杂志，39 卷 1 期，1995 年 2 月，1～11 页。

135 条之后增订四个条文规定监听或监录之要件，[1] 却于 1999 年 7 月 14 日通过"通讯保障及监察法"，保障人民秘密通讯自由不受非法侵害，[2] 所以，除非有授权窃听之依据，否则侦查机关对犯罪行为之窃听，仍不得为之。

此外，亦有学者对于监听提出了几项应遵守的原则，即重罪原则、必要性原则、相关性原则、书面许可原则和一定期间原则等。[3]

二、通讯窃听之方法及认定标准

随着科学之进步，通讯设备日益普遍与发达，不惟缩短了人与人之间的距离，并且供给政府或私人许多侦探之方法。例如，执法人员为调查犯罪之方便，往往以窃听电话之方式，录取他人之谈话，以为罪证；公司因商场上之竞争，动辄窃听电话，窃取他人业务上之秘密，以为打击之手段；亦有不肖之徒，利用窃听话，探查他人秘密，以为戏谑，破坏或中伤之数据，凡此等等，不一而足。

窃听方法，除使用夹子中途截听电话线外，尚有装置监听设计或使用侦听器、测听机、感应线圈、尖钉扩音器、耳机收话器、耳机附着器、吸杯设计、双生话筒、闭路电视、总机接线生插听、无线发话器、电话副线等，真可谓为五花八门，包罗万象。以下就窃听方法及其认定标准，大致加以分类，说明如下：

1. 电话线窃听

所谓电话线窃听，系指在电话线中途加以截取通话言，例如发话者与受话者间之电话通线中途为 X 所拦截。不过，认定其是否电话窃听，有时亦有困难，因其容易产生与下述之电子窃听相混淆。

2. 电子窃听

凡非属于电话线窃听之范围，而有电子装置者，均属电子窃听。其特色乃应用电子装置，可使窃听者不须在场，即可得知谈话内容，亦鲜有被

---

① "刑事诉讼法"于 1993 年 3 月曾提出"刑事诉讼法修正草案"，要在第 153 条之 1 至第 153 条之 4 规定监听之要件，欲将监听行为予以合法化，惟此一立法并未通过。详可参阅蔡墩铭，通讯监听与证据排除，刑事法杂志，39 卷 1 期，1995 年 2 月，1～11 页。

② 详见"通讯保障及监察法"第 1 条，此外，"通讯保障及监察法施行细则"已于 2000 年 3 月 15 日公布，对于民众权益之保障更为具体。

③ 参阅蔡墩铭，通讯监听与证据排除，刑事法杂志，39 卷 1 期，1995 年 2 月，5～6 页。

发现之疑虑。电子窃听，常用者，有感应线圈，小型秘密扩音装置，侦听器……等，这些窃听装置，往往系长期定着于受害人不易发现之处，无时无刻不窃取谈话，其危害秘密权之程度，不可胜计，无远弗至，且其对于犯人或无辜者，不加取舍，一概予以窃听，[①] 其侵害无辜者之秘密通讯之弊，不无使人觉得应予禁止使用，俾免人们之秘密权不如犯罪调查。故纵使对电话窃听在某些特殊场合准予授权合法窃听，但对严重危害人民秘密权更甚之电子窃听，证据之容许，应更加严格。

3. 广播窃听

广播窃听乃对于私人非公开性之广播或无线电器，利用频率或监听设计而窃听内容，其特色乃系对于电波之监听。在美国私人非公开性广播未领有执照，则许可窃听，倘若领有执照者，则不得以非法方法，监听频道或用监听设计装置在被告私人电台之送话器上。美国 1955 年 United States v. Sugden 判决，认为对电波之监听，实与电话线截听同属犯罪行为，未经发送人同意而宣泄其内容，即属违反联邦通讯法第六〇五节规定。判决并认为倘承认电话窃听与广播窃听有所不同，无异承认官员被授权可行使"广播间谍"行为。判决并指出，被告未使用申请以外之频率，该项广播既领受有合法执照，官员在欠缺国会权下，自不得对此种非公开性广播，未经同意，即滥行监听，而监听所得之证据，应排除于作为被告犯罪证据之外，至于公开性广播，人人可听，自无窃听问题，而不待言。[②]

三、通讯窃听证据之证据能力

刑事司法之实施，本应一方面保障社会大众之公益，另一方面亦应顾及刑事被告自身之利益。因此，侦查工作之执行，亦须本着尊重宪法精神之原则，在社会大众与被告利益间获取一种最大之平衡，俾符合"宪法"保障民众、秘密通讯自由之规定，而圆满的实现刑事司法权之目标。由于我国台湾地区已有窃听之有关规定，爰就美国、德国、日本有关之法律及见解，论述其梗要，以为我国台湾地区法制比较之参考。

---

① 此种情形有如德国"大窃听"之情形。不过德国的刑事诉讼法已于第 100 条 c 第 1 项第 3 款加以明文。详细内容可参照林东茂译，徘徊于有效性与法治国之间的犯罪控制（Schroth 原著），收录于一个知识论上的刑法学思考，1999 年，339～355 页。

② United States v. Sugden 351 U. S 916（1955 CA9 Artz）.

（一）美国

美国联邦最高法院及其他州法院对于窃听是否应受宪法保护，先后有所争执。首先，联邦最高法院于 1928 年奥姆斯地一案（Olmstead v. United States）认为：联邦官员在当事人住居与其律师之事务所间所电话线窃听，并不违反联邦宪法第 4 条修正案。法院认为第 4 条修正案仅保障封缄信件不受非法搜索扣押，对电话则非宪法保障，故不禁止第三人窃取此秘密情报，且截听电话，非物的侵犯，无构成无理搜索扣押可言。①

另外，于 1942 年高得曼一案（Goldman v. United States）亦系根据前述案例之判决原则，认为关于电子窃听案，如系利用窃听器截取私人间谈话，未伴有物理侵入，并不违反宪法第 4 条修正案之规定。②

然联邦法院于 1937 年及 1937 年二度的 Nerdon 案件③，却持相反见解。首先，联邦法院于 1937 年之该案判决中适用联邦通讯法第 605 条废弃以窃听电话所得会话为证据之有罪判决。后来，在 1939 年同案中，检方不直接提出该窃听所得会话为证据，而改用违法窃听取得之会话，再间接取得之证据，因而联邦下级法院判决被告有罪，盖其认为联邦通讯法并不禁止间接利用以窃听所得之证据，案件经上诉联邦最高法院，最高法院在判决中引用了毒树果实理论认为：若仅排除所窃听会话之内容，而容许由窃听之会话为线索而取得之证据，则无异与伦理标准相矛盾，此种"派生证据"犹如毒树之果实，亦不得作为有罪判决之基础。

1967 年联邦最高法院于卡兹一案（Katz v. United States）中，再度排斥了违法窃听所得之证据，使得窃听之法律见解更形象具体化。该案事实系被告卡兹有犯罪嫌疑，FBI 调查员无搜索状而装置电子接受器及录音装置于被告所惯用之公用电话亭上，因而侦知被告犯罪之证据。最高法院判决理由认为：联邦宪法第 4 条修正案保护对象是"人"而非"处所"，如该人有意揭漏自己通讯，虽地域为私人场所，仍非宪法保障主体；但如该"人"有意保持秘密，纵在公共场合，仍应受宪法保障，此见解否定了以往不法窃听以侵入"处所"为决定标准，而改采以"人"为决定标准。④

在美国制定法中，亦有类似规定排除违法搜索、扣押之证据，例如

① Goldman v. United States, 277 U. S 438（1928）.
② Goldman v. United States, 316 U. S 129（1942）.
③ Nerdon v. United States, 302. S379（1937）；Narolon v. United States, 308 U. S 338（1939）.
④ Katz v. United States, 389 U. S 347（1967）.

1946 年美国联邦证据规则（Federal Rules of Criminal Produre）即规定："因无理由之搜索或扣押，致权利遭受侵害之人，得主张利用该方法所取得之证据应予排除。"在美国由于窃听各州甚为普遍，且由于卡兹案对于授权窃听之规定限制甚严，并要求贯彻令状主义，因此在 1968 年即由国会通过制定了综合取缔犯罪及公路安全法（Omnibus Control and Safe Street Act of 1968，18 U.S.C），该法第十九章第 2510～2520 条共 11 个条文中规定，有关电话线窃听及其他电子窃听之司法权程序，应符合宪法之标准，并明定窃听违反该法规时，所取得之通讯内容不得作为证据。违反者并可处以徒刑或罚金，受害人并可于民事上请求实际之损害，合理之律师费用或诉讼费用等。①

（二）德国

在德国，关于违反电讯通信秘密所搜集之证据，有无证据能力，学说曾认为：侦查机关为侦查目的，能否侵害他人之邮件交通或通讯秘密，应视法律之规定条件而定，如果违反了法律之"证据搜集禁止"规定者，即属违法，所搜集之证据亦将发生"证据利用禁止"之效力，即窃听所得证据，不被容许作为被告有罪之证据。

德国联邦法院在 1960 年之录音案判决②，即认为因该秘密窃听录音侵害涉及隐私权，故因而所得之记录在刑事诉讼上，不得作为证据利用，且不得对知悉该内容之人，以询问方式间接知道其中之内容。其判决理由，并未援引任何刑事诉讼法之"证据搜集禁止"规定为理由，而系直接由联邦基本法之规定导出证据利用禁止之法理，认为"人性尊严"与"尊重人格之自由发展"此二项原则，为现代文明国家所公认之原则，窃听既涉及私人生活不可侵之中心领域，该录音即不得作为证据资料。③

不过，在类似正当防卫（Notwehrähnliche）之情形，根本未侵害到隐私部分，基于相当性原则之考虑，则窃听所得证据，仍有证据利用性。例如，对于诱拐小孩者之勒索电话予以窃听者，尚不构成德国刑法第 210 条

① United States Code Annotated Title 18, pp. 271-286. 依该法第 2518 条 a 规定，申请禁止证据之被害人，均得以下列理由请求取得之证据予以排除：（1）通讯被不法截取者；（2）截取通讯所根据之授权或命令，在外表不充分者；（3）截取通讯非依授权或许可命令者。

② BGHSt. 14, 358；参照 Roxin, Strafverfahrensrecht, 25. Aufl., 1998, § 24. Rdnr. 30。

③ Roxin, Strafverfahrensrecht, 25. Aufl., 1998, § 24. Rdnr. 30。

之窃录罪，其得之证据，仍有证据利用性。[①]

联邦宪法法院的判决指出，[②] 以刑事司法手段确保法律和平，一直是国家权力的重要任务。破获犯罪，侦查犯罪人，确定犯罪人的罪责并加以处罚，是刑事司法机关的职责，为达成上述目的，必须在法律所规定的刑事程序下实施，并且执行所宣告的刑罚。

德国刑事诉讼法目前允许使用大窃听（Lauschangriff）[③]，作为侦查的手段。这是 1992 年对抗不法毒品交易与组织犯罪法公布施行之后，重大扩张的侦查手段。[④] 不过，让人怀疑的是，这种手段在抗制犯罪上是否充分有效，且有效性的考虑能否兼顾人民的自由权利。换言之，刑事诉讼法或宪法是否允许大窃听作为破案的手段，这种手段是否有必要且为价值理性所允许的范围。

所谓的大窃听是指，刑事追诉机关在住屋内搜寻各种生活经历。[⑤] 与此相对者，是所谓的"小窃听"[⑥]，指侦查人员在场的窃录谈话（住家外的窃听）；大窃听则是，不需侦查人员在场的住屋内秘密搜寻他人的生活经历。这种搜寻可以借助各种科技器材（如导航麦克风）来实施。也可以借助所谓的声学转换器来执行，亦即，可以录下声波在窗户上引起的振动，然后再重组为语言。

支持大窃听的人认为，德国组织犯罪的势力正在坐大，而且有高度结合的现象。要有效对抗组织犯罪，必须使用电子窃听的手段。不过，即使是支持大窃听的人也大多认为，这种窃听措施可能重大侵犯基本法第 13 条的规定，这种措施恐怕不能透过单纯的立法而加以正当化。[⑦]

[①]　关于正当防卫与类似正当防卫之区别，参照 Günter Artz, Der Strafrechtliche Schutz der Intimsphäre vom Zivilrechtlichen Persönlichkeitsschutz aus Betrachtet, 1970, S. 80ff. 其认为掳人勒赎者之电话谈话，被害人或其害属，以录音记录，系一种"类似正当防卫"情形。亦可参照 Roxin, Strafverfahrensrecht, 25. Aufl., 1998, § 24. Rdnr. 32。

[②]　BverfG 51, S. 324 ff.

[③]　刑事诉讼法第 100 条 c 第 1 项第 3 款的规定是"大窃听"。参照 Beulke, Strafprozeßrecht, 3. Aufl., 1998, § 12. Rdnr. 266。

[④]　KK – Nack, StPO, 1999, § 100c, Rdnr. 2.

[⑤]　Beulke, Strafprozeßrecht, 3. Aufl., 1998, § 12. Rdnr. 266.

[⑥]　刑事诉讼法第 100 条 c 第 1 项第 2 款的规定是只针对"小窃听"。小窃听是指，在住家之外，非公开谈话的窃听。Beulke, Strafprozeßrecht, 3. Aufl., 1998, § 12. Rdnr. 265.

[⑦]　Beulke, Strafprozeßrecht, 3. Aufl., 1998, § 12. Rdnr. 266.

（三）日本

日本自昭和 26 年新泻窃听事件发生后，窃听及秘密录音在日本法律上曾引起极大之争论，但学说及实务大抵均认为对执行者而言，虽属不道德行为然该行为尚非违法，所得证据可容许之。[①] 以下就日本实务之发展及学者之见解说明如下：

日本昭和 26 年（1951 年）11 月发生新泻窃听事件，该案事实是 X 与 Y 同为日本地方警察，为搜索辖区内日本共产党第八支部有关党员犯罪行为，于新泻地方共产党开会地点之第二层楼房上，装设所谓之窃听器，为共产党员察觉并行取下，因而向法院告诉 X 与 Y 两位警察滥用职权罪。案经新泻地方裁判所认为并非所有之窃听器使用行为，皆违背搜索权限，应相对而具体的就各种案情而定，X 与 Y 既为公共福祉社而窃听搜索，自与秘密探查私人之行踪有别，因而驳回原告之请求。原告不服上诉至东京高等裁判所，东京高等裁判所维持原判决，亦认为该窃听行为合法，本案因原告未再上诉而二审定谳，此系日本法有关窃听案件争讼之开端。[②]

其后，在另一警官于搜查过程中，经屋主承诺后装置扩音器，以此窃听隔邻房客谈话内容之案件，东京高等裁判所以"同室内之外观、音响等之利用型态，从未招致严重之影响"为理由，认为警官之行为仍属适法，[③] 而后之实务见解亦认秘密录音系合法行为，谓被恐吓者于恐吓者电话谈论交付钱方法之际，委托第三人将会话内容录音在小录音带内，此乃"被害人对加害人之违法行为实施自卫行为"[④] 所为之录音，在其过程中并无显著之违法。[⑤] 另外，甚受瞩目之"假电话"事件中，法院仍持相同之见解。[⑥] 因此，日本实务似以窃听或秘密录音者有无不法意图，而定其是否违法，如认该行为违法，再以有无社会相当性以论其证据能力。

日本学者对于由窃听及秘密录音所得之证据，可否容许为证据，意见不一，可以分为以下三种：（1）肯定说：认为供述人虽然不知被窃听

---

① 井上正仁，秘密录音的适法性、证据能力，768 号，202 页。

② 东京高等裁判所昭和 28 年 7 月 14 日判决，刑事判决时报，4 卷 1 号，16 页。

③ 东京高等裁判所昭和 28 年 7 月 1 日判决，刑事判决时报，4 卷 1 号，17 页。

④ 此与德国的实务见解具有相同之法理。参照 Roxin, Strafverfahrensrecht, 25. Aufl., 1998, § 24. Rdnr. 32。

⑤ 东京高等裁判所昭和 51 年 2 月 24 日判决。刑事判决时报，27 卷 2 号，23 页。

⑥ 裁判例，第 459 号，53 页。

录音，但只要承认确系正确供述时，并无禁止作为证据使用之必要。①
（2）否定说：认为自己对自己之声音，享有固定权限，有不受他人拘束之自由，但秘密录音侵害了自由表现自己声音之人格权，故不具证据能力。②
（3）折中说：以为强制处分乃指对人之意见或身体自由加以强制，而足以侵害该人权利而言。搜查官如在适法场所，利用通常之方法听取可听到之声音或得会话当事人之同意窃听，此场合之窃听不算强制处分。但若被窃听者一般认为对自己会话，除了当事人以外，并不欲让其他人亦听闻之合理期待时，竟于各当事人均不知情之际，对之加以窃听，则属强制处分。

日本法制局于昭和 38 年 12 月 9 日认为，表达意见之自由并非漫无限制，故主张对特定犯罪行为直接有关联之会话而有相当事实足认其有犯罪嫌疑，在严格之限制条件下应允许授权窃听，此应系日本宪法可允许者，在无明文允许下，如有现行犯法理适用情形，譬如以电话胁迫某人之情形，应允许在电话中窃听该现行犯之谈话。③ 惟在任意处分之场合，也可能伴有权利之侵害致有类似强制处分之性质，所以必须限于在侵害最小之限度内，且有不流于滥用之特别必要性下始得为之。尤其除了犯人以外，亦可听到其他人之声音或与犯罪无关联之声音时，更须有下述严格之要件：（1）所混入之犯人以外之他人声音无法加以除去，即具有排除性；（2）证据保全之必要性和紧急性；（3）手段方法之社会相当性。④

（四）我国台湾地区

我国台湾地区"宪法"第 12 条规定："人民有秘密通讯之自由。"此外，"刑法"已在 1999 年增定通讯窃听之处罚规定，"刑法"分则增列第 315 条之 1 及第 315 条之 2 规定。然依目前犯罪态样之层出不穷，犯罪工具之日新月异，实宜仿德、美、加诸国于刑事诉讼法中明定授权窃听之事项，用以打击不法保障社会安宁，较为妥当。

由于窃听行为系在他人不知之情况下窃取通讯之内容，且该人亦甚难察觉，实已侵犯"宪法"所赋予之通讯自由权，本质上具有侵害性及违法性，除具有阻却违法事由外，实应认其为犯罪行为而加以处罚。⑤ 然如前所述之美、德、日等国之学理及诉讼法实务之发展上，深知窃听对发掘犯

---

① 平野龙一，刑事诉讼法，昭和 47 年版，222 页。
② 鸭良弼，刑事证据法，昭和 45 年版，377 页。
③ 松元时夫，盗听，收录证据法大系第 3 册，昭和 45 年版，208 页。
④ 高田卓兰、小野庆二，刑事诉讼法的基础，昭和 50 年版，123～124 页。
⑤ 甘添贵，证据法专题研究第 1 辑，1977 年，142 页。

罪，维护社会秩序，奠定社会安宁有莫大帮助，因而有以立法容许窃听或以判决承认合法窃听之证据能力者，此乃世界之潮流。

我国台湾地区现今除于"刑事诉讼法"第十二章明定非任意性之自白，证人于审判外之陈述，证人之个人意见或推测之词，不得作为证据外，其他之证据数据依①之意旨观之，似可为证据，仅其证明力不同而已。故于实务上因窃听而取得之证据，虽其取得之方法违法，惟并非无证据能力，如经合法调查后，非显与事理有违，或与认定事实不符，悉由法院依自由心证判断其证明力。② 然此于维护社会安全而言，尚无可议，惟就人权保障而言，似有未周。因此，为了兼顾人权之保障，社会之安全与发现真实之刑事诉讼之目的，宜于"刑事诉讼法"中明定窃听合法程序较妥，不过，在通过"通讯保障及监察法"后，窃听必须在符合规定条件下所实行合法之授权窃听始可，反之，若违背此程序规定而取得之证据，即应予以排除，不认其具有证据能力。

第四节　结　论

由于民众权利之基本保障和侦查机关之权限立于相对之立场，若放纵侦查机关对肖像权及集会游行权或通讯窃听之权限，则民众基本权利必受到相对之钳制。然鉴于纵在法治国家政体下，政府为调查犯罪，皆授权侵害某种程度之权利，已为欧美各国所采用，因此，除非我国台湾地区标榜不以照相、录像、窃听为侦查手段，否则宜在"刑事诉讼法"规定有关授权照相、录像、窃听之条件及程序，避免侦查机关之过度行使，致破坏民众基本权利。

"宪法"之根本精神乃在于保障人权，限制政府之权力扩张与滥用，而"刑事诉讼法"之制定修正与解释，亦须尽可能地予以配合。故就非法照相、录像或通讯窃听所取得之证据资料，应明定为没有证据能力较妥，此项排除法则之采用，乃政府尊重人权之表征，显示政府虽承担维持社会治安之重责大任，仍能抗拒"以非法对付非法"之躁进近视之方式，坚守

---

① 台湾地区"最高法院"1940 年 11 月 26 日民刑庭总会决议。

② 例如，1996 年度台上字第 4455 号判决谓依法监听之录音，苟有可信赖之情况保证，足认其内容为原陈述人之对话者，有证据之容许性，不得概认其为审判外之陈述而加以排斥。

"以合法对付非法"之缓进正规之途径，竭力自制守法，盖政府守法实为建立法治社会前提。[①] 如此，德国学者所称"刑事诉讼法系实质之宪法"[②]之真谛，必可早日达成。

---

① 翟宗泉，中美刑事案件搜索扣押之比较，法学丛刊，61 期（16 卷 1 期），1971 年 1 月，35 页。
② 林山田，刑事诉讼法与宪法之关系，法学评论，44 卷 2 期，1978 年 2 月，2 页。

第八章　鉴定证据之研究
——以精神鉴定为主

第一节　前　言

　　鉴定，系使具有特别知识经验的第三人或专业性的机关，就案情之特别事项，陈述其判断意见，以作为证据资料。我国台湾地区"刑事诉讼法"虽未特别限定某一事项应经鉴定，但为发现实体的真实，对于须有特别知识经验始可判断的事项，法院即应交付鉴定，探究事实的真相。由于知识的分化与对于专业的重视乃大势所趋，"刑事诉讼法"上仰赖于鉴定者亦日益更多，其中并以精神鉴定最为显著。因为精神状态是责任能力的主要基础之一，行为时精神状态是否异常，异常的程度如何，实非只是拥有法律专业训练的法官所能清楚判断，因此，在判断上有疑问时，法官必须借重精神医学专业人士的知识与经验。不过，精神状态的分析是类似自然科学的工作，责任能力的判断是规范的与价值判断的工作，这两者如何妥善调和，实在是刑事法学与精神医学科际整合上的大难题。法官必须仰赖精神医师鉴定人，但又不能过分依赖，法官与鉴定人之间的关系，因此就显得格外微妙。

　　本章拟从精神鉴定证据的起源及鉴定人在诉讼程序中的功能上争议，探讨诉讼法与诉讼现实间龃龉所产生的问题及解决方案。最后，检讨我国台湾地区精神鉴定的实况。

第二节　鉴定证据之沿革与鉴定人角色之争议

一、鉴定证据之沿革

我国台湾地区"刑事诉讼法"有关鉴定的规定与德国法的规定相似。

在探讨责任能力的鉴定时，明了鉴定证据之起源及德国精神鉴定的历史，有助于检讨我国台湾地区的规定。

关于台湾证据的起源及鉴定人在司法上的作用，并非没有长久的传统。早在巴比伦文化时期，即有法院裁判上引用具有专业知识者的意见之习惯；① 同样地，在中国、印度、波斯及埃及亦同。② 另于希腊早期，在法律上有争执的案件，使用医学及自然学知识的记载，尤其对于不明死亡的案件上，即经常援用医学的鉴定报告来加以说明；在罗马时期，对于债权行为的损害赔偿规定，亦有清楚地描述损害鉴定之情况。③

包含精神鉴定及一般的鉴定，在德国，从日耳曼法时代，即有叫法庭医师陈述有关专门意见的习惯，可是普遍化则为 1532 年的 Carolina 法典颁布之后。④ 由于在中世纪时期，裁判是由一人独任或数人协议而成，但此两种成员都不是法律的专家，而是由各地的贵族及权力者所拥有。Corolina 法典即是针对如此情形的裁判者，规定在有重大事件或困难事件时，应送往母都市（Mutterstadt）的上级法院或法科大学，加以记录及鉴定，这就是"记录送付制度"，此种记录送付制度，一直到 18 世纪末为止，都支配德国的司法制度，大约是在 19 世纪末叶时才被废止。在 Carolina 法典有关精神鉴定之规定是第 179 条："未成年人或有其他缺陷时，因无正确之判断力而为犯罪时，应送付全部案情，加以鉴定。"⑤

然而在司法实务上，鉴定主要是由大学的神学部来执行，直到 18 世纪末叶左右，才由大学的医学部及法学部实行，但法院仍大部分以采用神学部的鉴定为主，究其原因，乃是精神学未臻成熟之故。故医学部精神鉴定制度之确立，是在 19 世纪中叶以后的事情。

上述之情形，鉴定人是实质上的裁判者，鉴定才是实质上的裁判，因此，鉴定人被认为是"实质上的裁判者"。此种鉴定与法官的关系，至 19 世纪末仍未改变，维持此种关系，特别有效用的是纠问主义及法定证据主义的诉讼制度。在纠问制度，其刑事程序系以法定证据主义为原则。在法定证据主义下，法官没有自由判断及评价证据的权力，因此，基于一定的

---

①　Dippel, Die Stellung des Sachverständigen im Strafprozeß, 1986, S. 5.

②　Arbab – Zadeh, Des Richters eigene Sachkunde und das Gutachter – problem im Strafprozeß, NJW 1970, S. 12 – 14.

③　Dippel, a. a. O.

④　Dippel, a. a. O. , S. 7.

⑤　参照张丽卿，论精神障碍之鉴定，军法专刊，32 卷 5 期，1986 年 5 月，15 页。

鉴定而被提出当作证据时，法官必须遵从鉴定人的意见，责任能力的判断，也是委诸鉴定人。①

可是，从18世纪末叶的自由主义运动高扬中，在1848年3月发生革命，各式各样的旧制，成立所谓"改革刑事诉讼"。亦即古代的纠问制度和法定证据制度被废止，而弹劾制度和自由心证制度被采用；且由于各联邦国家之统一及单一化，形成了三权分立及司法权独立，1871年统一德国帝国成立，刑法典及刑事诉讼法典相继被制定。由于以自由心证为主，法官的地位及权限被强化起来，鉴定人的地位便相对低下，因此，"事实上裁判者"的鉴定人，到了1877年以后，便成为单纯的法官辅助人的角色，针对此种情形，判例亦屡次说明之。②

二、鉴定人角色之争议

然而，鉴定人是否都一直扮演着"帮助者"的角色？却成为第二次世界大战以后，德国刑事司法现实的困扰之一。

从德国刑事诉讼法的规定来看，法官负有相当大的责任。亦即，在自由心证的原则下，法官必须对一切有问题的事实做自由的证据评价，但值得怀疑的是，如此高度的要求，法官根本无法实践。③ 因此我们推测法官裁判上会有不确定之情形是可理解的，尤其在基于许多众所周知的复杂程序中，法律的规定及司法的实务上，有时对法官的期望都太深。

此种期望既非法官的认知，亦非法官的心理上所可承担，尤其当我们只要考虑到，法官在通常情形下，要从事一种外行人之审查工作时，对他而言，实在是过分的要求。④

可是鉴定人应该代表何种科学上的确信？法律人应该如何描述鉴定人的角色？其中比较重要及基本的问题，便是鉴定人是否只是法官的"辅助者"。尤其是鉴定人在现代诉讼程序中，所从事之科学上说明，常扮演一个重要且具支配性的角色。⑤ 对鉴定人任务的期待，实因社会的复杂化、

---

① Wegener, Der Psychologische Sachverständige – Aufgabe, Methoden und Probleme, Forensia 1986, S. 41 – 43.

② RGSt52, 161 (1918); RGSt57, 158 (1923); RGSt69, 98 (1925); RGSt51, 42 (1917); BGHSt3, 27 (1952); BGHSt7, 239 (1955); BGHSt8, 113 (1956).

③ BGHSt7, 239; BGHSt8, 118.

④ Plewig, Funktion und Rolle des Sachverständigen aus der Sicht des Strafrichters, 1983, S, 7.

⑤ Arbab – Zadeh, a. a. O., S. 128; Foerster, Der Psychiatrische Sachverständige zwischen Norm und Empirie, NJW 1983, S. 2051.

技术化、专业化的结果，使得在诉讼上有专门知识的必要性，于是就增加了对鉴定重视的倾向。① 然而，鉴定人到底应具有何种功能的争议，大都是针对其法律外影响的危险性。此种说法虽嫌主观，但是由于越来越多的鉴定，才使得裁判变得合理及有根据，难怪有人要担心鉴定人影响法官裁判。鉴定证据在法律上及科际整合上应如何加以正确的评价，因此就值得深入讨论。鉴定人角色的争议及鉴定证据的如何评价，在此也意味着，对真实的发现及对个人法律保护利益的一种分析。②

德国刑事诉讼法并没有规定，鉴定人是法官的辅助者。德国刑事诉讼法第78条规定，法官于必要时，得援请鉴定人鉴定。由于越来越多的"鉴定人支配裁判"之情况，因此产生如下所要讨论的争议。③

（一）辅助概念的支持者

明显支持"辅助概念"的人以为，鉴定人在诉讼上应受法官的指挥。④鉴定人乃"事实发现上的当然辅助者"，而非当事人的辅助者，即使鉴定人是由当事人所选任者，亦同。⑤ 鉴定人只是在专业领域上补充法官知识及生活经验的不足，且帮助法官处理事实上的问题而已，所以 Roxin 即以为，鉴定人乃运用其专业知识，帮助法官对证据问题加以判断，此种判断，就是依下列所述的三个方式来进行：⑥

1. 依一般的经验法则（科学上结果之经验法则），告诉法官（如初生儿的胃及肠，在出生后约6小时是充满空气的）所不了解的专业知识。

2. 鉴定人认定事实，乃基于特别的专业知识，才能对事实加以掌握及充分理解，并进而加以判断（如 BGHSt 9.293，被杀害的婴儿 X，其肠中没有空气存在）。

3. 鉴定人本身所具有的专业知识，依据科学上的规则，从事实中加以推论及做结论（承前述 1. 及 2. 的例子，如新生儿 X 是在出生后的六个小

---

① Tröndle, Der Sachverständigenbeweis, JZ 1969, S. 374 ff.

② Plewig, a. a. O. , S. 8 – 9.

③ 由于法官对鉴定人的依赖倾向增大，鉴定人的权限日益增多，鉴定支配裁判及权限逾越的情形，使得德国刑事诉讼法第78条，如同是空洞化的条文。Vgl. Krauegß, Richter und Sachverständiger im Strafver - fahren, ZStW 1973, S. 320 – 359.

④ 如 RGSt52，61；BGHSt3，27；BGHSt7，238；BGHSt8，113；BGHSt9，292；BGHSt11，212；BGHSt13，1；BGH G A 1962，116；Roxin, Strafver - fahrensrecht, 23；Aufl, 1993, S. 192；Kleinknecht/ Meyer, Straf - prozeßordnung 40. Aufl. , 1991；§72, Rdnr. 8.

⑤ Kleinlnecht/Meyer, a. a. O.

⑥ Roxin, Strafverfahrensrecht, 23. Aufl. , 1993, S. 192, 195.

时以后才被杀的）。

如上所述，鉴定人只是法官的辅助者，鉴定人只是帮助法院做上述三个方式的事情。故有关德国刑法第 20 条所谓被告无责任能力的确认，即非只是事实上的陈述或经验规则上的陈述所做之结论，而是已经跨入法律评价的领域，此种法律的评价，应是法院之权限，不属于鉴定人。[①]

故法院必须对鉴定人的报告，做独立的评估。在裁判上，不能对鉴定报告不加检验，即予援用，并且必须在裁判理由中说明鉴定证据评价的结果，那么上诉审才有可能做法律上的再检验，另外，法官如果不采取鉴定人的鉴定结果时，亦必须以一种可以检验的方式，及基于鉴定报告的分析来加以论理。[②]

在实务上，从帝国法院时代，即认为如法院可以运用自己的专业知识时，都可拒绝鉴定意见之援引。[③] 联邦最高法院的重要判决亦指出，法官如果依其生活经验及知识，即能发现真实时，就不必在诉讼程序中引用鉴定人。鉴定人应该只是法院之辅助人，用来补充法院所欠缺之专业知识，法院是否需要这个帮助，应该由法院自行决定之；[④] 法官对于在诉讼程序中所产生的书面鉴定与言词鉴定上的矛盾，可以不加采用而独立审判；[⑤] 鉴定人不是证人，鉴定人是基于特别的专业知识，能对事实掌握及充分理解，并进而加以判断的人，所以，鉴定人只是法院的辅助者。[⑥]

（二）辅助概念的反对者

反对鉴定人只是法官的辅助者，主要针对具体裁判形成的情况。因为法官辅助人的概念，与实际情况并不符合，法官在裁判上相当之不稳定及依赖鉴定人，如此在鉴定人内容影响的可能性下，法官独立性的界限，即值得怀疑。[⑦]

K. Meyer 即不使用辅助概念的说法，他认为此种说法是没有价值且非

[①] 鉴定人是否仅判断被告之精神状态、被告的犯罪行为及其影响等的事实问题；或是更进一步判断被告的责任能力问题，在德国向来就有争论，换言之，就是不可知论者与可知论者之不同见解。亦即，不可知论者以为，应只判断精神状态，不判断责任能力；可知论者则以为，亦应判断责任能力，只是法官并非无条件遵从鉴定意见而已。

[②] Roxin, a. a. O. , S. 192；BGHSt12, 311；BGH StrV 1982, 210；BGH NStZ 1983, S. 377.

[③] RGSt 51, 42.

[④] BGHSt3, 27ff.（1952）.

[⑤] BGHSt8, 113（1955）.

[⑥] BGHSt9, 293（1956）.

[⑦] Dippel, a. a. O. , S. 7.

常危险，因为这种说法会误导，鉴定人比其他证据方法更为有用；[①]
Eb. Schmidt 也认为，辅助概念的说法是有问题的，因此应加以精确化，盖
鉴定人只有在受法院委托时，才能对事实加以调查，他并非是经常的辅
助者。[②]

　　D. Krauß 以为，观察法官从头开始，就无法评估鉴定人的工作，或对
鉴定人加以控制的情况，再假设鉴定人是辅助法官的角色，乃非常不恰当
的；[③] H. Maisch 在说明有关鉴定证据之可靠性时指出，角色冲突与辅助概
念的问题，是与鉴定人本来的任务及此种鉴定在专业知识上的可实现性，
有密切关系，故先从形式上的角色描述言，就不能忽略鉴定人所可能导致
的影响。[④]

　　（三）小结

　　综观上述，对鉴定人角色的争议，主要是因理论与实际无法配合所
致。因为重视现行法理念的支持者以为，法官应扮演裁判的主导者；反
之，重视司法实际的反对者以为，鉴定人实际上是扮演裁判的主导者。前
者的实际上困难是，法官无专门的知识，做事实上的责任能力判断；后者
的理论上困难是，责任能力的鉴定，乃是法律问题的判断，此种法律问题
的判断，与现行法的本旨相违反。

　　其实，鉴定人之功能，应从具体个案中加以考虑，尤其当鉴定人是由
检察官或被告委托时，则法官辅助概念的说法，即包含另一种意义。[⑤] 鉴
定人在刑事诉讼程序中，事实上是扮演一个特殊的角色，尤其新的科学知
识及在生活领域上的专业化，更使得鉴定人在诉讼程序中，一直增加他的
地位及重要性，也难怪法律人总是提到，来自鉴定人方面的威胁了。

---

　　① 　Meyer；（in Löwe/Rosenberg）vor §§72，Rdnr，3C；Plewig a. a. O.，S. 12ff.

　　② 　Plewig，a. a. O.，S. 14.

　　③ 　Krauß，a. a. O.，S. 321.

　　④ 　Maisch，Die psychologisch－psychiatrische Begutachtung von Zeugen－aussagen，Kritische Anmerkung
zu sog. Glaubüdigkeitbegu－tachtung. Mschrkrim 1974，S. 273.

　　⑤ 　Plewig，a. a. O.，S. 14.

第三节 司法上对于精神鉴定之依赖及其批评

一、司法上对于精神鉴定之依赖

(一) 实务上法院的依赖

在收容程序中鉴定人的角色，虽因其与法官的职权界限问题颇具争论，但其重要性却一直未被否定。在德国，一般肯定法院对鉴定人有很明显的依赖性，此种依赖，从医学上之观点言，实因精神医学的进步及对精神医学家的信赖度提高所致。另从法学观点言，由于法院缺乏专业知识，因此，鉴定人在收容程序中即处于特别强势的地位。所以 Koch 法官曾毫不避讳地说：“实际上裁判几乎是从法官的重心移转到医生的范围，此乃必须接受的事实。”[1]

不同的实证研究指出，法院在理论上想要维持审判独立性的困难；例如，依德国刑法第 20 条及第 21 条，要确认是否无责任能力或减轻责任能力，法官便得求助鉴定人的头脑与判断，此时便显出法官的无助——鉴定人甚至以“穿白衣的法官”姿态出现在审判庭上。[2] 即使在民法上收容，在德国实务上对于法官与鉴定人权限的区分，也已失去理论之明确性，医生的专业在民法领域亦显得特别受到重视。[3] 同样地，在有关邦法上的收容，也出现相同之事实上的依赖性。[4]

(二) 实体法上的依赖

由于收容的实体要件，在规定上及意义上的不明确，因此就不得不借重医学上的观察方式。由于在分属法学和医学上之完全不同和不协调的概念体系及思考方式下的判断，法官便无法逃避，必须与鉴定人共同做精神状况上的法律评价。因为即使是法律上之评价，但也需要鉴定人之专门知

---

[1] Koch, Die Zusammenarbeit zwischen Richter und ärztlichem Sachverständigen in Unterbringungsverfahren, NJW 1974, S. 595 – 596.

[2] Schüler – Springorum, “Benzin nach Metern”, in Pohlmeier/ Deutsch/ Schreiber (Hrsg.) Forensische Psychiatrie heute, 1986, S. 52.

[3] Schneider, Der Sachverständige in Zivilprozeß, in: Wellmann (Hrsg.), Der Sachverständige in der Praxis, 4. Aufl., 1981, S. 34.

[4] Koch, a. a. O., S. 595 – 596; BverfG., NJW 1986, S. 767 – 768.

识，此乃因应用医学上的术语，更能清楚地指出认知的问题。Hippel 即曾运用医学上的术语，以解释保安处分要件上的认知问题，因为德国刑法第63 条之文义所显示者，乃"诊断"（行为人及其行为之整体评价）加上"预测过程"（行为人显示出依其状况仍将有严重违法行为）的"危险性判断"（行为人因而对大众有危险）。①

在精神卫生法上的收容，通常也是做此种理解，因为诊断及预测过程（即精神病患何时应该令入收容及可以得到自由的关系）都需要鉴定;② 在民法上的收容，在以当事人的利益当成是收容的要件时，也会发生同样的情形。亦即诊断及预测的过程，应由医生在个案的裁判中来决定，什么是对当事人（被监护人）最好的方式。③

（三）程序法上的依赖

除了实体法上的原因外，在收容的程序要件上，法官也不得不依赖鉴定人。其一是法律明文规定，在收容程序中要有鉴定人出席（如德国刑事诉讼法第 81 条及第 241 条 a、民事诉讼法第 655 条、非讼事件法第 64 条 a第 2 项及第 64 条 c 第 1 项、第 2 项）；其二是法官证据评价的任务。此种对医学上证据做评价的问题，在证据法上便特别清楚显示出法官对鉴定人之依赖。因为如果法官对医学上的认知有怀疑或无法加以评估时，依通说见解，法官只能受鉴定人的拘束。④ 虽然当鉴定人的医学上知识在相关案件上的危险预测，只是一种或然率的预测，而使得鉴定人之角色受到怀疑，但是由于法官被授权可再征求其他鉴定人，直至多数医学上之意见出现为止（如德国刑事诉讼法第 244 条第 4 项、民事诉讼法第 412 条第 1项）。因此，法官即可不需要自己意见作裁判，他的责任也能完全转给鉴定人，如此便不难想象，何以法官会依赖鉴定人。⑤ 事实上在德国，第一审法官的见解，如不依照鉴定人的意见加以裁判之情况，通常都被法律审所废弃，也难怪法官的独立裁判，在此时被认为只是一种理想而已。⑥

---

① Hippel, Reform der Strafrechtsreform – Maßregeln der Besserung und Sicherung, 1976, S. 43.

② Koch, a. a. O. , S. 595 – 596.

③ Less, Die Unterbringung von Geisteskranken, 1989, S. 157.

④ Gollwitzer, in Löwe/Rosenberg, StPO（Komentar）24. Aufl. , 1984 ff. , § 261, Rdnr. 66, 68.

⑤ Gollwitzer, StPO, a. a. O. , 261, Rdnr. 67; Kaufmann: Das Problem der Abhängigkeit des Strafrichters vom medizirrischen Sachverständigen, JZ 1985, S. 1065.

⑥ BGHSt27, 166; A. Kaufmann, a. a. O. , S. 1065, 1070. BverfG, NJW 1986, S. 767, 771.

（四）收容（监护）要件实践上的困难

由于只有收容要件的探讨，仍无法提供对人身自由保障之有实效及令人满意的判断，因此，鉴定在决定是否收容的程序中，也扮演非常重要的角色。

对于怀疑收容要件有实践上的困难，主要是因为认定精神疾病的实体要件，可能包含有非医学上之价值判断及鉴定人之偏见等要素；另外，由于法律与医学概念的重叠及法官缺乏专业经验的原因，使得鉴定人接掌收容程序中之重要地位。① 虽然立法者已经努力尝试，将收容要件予以科学化，然此一科学化的倾向，亦隐含着需要鉴定人的意见，亦即，立法在无形中给鉴定人一些权限，当然便隐藏着法官与鉴定人之权限争执了。

另外，收容的程序要件（言词听证），也不能让人身自由得到充分的保障。因法官为了容易形成个人之直接印象，即使有鉴定人在场，也可能因下列因素，得到错误的印象，这些因素是：（1）在裁判时，为使精神病患不具危险性，对其使用药物（如精神药物之大量使用或通常镇定剂的使用），增加了对其精神状况判断上的困难，或可能使得当事人之参与程序流于形式受到伤害，② 换言之，因为用药，导致当事人在法庭上的行为表现有异于平常；（2）收容裁判程序短促，无法做详细观察与得到确定的结论。由于收容裁判程序时间在实务上过短，法官无法对当事人的人格做充分观察，因此亦无法形成确定的结论，或只是接受一种定型化的观念，故短期的听证，仍然是很有问题的。③

由于法官缺乏专业的经验，不能单纯判断收容的实体上案件；另因收容裁判程序之期间短暂及药物使用，使得收容的程序有流于形式的隐忧，遂使得鉴定人对于法官在收容判断上，有更大影响力，及支配裁判的情况。

---

① Albrecht, Aspekte des Maßregelvollzugs im psychiatrischen Krankenhaus, Mschrkrim 1978, S. 104, 212.

② Alberecht, a. a. O. , S. 104.

③ Bienwald, Zu Notwendigkeit und Umfang einer Reform des Vormundschafts – und Pflegeschaftsrechts, FamRZ 1987, S. 533, 544.

二、对于司法上过分依赖精神鉴定之批评

（一）医学上的不确定性

从上述司法上对于精神鉴定的依赖情况显示，鉴定人似乎是扮演着主控的地位。然而，收容裁判之决定，不能只是单纯医学上的判断及基准，因为此种科学上的认知，实际上有其不确定性。此种不确定与不实的情形有二：一是医学家认为，健康与疾病的过程是只有流动性的；[①] 二是缺乏客观的方法，证明一个人并非罹患精神病，因精神医学的诊断及预测，仍有其困难存在。[②]

另外，当事人的将来危险行为之预测，也会有不确定性的情况。因为将来危险性的预测，如基于统计上的比较方法更为精确，而非基于短时间的临床诊断。但是，危险性的正确预测，在依数学上的统计方法时，也有其方法上的重大疑虑。故结论是，似乎没有人（即使是精神医学鉴定人）可以清楚地预测当事人之将来危险性。此种情况更导致，对鉴定人地位的质疑。[③]

关于危险预测的医学上不确定性，乃是鉴定人之主观偏见与价值判断所造成。因为一个完全没有偏见及纯正客观的精神医学家，是不存在的，故当然也难期望会有危险预测的客观调查。[④] 其实在精神医学上的此种现象，亦如同其他领域，由于一直都相当缺乏客观可靠的测量工具，所以，即使精神医学家已经极尽努力做到客观公正，但也难免会受到他本身的社会及政治价值或主观偏见所影响。尤其，精神疾病的诊断或预测，还受到文化因素的影响，亦即，精神疾病一部分是文化的产物。[⑤] 最明显的例子是，关于同性恋的精神医学上的意见转变。早先认为同性恋是一种罪恶；然从 1973 年开始，美国精神医学会则以为，同性恋是一种性心理变态；现在则因社会道德及文化变迁的影响，在精神医学的诊断中，已将之除名

---

① Bresser, Krise des Sachverständigenbeweises, in: Frank/Harrer（Hrsg.）, Der Sachverständige im Strafrecht Kriminalitätsver－hütung, 1990, S. 42.

② Pertes; Fehlerquellen im Strafprozeß, Eine Untersuchung der Wiederaufnahmeverfahren in der Bundesrepublik Deutschland, 1972, S. 137.

③ Horstkotte, LK, §67C, Rdnr. 53; Hanack, LK, vor §61, Rdnr 113, 116.

④ Perters, a. a. O., 1972, S. 137, Venzlaff, Fehler und Irrtümer in psychiatrischen Gutachten, NStZ 1983, S. 199.

⑤ Pfäfflin, Vorurteilsstruktur und Ideologie psychiatrischer Gutachten, über Sexualstäter, 1978, S. 54.

（在 DSM – III – R 中，已将原 DSM II 中之 302.0 同性恋症一项删除）。此种意见上的转变，即意味着，精神医学的诊断，也涉及社会文化的价值判断，随着社会文化的转变，精神医学的看法也跟着改变，故诊断上的不确定性，即非难以想象。

（二）鉴定可能发生错误

鉴定人本应保持客观，超党派及公正的态度来鉴定，然事实显示，有不少因为鉴定上的错误或误会，导致在实务上无法适用的例子。[1]

最早是 1951 年的 Seyffert 指出：在海德堡医院的第二次鉴定中显示，与第一次鉴定意见相同者只有 45.7%，不同意见者却有 54.3% 之多，大约只有 1/3 有关责任能力的判断上，第一次与第二次的鉴定意见是相同的，其中并以精神病态人格（人格违常）和精神分裂病的意见最不相同。[2] Pfafflin 在 1978 年，研究 208 个性犯罪行为者之报告，指出鉴定方法上的错误，亦即：25% 的鉴定报告中缺乏以前性行为之记录及发展，大约有30% 的性行为鉴定报告中，只有由两三句话所组成；有 66% 的鉴定报告中，未采用被鉴定人儿童早期的发展；有 56% 的被鉴定人中未接受生理上的检查。[3] Heinz 在 1977 年从 Peters 的研究资料中指出：在 67 个再审程序中的精神鉴定案件，有错误诊断结果的，第一次有 48%，第二次有 4%；在第一次鉴定中发现，有一半以上的鉴定中，鉴定人对被鉴定人存有偏见，因而倾向于归咎及不利的判断。[4]

Heinz 并指出，造成鉴定可能发生错误的原因，可分为两个方面：一是来自病人本身的问题，如病人缺乏合作的意愿、病人弄不清楚自己的年龄、服药及生活习惯，或病人本身有太多偏离常轨的病症等；二是来自鉴定人的问题，如鉴定人没有很好的调查技术、错误的认知或受到以前的诊断所拘束，情感上及意识形态上的偏见，遗漏或不完全诊断；或在鉴定报告中使用否定的意义，或混合专业及日常生活用语，造成对被鉴定人严厉

---

① Venzlaff, a. a. O. , S. 199；Rasch, Richtige und falsche Psychiatrische Gutachten, Mschrkrim, 1982, S. 260 – 261.

② Seyffert, Über Verschiedenheiten bei der psychiatrischen Begutachtung Krimineller, Nervenarzt 22, 1951, S. 194.

③ Pfafflin, a. a. O. , Heinz, Fehlerquellen bei der Begutachtung und Fragen der Haftung des Sachverständigen, in: Frank/Harrer（Hrsg）, Der Sachverständige im Strafrecht Kriminalitätsverhütung, 1990, S. 30.

④ Heinz, Fehlerquellen forensisch – psychiatrischer Gutachten, Eine Untersuchung anhand von wiederaufmahmeverfahren, 1982, S. 100ff, 110ff.

谴责的判断（Verdammungsurteil）。①

　　另外，由于鉴定人误解自己在诉讼程序上的角色，造成诉讼开始便希望提供法院绝对及肯定的意见；在审判程序中，鉴定人替检察官证明被告有罪，或是鉴定人愿意接受病人较轻微判决的情况。② 尤其，鉴定人在有其他很大的工作负担时，形成时间的压力，使得精神鉴定可能只是引用已经过时调查发现为根据，自己的调查只是很短时间的观察，或是根本未加以调查。③ 最后，再考虑到机构强制性的确认问题时，也让人对精神鉴定产生很大的怀疑。简言之，鉴定人为其所服务的机构工作，当其从事鉴定工作时，有可能考虑自己的利益多于病人的利益；亦即鉴定人和其他在机构内的人员，在鉴定时，如有反于机构之意识形态或愿望加以陈述，就得考虑到工作位置的后果时，那么即使有其他的意见，可能也不敢说明。④

第四节　对过分依赖精神鉴定之解决方案

　　由于医学上的不确定性与鉴定可能发生错误的因素，使得鉴定人的发现与陈述并非全然没有缺点，⑤ 可是又没有其他领域，像司法精神鉴定般，法官与鉴定人是处在如此紧密的关系。⑥ 问题在于，法官对鉴定人的这种依赖，会形成错误裁判的风险及对当事人不利的结果。因此，为了要减少错误裁判的风险，及避免要当事人承担同样错误风险的结果，便有赖于司法的救济功能；亦即，实务上有什么办法，可以解决上述依赖问题及因依赖所形成的后果，且此种解决方案，要能与法规上的目的相符合，并很合理地限制鉴定人之权限。以下就概略说明德国学界及实务界对上述依赖问题所提出的解决办法：

---

① Heinz, a. a. O. , S. 32 – 33.

② Kaufmann, Das Problem der Abhängigkeit des Strafrichters vom medizinischen Sachverstandigen, JZ 1985, S. 1065；Heinz, a. a. O. , 1990, S. 34.

③ Albrecht, a. a. O. , S. 104, 121；Gohde/Wolff, Die Transparenz der Untersuchungssituation in Psychiatrischen Gerichtsgutachten, R&P 1991, S. 170.

④ Less, a. a. O. , S. 169；Horstkotte, LK, §67C, Rdnr. 54.

⑤ Müller – Dietz, Rechtsfragen der Unterbringung nach §63 StGB. NStZ 1983, S. 203 – 204；Venzlaff, NStZ 1983, S. 299 – 203；Heinz, a. a. O. , (1990), S. 29 – 37.

⑥ Müller – Dietz, a. a. O. , Podegge, Das Unterbringungsverfahren, NJW 1987, S. 1910 – 1912.

一、废除鉴定证据

有些学者认为，在收容程序上应该完全放弃鉴定证据之使用，① 因为没有确定的实证研究指出，鉴定证据完全可靠。许多研究显示出，鉴定证据根本不可靠。与其因不可靠而形成错误裁判的风险，倒不如干脆不使用无法信任的鉴定证据。但是此种见解也遭到一些批评。例如，Horskotte 即认为虽然危险预测不确定，特定的科学方法也并不比直觉的预测更确实可靠，因而只可以相对接受。但此并不意味，光是法官的直觉预测，就可当作是充分可靠的工具，法官仍赖一切科学上的辅助工具，来矫正或控制直觉上的错误。亦即，法官必须对科学上的预测鉴定加以检验，但并不因此即可废弃鉴定证据。精神鉴定虽有其科学预测上之困难，但其鉴定并非完全不适格的证据。② 故完全废除鉴定证据的援用，是无法贯彻的，况且错误裁判的风险，可经由基本诉讼程序上的规定加以减轻。亦即，经由诉讼法上的自由心证原则，法官可对不可避免的科学鉴定意见，做不同见解的裁判，不受拘束。③

总而言之，鉴定人应该在相当受限制目的之情况下来加以设置，法官对于鉴定证据，不可毫无节制地加以援用，故只有在鉴定人可提出确实统计上的认证时，才可以接受。因此，精神鉴定人的角色，在裁判程序上，应被限于专家证人的地位，提供法院，关于为了发现事实所为的诊断及预测，只是鉴定人应比以前受到更多的节制而已。

二、增加第二个鉴定人参与诉讼

减少错误风险的第二种可能性，刚好与第一个可能性相反。这个解决方案主张，增加附属于机构的鉴定人或由私人选择的鉴定人，参与诉讼程序。此种建议系来自美国实务上的通说为基础之一种假设。④ 由于不确定

---

① Otto, Amerkung zu OLG Schleswig, Beschl. V. 15, 6, 1984 – 1 Ws 366/84, NStZ 1985, S. 75; Heinz, Gutachterliche Vorhersage von Gefahrlichkeit, Vom Scheitern in Ausland und der Kritik in Inland, P&R 1987, S. 50, 55.

② Horskotte, L. K. § 67C, Rdnr. 56; Göppinger, Kriminoliogie 1980, S. 359; Hanack, LK, vor § 61, Rdnr. 112.

③ Gollwitzer, in Löwe/ Rosenberg, StPO, § 261 Rdnr. 55; Albrecht: Überzeugung und Sachverständigenbeweis in der neueren Strafrechtlichen Judikatur zur freien Beweiswüdigung (§ 261 StPO), NStZ 1983, S. 486.

④ Pfäfflin, Vorurteilstruktur und Ideologie Psychiatrischer Gutachter über Sexualstäter, 1978, S. 89.

的医学证据，导致错误裁判的风险越高，听证程序伴随越增多，如此有第二个鉴定人参与听证程序，应可调和只有一个鉴定证据，过分主观的弊端。而且在只有一个鉴定人参与诉讼程序的法院，很难获得无偏颇及有科学正确性的证据，此种必要的纠正，便有赖于引用更多的鉴定人。因有更多的鉴定人，即可有较多的不同意见和更客观的鉴定证据。①

援用附带的鉴定人来参与诉讼程序，似乎很有理由，但是仍有其困难之处。因为在实务上，当事人极少能负担选任对自己有利的鉴定人②；在理论上，依照诉讼法的规定（如德国刑事诉讼法第244条第3项及第4项、民事诉讼法第404条第1项第2句），更多鉴定人或鉴定意见的援用，乃在于裁判法官的衡量，只有在少数的情况，法官才有义务使用其他证据。一般言之，法官可以拒绝当事人之提出，故关于用私鉴定人的声请，如果法官认为事实经由先前获得的鉴定或自己的专业知识即足资证明，而不必其他鉴定证据时，即可拒绝上述的声请。换言之，私鉴定人的意见，并不适用于严格意义的鉴定证据，因此法官并没有义务分析私人的鉴定。③

另外，是否增加附属于机构的鉴定人或当事人所选任的鉴定人，就可避免裁判错误的风险呢？其实也不然。因为，法官有可能基于两个或多个鉴定人的相互意见矛盾陈述等，被迫要形成自己之裁判，这样对法官而言，似乎更加深了他的困难。尤其，多数鉴定人彼此间的矛盾陈述，可能很快让科学上学派意见的争执出现在诉讼程序上，形成法官完全不知所措的现象，这种专家争辩的战争，使得法官变成是更高的鉴定人或多数鉴定人的决定者。④

此外，法官在两个以上鉴定意见一致时，也使得法官无充分的诱因作自己的决定。如附属于机构的鉴定人，也提出与第一个鉴定人相同的建议时，便存有很大的危险，因为这个时候，法官事实上并无更进一步了解，就对鉴定人加以信任。⑤ 因此，第二个解决方案，也只是部分的解决办法。

① Less, Die Unterbringung von Geisteskranken, 1989, S. 176 – 177.

② Less, a. a. O.

③ Schneider, Beweis und Beweiswürdigung, 4. Aufl., 1987, S. 299 – 301.

④ Koch, Der Anhörungstermin in Unterbringungsverfahren über die Abhängigkeit des Richters vom Sachverständigen (Psychiater), NJW 1971, S. 1073 – 1075; Maisch, Fehlerguellen psychologisch – psychiatrischer Begutachtung in Strafporzeß, StV 1985, S. 517 – 518.

⑤ Gschwind/Franz/Eduardo, Die Beurteilung Psychiatrischen Gutachten in Strafprozeß 1982. S. 30 – 31; Bay OLG, MDR 1983, S. 762.

三、证据程度与举证责任之运用

比较有效及实际的解决方案，在德国，一般以为，应赖于证据程度与举证责任的严格规定。由于鉴定证据仍有值得注意的怀疑，故对证据规定之严格要求，即意味着，经由法官对此种证据的减低依赖，来减少裁判上错误的风险。因为，证据程度的规定，在实务上的作用是，可分配双方当事人间之错误裁判的风险，此种象征性的意义，在于法官可对自己的裁判不那么匆忙地单以鉴定人的意见为基础来形成自己的终局裁判。另外，举证责任的规定也有相类似的意义，亦即，增加举证责任，促进事实发现，来减少不适当之裁判[①]。

（一）证据程度之要求

1. 证据程度与法官的确信

证据程度，乃事实主张之确信程度，即法院依事实主张认定后，所达到之确信程度。但证据程度必须与自由心证有所区分。自由心证是指，法官原则上是自由的，他可以不受法律拘束，判断证据及形成确信；换言之，法官认定主张之为事实，能借助经验法则，自由评估证物的证据价值，同时对证物在系争事实之真实性加以说明。然而，应注意的是，它仅是为了克服法律上证据理论的呆板性所引申而出，并非变成法官恣意裁判之理由。[②]

证据程度是指必要证据之量，此种必要证据之量，法律并无明文规定，但是事实上仍有"证据程度之要求"。此种要求，在法律的适用上及学说上已获得支持，因此，在收容（我国台湾地区称为"监护"）事务上，是以实体法上危险预测的可能性裁判，及诉讼法上的法官确信为基准。故证据程度的规定，是由实体法及诉讼法所组合而成的。[③]

法官的确信，依一般见解，没有办法依其强度做不同之区分。换言之，法官的确信乃不能量化的，法官确信的形成是一种复杂的过程。因此德国刑事诉讼法第 261 条之确信，既非可能性的陈述亦非可能性的计算，

---

① Less, a. a. O. , S. 179 – 180.

② Gollwitzer, in Löwe/Rosenberg, StPO, § 261 Rdnr 55; Kleinknscht/Meyer: StPO, 40, Aufl. , 1991, § 261, Rdnr. 2.

③ Bae, Der Grundsatz der Verhältnismäßigkeit in Maßregelrecht des StGB, 1985, S. 218.

当然也不是数学上的计量，因此法官的确信是由客观及主观的要素所构成。① 然在何种程度须强调客观或主观的要素，也有下列争执：

强调客观确信的人认为，法官的裁判，必须注意"高度的或然率"。因为如同所有人类的决定一般，也都是从高度的或然率引申而出，故法官在诉讼上也需要注意高度的或然率，此种或然率在事实的认识上，即可单独达成。然而，比较新的司法实务见解，已经拒绝使用高度或然率的用语，而以"对实际生活所需之真实程度"来替代，因依真实程度才能将合理的怀疑排除。②

不赞成把确信当成是"或然率判断"的人以为，法官只有基于主观的认知来裁判，证据只有在法官个人，对全部事物加以确信时实行，而不是只对或然率有所确信。例如，Gollwitzer 即认为，所谓确信是指，法官对于调查对象的内在意见，此种内在意见是从审理的内在概念逐渐形成。依他的看法，刑事诉讼法第 261 条的"认为可能"与"认为真实"是不相同的，因此，所谓"高度的或然率"对于特定事实，仍然是不够的。③ 另外，Peters 亦持相似见解，他并不否认客观要素的重要性，但是他认为"确信必须呈现出高度主观上的认知"，因此，法官如只对或然率程度的满足，仍然是不充分的。④

上述争执的要点，主要是认为：对于客观或然率程度的确信，显示出对于证据程度有较少严格的要求，相反地，主观的确信反而在证据程度要求上比较多。因为，如果只是强调客观的确信，它所产生的负作用是，很容易误认为法官不需要主观的认知，而是限制在客观或然率程度的印象。⑤ 此种观察方式显示出，德国证据法上，有比较严格的确信程度的要求，并且把确信当成是证据程度的规则。

2. 在收容程序中的法官确信

因为收容程序，自始即以可能性之判断为基础，所以收容程序也涉及证据程度的规则。然而证据程度规则与在前章所提之可能性判断有些差别。因可能性之判断是实体法上收容要件的部分，且由于当事人危险性之

① OLG Celle, NJW 1976, S. 2030 - 2031; Gollwitzer, in Löwe/Rosenberg, StPO, §261, Rdnr. 6; Albercht, a. a. O., S. 486 - 488.

② BGH, NStZ 1982, S. 478.

③ Gollewitzer, in Löwe/ Rosenberg. StPO, §261, Rdnr. 8.

④ Peters, Fehlerquellen in Strafprozeß, 1972, S. 240, 230.

⑤ Kühne: Strafprozeßlehre, 3. Aufl., 1988, S. 330ff.

判断，是以其将来行为而非过去行为做基础，故此种判断无疑就是预测，可惜人类仍无法很精确地认定将来之行为，故只是对可能性加以陈述而已。①

无论刑事诉讼法还是民事诉讼法，都没有关于收容程序上的特别规定，故收容程序中的证据程度规则，只有求之实体法上的可能性要求，及程序法上的法官确信。②

然而各种有关法官确信的说法，显得相当分歧，例如"确实或高度的可能性"、"一种对现实生活可以使用之确信程度"、"高度的可能性"、"升高及绝大部分的可能性程度"等。③ 此种在收容程序中，证据法则上多样的用语，显示出从量上来观察的精确用语，是不存在的。但是我们都可从这些用语引申出，对收容所需要的证据程度要求，必须多于只是单纯或一般大致上的可能，④ 却是可以肯定的。因而，此种混合实体法及程序法上的证据程度规则，即意味着，实体法上所要求的客观可能性的判断，必须经由法官主观的确信，做某种程度的补充。

3. 证据程度要求上之困难点

如前所述，只是单纯或大致上的可能，并不是足够的证据程度，因此，收容必须要有法官的主观确信来补充。收容程序上的宣告因而有严格的标准。只是这种值得称许的规定，依一些学者的意见，仍然有其缺失。根据这些意见，在收容上的必要可能性程度（即将来可能出现之危险性），可能是不同之强度。⑤ 依此种看法，可能性的范围与强度，与对法程序干扰的严重程度间的关系，必须加以认定；亦即，如有值得担忧的法秩序重大干扰，则对可能性的要求就越小。⑥ 在这种观点下，有些学者即区分有生命危险的行为和对别人财产有侵害的行为。如对别人财产有侵害为基准的收容，就必须要以有特别高的危险可能性为前提。⑦

---

① Heinz, Gutachterliche Vorhersage von Gefahrlichkeit, R&P 1987, S. 50.

② Bae, a. a. O.

③ OLG Zweibrucken, NJW 1974, S. 610；Bae, a. a. O. , S. 218；Hanack, in: LK StGB, vor § 61 Rdnr 45；Müller, Anordnung und Aussetzung Freiheitsentziehender Maßregeln der Besserung und Sicherung, 1981, S. 63；Albrecht, a. a. O. , S. 490.

④ Hanack, a. a. O. , § 63, Rdnr. 42 und vor § 61, Rdnr. 46；Horstkotte, in: LK StGB, § 67d, Rdnr. 72.

⑤ Hanack, a. a. O. , § 62, Rdnr. 13.

⑥ Baumann, Unterbringungsrecht, S. 287, 290ff；Müller, a. a. O. , S. 64.

⑦ Müller, a. a. O. , S. 64；Horstkotte, a. a. O. , § 67d, Rdnr. 73.

上述对危害行为的严重程度，加以划分等级，其实是建立在警察法上的危险防卫思想上，亦即，保护社会大众免受危害。但是，反对依危害行为的严重程度，而改变标准的学者却以为，前述依犯罪严重程度而改变标准的说法，可能会加倍导致预测上的风险。因为，在可能性与行为严重性仍无法有可靠及通常意义的量化情况下，就需要有严重性的预测，然这种严重性的预测，是依其过去行为表现来预测将来行为的发展，如此就有不可避免的疑虑。① 同时，由于此种标准是建立在可能性概念的不完全理解上，而此种可能程度，系指危险将会出现；然危险出现的可能性，并非只是单纯实体法上的收容要件，仍牵涉到证据程度的规则，所以，此种可变的标准便显示出，在收容程序中所需要的证据标准，无法固定不变，而须就各个要件加以考虑，故此种可变动的证据规则，当然就不是很正确。②

针对前述之疑虑及不正确性，Muller 认为：在可能性程度和法秩序破坏严重性之间，只有一种限制性的变更作用存在，故即使在最严重的法秩序违反上，可能性的标准也不能低于特定的标准，此种特定的标准——升高的及绝大部分的可能性程度，系收容宣告上所不可忽略的判断。③

（二）举证责任之应用

1. 举证责任在收容程序上的应用

由于法官要把构成要件归摄到法律语句，因此，客观意义的举证责任，在诉讼程序中到处可见。换言之，客观举证责任亦发生在收容程序中。④

"无证据情况"是举证责任中之部分规定。由于在无证据情况下，法官无法对有问题的事实形成正面或负面的确信。⑤ 在刑事诉讼程序中，基本上依罪疑惟轻原则，在此种情况下，必须承担举证责任。⑥ 同样地，依通说，在收容程序中的事实问题，在不涉及预测的评价时，也有适用罪疑惟轻原则；亦即，如法院对当事人之精神疾病的危险性无形成确信时，必须作对当事人有利之裁判。⑦

---

① Bae, a. a. O. , S. 174.

② Less, a. a. O. , S. 202 – 203.

③ Müller, a. a. O. , S. 64.

④ Rosenberg, Die Beweislast, 5. Aufl. , 1985, S. 11 – 43.

⑤ Rosenberg, a. a. O. , S. 62f.

⑥ Gollwitzer, a. a. O. , §261, Rdnr. 115; Kleinknecht/ Meyer, StPO. 1991, §261, Rdnr. 26.

⑦ Hanack. a. a. O. , vor §61, Rdnr. 48; Bae, a. a. O. , S. 219; Müller, a. a. O. , S. 131f.

这种可以形成罪疑惟轻结果的举证责任规定，并不涉及可能性的必要程度，虽然法官必须对可能性的必要程度形成确信，但是与罪疑惟轻原则是不相关的。罪疑惟轻原则，并没有影响到自由证据评价，而是于运用罪疑惟轻原则时，需要证据程度的规定，来加以限制或补充。① 因为法院的怀疑，不能形成当事人之负担；也就是"有怀疑应许其自由"的概念。这种结果亦符合国家在收容程序中，必须承担举证的责任。②

2. 举证责任应用上之争执

然而在德国有关刑法上的收容，对于举证责任的分配问题，有很显然的意见上争执，这个问题必须与罪疑惟轻原则一起讨论。

当罪疑惟轻原则涉及责任证据时，有关刑罚成立或刑罚加重之构成要件要素，如有不能毫无疑问被证实有责任的话，则罪疑惟轻原则的适用，是没有争论的。但是，罪疑惟轻原则是否也可以延伸到，其他刑法制裁上的重要事实问题（如刑罚排除或刑罚减轻事由），就有很大的争论。

Kleinknecht 认为：无论是收容的保安处分程序，或其他的裁判，都需要把预测当成前提；因预测的决定，是以可能性的认定为基础，故罪疑惟轻原则不适用于可能性的认定。同时，罪疑惟轻原则也不适用于社会预测，亦即，有关暂时性干预的社会预测、刑法缓刑的社会预测、保安处宣告的社会预测，都不能适用。③

其他学者则反对把罪疑惟轻原则，不加以区分地拒绝适用，因为这样会导致罪疑惟轻原则在实务上变成没有意义。故他们比较倾向于尝试，在个别有问题产生的法律规范中，去加以明确化或变更建构。

Frisch 即区分收容预测上所必要之两个要素，并且要求这两个要素，应各依不同的证据程度来加以评价，这两个要素是：（1）在刑法上保安处分宣告，有关人格结构所必要的问题，应有比较高的证据程度；（2）在涉及有关情况上的条件时，则有比较低的证据程度。这种不同评价上的问题，即可透过罪疑惟轻原则来加以解决。④

Montenbruck 认为在刑法收容领域上，罪疑惟轻原则的运用，应该加以放弃。因为，如果收容保安处分上的危险预测，从必有利当事人之观点

---

① Volk, Wahrheit und materielles Recht in Strafprozeß, 1980, S. 10.

② Baumann, a. a. O. , S. 193, 232; Dodegge, Das Unterbringungs – verfahren, NJW 1987, S. 1910 – 1015.

③ Kleinknecht/Meyer, a. a. O. , § 261, Rdnr. 27 – 28.

④ Frisch, Progonose Entscheidungen im Strafrecht, 1983, S. 61 – 65.

来出发，无疑就是默认，法官的裁判必须要不利于社会大众，故此种规范的理论，即是要社会大众承担特定的风险。① 由于他不同意，要做对当事人有利之裁判，因此他建议德国刑法第 63 条应该重新规定为：凡于无完全责任能力（原条文为：无责任能力或限制责任能力）状况下而为违法行为，法院就行为人及其行为做整体衡量，足以显示行为人依其状况仍将有严重违法行为，且因而危及公安者，应命收容于精神病院。②

有些学者认为，举证责任转换于当事人是正当的，如收容的构成要件已经一度被证实，则其他的法律上判断，即应特别严格的来审查，换言之，在第一次依精神病状况及当事人的危险性被认定后，那被假设收容的要件是继续存在的，除非当事人可提出变更的证据。③

持反对意见的学者以为，举证责任移转到当事人是不公平的，因为前述证据推测的见解，等于就是反对当事人的情况可以变更。当事人的情况，必须将其认为是一直在改善，况且，实际上当事人没有且不再有能力，去证明他的精神健康或他的无危险性；因此，宣告收容审查上，亦应有罪疑惟轻原则的适用。④

综上所述，有关罪疑惟轻原则适用上的争论，主要是集中在宣告收容的审查上，然而尽管有这些不同的意见，但是对于事实确认原则的适用，仍被一致肯定。⑤

第五节　我国台湾地区之精神鉴定

一、精神鉴定之历史

由于我国台湾地区司法精神医学不发达，犯罪者精神状态的研究，一向被忽视，在审判上除了犯重罪，而且被告精神状态达到连外人都看出的程度外，很少被注意并移送鉴定的。移送时，精神医学专家对于法律规范

---

① Montenbruck, In dubio pro reo, 1985, S. 132.

② Montenbruck, a. a. O. , S. 138.

③ Hanack, a. a. O. , vor § 61, Rdhr. 51；Müller, S. 108 – 110, 135.

④ Horstkotte, a. a. O. , § 67d, Rdnr. 75f；Frisch, a. a. O. , S. 154 – 156, 163 – 165.

⑤ Hanack, a. a. O. , vor § 61, Rdnr. 48 – 50；Lack, StGB, § 61, Rdnr. 4；Müller, a. a. O. , S. 132；Bae, a. a. O. , S. 219.

未必了解，其所为的鉴定结果亦常不标明"心神丧失"或"精神耗弱"等字眼；纵已标明，精神医学所了解之"心神丧失"或"精神耗弱"亦未必能符合法律解释的内容。① 台湾大学林宪教授指出，我国台湾地区医学专家对精神障碍之鉴定，有采取脑波测验，亦有采取药剂注射方式，法官常要求医生使用法律名词，指明犯人是否"心神丧失"或"精神耗弱"，但医生们一般并不太乐意接受法院所嘱托鉴定之事务，因为法院对精神病专家之鉴定不绝对尊重。② 而且在前二十年的判例中，亦可看出法院不太注重医学鉴定而径行认为精神障碍的例子。③

在台湾地区目前之医院接受法院转介犯罪案，而从事精神鉴定工作的有：台大医院、荣民医院、陆总部三军总医院、台北市立疗养院、高雄市立疗养院等。④ 就其中最具代表性之台大医院神经精神科⑤，从事精神鉴定之历史来看，从 1950 年接受第一个精神鉴定个案以来，至 1969 年为止共有 18 个鉴定个案，平均每年有一个案；自 1970 年起至 1975 年的五年之中，精神鉴定个案急遽增加，共有 42 个个案。这种改变等于是说明在 1969 年以前，司法机构中只有了解精神鉴定的人，才偶尔会将犯罪之精神疾病患者送付鉴定，故鉴定之数目甚少。⑥ 自 1970 年以后精神鉴定的重要性，受到广泛之注意而成为普遍之常识，于是精神鉴定成为精神科临床的一项固定工作。⑦

---

① 段重民，心神丧失与精神耗弱之刑事责任，政大法学评论，27 期，1983 年 6 月，154 页。

② 例如：1980 年度上诉字 2717 号判决（台北），即未采取台北市立疗养院关于"心神丧失"之鉴定结果，而认为犯罪人仅属精神耗弱人而已。

③ 例如仅凭上诉人自行供称酒醉，与警官某甲之证言，径行断定为精神耗弱（"最高法院"1960 年度台上字第 204 号刑事判决，"最高法院"1959 年度台上字第 1486 号刑事判决）或因被告所窃之物均未经变卖，违于常理，而断定其为精神障碍（"最高法院"1957 年度台上字第 757 号刑事判决）。或由被告之夫供明属实，另有管区邻里证明可考，决定被告为精神耗弱之程度殊无置疑（"最高法院"1961 年度台上字第 1598 号刑事判决）。

④ "中国时报"，社论，1984 年 3 月 24 日第 3 版。

⑤ 精神鉴定历史之研究甚为困难，各医院之数据甚少有系统之整理，例如，据台北市立疗养院该院陈秘书谓："台北市立疗养院自 1969 年正式创立后的两三年中，才开始接受法院转介案件之鉴定工作……"另据高雄疗养院院长郭寿宏，精神鉴定案例的临床研究报告，1987 年，3 页：溯自 1961 年起至 1971 年底止，有案可查之精神鉴定案例为 13 件而已，因此就其中最具代表性之台大医院为研究对象。

⑥ 据笔者请教"最高法院"前法官史锡恩教授指："台湾早期甚少有送付鉴定之案例，其从事实务经验的记忆中只有陆志鸿案（台大校长）转介医院请求鉴定之个案而已。"

⑦ 林宪，精神疾病患者刑责能力之精神病理学研究，台湾医志，75 卷 3 号，1976 年，176 页。

二、精神鉴定工作之现状

我国台湾地区精神鉴定工作在发展的初期，受到德国与日本的理论不少的影响。① 故早期的司法精神医学，只是纯粹就学术的立场，对犯罪者之精神状态加以判断。然目前司法精神医学的内容已扩大至，举凡精神疾病在法律上有关的各种民事及刑事问题，治疗的计划及偏差行为之研究都包括在内。但是，由于我国台湾地区精神鉴定工作的理论上及实际的研究上，均属较为落伍，且缺乏有系统之报告（大部分以临床现象为研究主题及范围），同时亦无一套成文之精神鉴定程序的规定，倘若有案件，都是临时委托一般的精神科或疗养院来进行鉴定工作。

由于精神鉴定作业程序上，一向缺乏既定的程序可循，犯罪嫌疑人往往要等到有明显之精神异状时，才会委托公、私立医院精神科，为其施行精神鉴定。台大精神鉴定作业，最初是参考日本的精神鉴定原则，令个案一律住院约 1 个月左右的时间来进行。后因法院的经费预算中，并未编列精神鉴定费用一项，同时医院的床位及人力亦相当有限，因此，逐渐变为采用"简易精神鉴定法"②，亦即以一整天的时间在内诊及检查室中，进行各项精神检查工作。

目前之精神鉴定作业程序是，先由司法机关向医院行文请求施行鉴定，后由看守所人员在约定日子，陪同被鉴定人前来，同时还请被鉴定人之家属或亲友一道前来，提供其生活史及病史的数据，另外在鉴定前，并事先请法院将整个案件的侦讯记录寄交医院作为参考。精神鉴定后，所有的面谈记录，心理测验及其他检查的记录，妥善保存于精神鉴定个案中，并且由医院将数千字的精神鉴定报告书函复法院。从 1968 年以后，精神科的社会工作人员也参与了精神鉴定的工作，就在同年开始，精神鉴定的重要性，开始受到广泛的注意，逐渐变成为一项普通的常识，法院委托进行鉴定的个案亦跟着增加，所以精神鉴定也成为精神科住院医师训练过程的一环。③

简言之，精神鉴定工作所实施的项目中，包括有：

---

① 林宪，精神鉴定二百位个案之分析及精神疾病患者刑责能力之探讨，1984 年，国科会研究报告，1 页。

② 林宪、林信男，精神鉴定，1986 年，4 页。

③ 林宪，精神鉴定二百位个案之分析及精神疾病患者刑责能力之探讨，1984 年，国科会研究报告，2 页。

1. 生活史及病史的调查。系为明了个案的人格特征，其中包括有健康状况、家庭与近邻的相处、学校与职业的状况、交友关系及以前非行或犯罪的记录。

2. 脑电波检查。

3. 身体及行动观察。

4. 心理测验。有魏氏智力测验及操作测验、班达完形图画测验、柯氏性格测量及罗氏墨渍投射测验等。

5. 精神检查。直接与个案接触，并观察态度与症状。

6. 犯罪当时精神状态的判断。

只是，司法精神鉴定工作，仍有其困难之处。这种困难，主要是因精神医学概念与法律概念上的歧异所致。由于就精神医学而言，心神丧失与精神耗弱同属法律用语，在医学上并没有与这两种用语相配合的术语，因此从事鉴定的医师，完全是根据临床上的知识，对个案施行鉴定。然在进行鉴定时的一个重点是，判断个案在鉴定时与犯案当时之精神状态，是否符合心神丧失或精神耗弱的状况。在鉴定终了之后，如医师只对病人之症状学诊断加以说明，却不写出个案的精神状态究竟是属于心神丧失或精神耗弱，或是尚未达于精神耗弱的程度时，往往使得法官因对于精神病理了解上的困难，而导致对个案有不利判决的结果。[①] 这一种趋势，我们可以从司法单位对鉴定书内容的质疑看出端倪，例如，犯罪时尚有辨认人的能力（对人的定向力），为何鉴定书认定其犯罪时之精神状态已达心神丧失或精神耗弱呢？或犯罪当时意识清楚或犯罪后尚知道要逃跑，为何鉴定书认定其为心神丧失或精神耗弱呢？[②] 造成精神医学观点与法律观点上发生差距的一些情形，例如：[③]

1. 一般社会对精神分裂病态缺乏了解。

2. 因为弑父罪为第一等重罪，在伦理上与法律上有特殊的考虑与解释。

3. 妄想性精神病之病态被法官认为并不严重，然妄想性人格违常的病态却被视为非常严重，在"妄想"一词的解释上，发生许多疑义。

4. 在激情与挫折下发生解离反应杀人时，其精神状态甚难被人所

---

① 林宪，精神鉴定二百位个案之分析及精神疾病患者刑责能力之探讨，1984 年，国科会研究报告，12 ~ 19 页。

② 林宪、林信男，精神鉴定，1986 年，135 页。

③ 林宪、林信男，精神鉴定，1986 年，7 页。

理解。

幸好这种差距，在最近已有相当显著的改善，亦即法院的判决大致上能与精神医师的鉴定一致。[①] 然而此种现象，不禁又让人想到德国现行诉讼法上的现实，是否也将可能出现在我国台湾地区的司法实务？因为在德国刑法实务上，由于太多的精神鉴定，已经引起法学者与司法人员的警惕，对于法官与鉴定人的关系，应有深刻的反省。

第六节 结 语

如前所述，对于各种精神疾病犯罪人责任能力的认定，以及对于精神疾病犯罪人应否宣告收容（监护），都是刑法学与实务上的大问题。这些问题乃涉及刑事法学与精神医学的科际整合。法官未受精神医学的专业训练，无从精确判断犯罪人行为时的精神状态，因而有赖于专业鉴定人的知识经验。本章即在探讨精神鉴定证据的相关问题。依据德国刑事诉讼法上的学说，鉴定人的角色虽有争议（指的是，鉴定人是否为法官的辅助人角色），尤其实务上，鉴定人的角色越来越重要，甚而有扮演主导者角色的趋势。这种趋势主要是来自司法上对于精神鉴定的依赖。当然这种趋势已引起一些批评，因为精神医学的有些概念仍不确定，而且鉴定的结果也可能发生错误。对于此种司法上过分依赖精神鉴定的现象，德国学界提出若干反省，也提出了不少解决的方案；有主张废除鉴定证据者，有主张增加鉴定人参与诉讼者，这些主张都有其不甚妥当之处，但却都值得我国台湾地区借鉴。我国台湾地区的刑法实务与德国不太相同，在实务上，我国台湾地区采用精神鉴定人的情况还不多，自然不会形成司法依赖鉴定人的现象。但是，社会越进步对于专业的知识也越重视，也许有朝一日，德国今日的刑法实务现况，亦将成为我们所要面临的问题，这就是本章所讨论的重点。

---

① 林宪，精神鉴定二百位个案之分析及精神疾病患者刑责能力之探讨，1984年，国科会研究报告，12页。

第九章　心神丧失与精神鉴定

第一节　案例事实

被告甲患有妄想症，因幻想曾遭林姓男子迫害①，投诉无门，乃急思伤害他人以为报复。甲于 1998 年 1 月间，携带水桶 2 只以及预购之硫酸 4 瓶，到台北市二二八纪念公园女厕内，将硫酸倒入水桶中，提往北一女校门口等候。当日下午，北一女校放学，学生走出校门时，被告接续以水勺舀起桶内之硫酸，泼向横越贵阳街之北一女学生及其他行人，使 20 多人受伤。被害人当中，有二人之脸部伤势严重，疤痕永久不可能消失。甲所泼洒之硫酸并造成二被害人之衣物及书包损坏。案经被害人提出告诉，台北地方法院检察署检察官侦查起诉。

第二节　裁判要旨

本案第一审判决被告无罪。判决的主要理由是，被告经台北市立疗养院鉴定其精神状态结果，以被告思考内容呈现明显系统化之被害妄想，关系妄想及疑似之恋爱妄想，思考流程有轻微的脱序及主题连接松散现象，且对于讯息认知处理有明显障碍，其言谈内容相当局限，思考不合逻辑。故推断被告除认知扭曲（妄想）之影响外，亦疑似有知觉扭曲（幻听）之可能，故认为被告罹患妄想症而导致现实判断能力之障碍，虽然被告对于自己的一般生活功能，如照顾自己的生活交谈等均正常，只对人际关系

---

① 迫害妄想是指，患者毫无根据地怀疑有人要陷害他，无论如何解说总是深信不疑。通常均因与人关系不和睦，发生冲突而产生迫害妄想。患者可以怀疑任何人，从家人、朋友到有组织的团体或机构，迫害理由可以从私人仇恨到政治因素，变化无穷。参照曾文星、徐静，现代精神医学，1998 年，278 页。

方面有障碍。然而意识非判断心神丧失之唯一标准，行为人虽可就犯罪情节为详细之描述，唯无法判断导致结果之原因行为之对或错，被告显然对于外界事物之知觉、理会、判断已受明显而严重之损害。故本件综合其思考判断流程及上述情形鉴定其于犯罪行为时之精神状态已达心神丧失之程度，而谕知被告无罪，令入相当处所施以监护3年。

案经检察官提起上诉，高等法院指摘原判决不当，将原判决撤销改判有期徒刑7年。从无罪改判为有罪的主要理由是：

1. 被告有使人受重伤之故意。

将硫酸泼洒人之脸部或身体，会使人之脸部或身体因受化学烧伤而至毁容，而有重大不治或难治之伤害，此为众所皆知之事实，亦为被告所知。因为，被告于检察官询问时答称"我当然知道泼硫酸会使人毁容"等语，可知被告的确有使人受重伤之故意。

2. 鉴定意见并非判决之唯一依据。

由于我国台湾地区"刑事诉讼法"采职权调查主义，鉴定报告只为法院形成心证之数据，对于法院之审判并无拘束力；待证事项虽经鉴定，法院仍应本于职权调查，以发现事实真相，不得仅以鉴定报告作为判决之唯一证据。本案被告在犯罪后立即被查获带往警局侦讯时，对其犯罪前之计划，犯罪时之行动过程均叙述详细，再观察其犯罪前之计划及犯罪行动均属细密，显见被告犯罪当时思绪细密，有记忆能力且清楚自己之行为。台北市立疗养院及台大医院对被告所为之精神鉴定，虽认定被告有妄想症，然观其犯罪之动机目的，及犯罪之全部过程，及其于实施犯罪行为当时之精神状态，对于外界事物并非完全丧失知觉理会及判断作用，而无自由决定意思之能力；被告此项能力并非完全丧失，仅较普通人之平均程度减退，被告于行为时仅属精神耗弱而非心神丧失，依法仍应负刑事责任。

第三节　判决评析

本判决所涉之核心问题，在于"心神丧失"的意义与精神鉴定的评价。这项核心问题，还关系到几个子问题：（1）心神丧失与罪责能力的评价；（2）精神鉴定与法院判决的关系；（3）司法上、立法上及养成教育上的改变是否可以减少专业人员与法官意见的相左？

一、心神丧失与罪责能力

决定行为人是否有罪责能力的两项要素是年龄与精神状态。年龄的计算，依照"刑法"第 18 条的规定。精神状态的情形，属于"刑法"第 19 条的规定。"刑法"第 19 条规定，心神丧失人之行为，不罚；精神耗弱人之行为，得减轻其刑。问题是"心神丧失"与"精神耗弱"为法律学上用语，非精神医学上的用语，两者之区别何在？其精神障碍之程度有何不同？有何界限？立法上并没有解释清楚。"最高法院"虽然曾解释"心神丧失或精神耗弱，应依行为时精神障碍之程度而判断，如行为时之精神对于外界事物全然缺乏知觉理会及判断作用，而无自由决定意思之能力者，为心神丧失；若此项能力并未完丧失，仅较普通人之平均程度显然减退者，则为精神耗弱（"最高法院"1937 年度渝上字第 237 号判例参照）"，然其解释仅注重行为人"知"的要素（即理会及判断的作用），忽略"意"的要素（即决定自己行为的能力），除了无法充分掌握"罪责能力"的意义外，也经常导致法院判决的结果与鉴定意见不符的现象。

高等法院认为被告具有重伤之故意，因为，被告于检察官询问时答称"我当然知道泼硫酸会使人毁容"等语，可知被告的确有使人受重伤之故意。然而，此种说法，显然受到上述判例的深远影响。因为，有无完备的罪责能力，必须具备两项要素：一是"辨识能力"，亦即，知的要素；二是"控制能力"，亦即，决定自己行为的能力。[1] 换言之，行为人对行为有认识，也知道行为是法所不许，却无法依法律规定或自己决定不做出违法行为，亦即，行为人欠缺控制能力，无法控制自己行为时，就无法加以谴责。[2]

高等法院委请台大医院鉴定的结果为，被告自幼个性急躁冲动，不善与人相处，于十多年前起即逐渐有妄想经验之形成，其后日渐系统化精神病理中以偏概全、无中生有之偏差认知形态，导致其妄想系统日渐复杂，其内容以被害为主，多年来因妄想之影响生活受挫，为一功能性精神病患者，虽无明显幻听经验及怪异思考内容，但就其妄想之多样性及思考形式之障碍，并其功能之减退，临床诊断为妄想型精神分裂症，虽于犯案前，

---

① Norbert Nedopil, Forensische Psychiatrie, 1996, S. 21ff.；Wilfried Rasch, Forensische Psychiatrie, 1999, S. 355ff.

② 参照张丽卿，"刑法"总则理论与运用，1999 年，181 页。

被告有能力充分计划准备，对犯案当时四周景物，行动及发生细节能充分知觉及回忆，然而对于当时之所作所为皆基于固有之妄想经验。长久以来，对外界事物之知觉理会及判断作用，对于所接受讯息之解读，均影响其判断能力及行为。

从上述鉴定内容得知，被告之精神状态长久来已深远影响其行为及判断，被告虽有能力充分计划准备，对犯案当时四周景物、行动及发生细节能充分知觉及回忆，然而对于当时之所作所为皆基于固有之妄想经验系统及精神病理所左右，换言之，其虽仍具有辨识之能力，却无控制的能力。被告虽知道泼硫酸会使人毁容，但在精神病理与妄想系统的影响下，显然无法控制自己的行为，而不具备罪责能力，无法加以谴责。高等法院除了坚持已经不符合现代精神医学知识的判例解释（1937 年度渝上字第 237 号判例参照）外，对于鉴定内容是否有瑕疵、鉴定程序有无问题、拒绝鉴定内容的理由，都未加以说明，即遽为有罪之判决，是否妥当，即值深思。

二、精神鉴定与法院判决之关系

高等法院改判为有罪的另一个重要理由是，鉴定意见并非判决之唯一依据。由于我国台湾地区"刑事诉讼法"采职权调查原则，鉴定报告只为法院形成心证之数据，对于法院之审判并无拘束力；待证事项虽经鉴定，法院仍应本于职权调查，以发现事实真相，不得仅以鉴定报告作为判决之唯一证据。

虽然我国台湾地区"刑事诉讼法"规定，法院可依经验法则及论理法则，判断证据的证明力（第 155 条第 1 项参照），但是精神鉴定人的选任理由是，法院欠缺对精神医学的特别知识及经验（"刑事诉讼法"第 198 条第 1 款规定），亦即，欠缺精神医学上专业知识的论理法则与经验法则，故精神鉴定人有补充法官的专业知识上及经验上之不足，成为事实上的裁判者，法院根本没有能力实质判断精神鉴定内容的可能性，只能从程序上审查鉴定的过程是否有错误，这也是为何把鉴定人称呼为"穿白衣的法官"的缘故。[1]

高等法院强调自由心证之重要性，说明被告在犯罪后被带往警局侦讯时，对其犯罪前之计划、犯罪时之行动过程均叙述详细，显见被告犯罪当时思绪细密，有记忆能力且清楚自己之行为。被告虽罹患妄想症，但其于

---

[1] 参照张丽卿，刑事法学与精神医学之整合，1994 年，255 页。

实施犯罪行为时的精神，对于外界事物并非全然缺乏知觉理会及判断作用，而无自由决定意思之能力，及其此项能力并未完全丧失，仅较普通人之平均程度显然减退而已，故属精神耗弱，仍应负刑事责任。

然而上述说理很难让人信服。因为，被告"有记忆能力且清楚自己之行为"，并不表示被告仍有完整的罪责能力，如果被告欠缺决定自己行为的能力，亦即，欠缺控制能力时，仍然不具有负担刑事责任的能力。高等法院在欠缺精神医学上专业知识的论理法则与经验法则的前提下，仅以1937 年度渝上字第 237 号判例的内容重复解释，来作为自由心证法则运用的主要论据，显然过于牵强。

第四节　建　议

依照本章的看法，根本解决上述问题的方法有三：（1）司法制度的设计采用专家参审制；（2）立法上必须修正"刑法"第 19 条的规定；（3）教育养成过程的注重。

一、专家参审之可行性

要改进上述法院与鉴定人评价相互抵触，或甚至有外行领导内行的缺失，专家参审制度是个非常可行的办法。[①] 在将来参审制度的法律设计上，参审员应扮演对审判权控制的功能，主要目的是让专业法官的裁判可以受到牵制，并且让审判程序更加透明化，借由参审员的参与审判，让职业法官在审判时更加小心，对于证据的调查及其他裁判上的主要事实谨慎其事。尤其重要的是，某些刑事案件的参审员应该是专家法官或鉴定法官，[②]因为，许多专业领域的事件通常都非常复杂，法官对于其他领域的专业知

---

① "司法院"于 1999 年 7 月的全国司法改革会议后，对于已经达成共识的专家参与审判制度，决定"专家咨询"与"专家参审"两阶段实施专家参审制。有关参审制度的详细问题，可参照张丽卿，参审制度之研究，刑事法系列研讨会（一）——如何建立一套适合我国台湾地区情况的刑事诉讼制度研讨会，书面资料研讨，23～52 页。

② 这个看法与我国台湾地区"刑事参审试行条例草案"的规定是相同的：第 3 条第 1 项中的少年案件，需选任具有教育、社会、心理相关知识或工作经验的参审员，及第 3 条第 1 项第 3 款的专门职业及科技性的案件，需选任具有相关之专门知识或技能的参审员，就是带有专家法官参审的色彩。事实上，从 1994 年的"刑事参审试行条例草案"的规定内容到 1999 年的"专家参与审判咨询试行要点草案"的规定精神，都是为了将来可能实施专家参审的预做准备。

识，无法充分了解，例如，本案涉及精神医学及心理学的知识，其案情让法官倍觉困难。若仅以一个已经不具现代精神医学知识的判例重复加以论证，非但不能让当事人信服，也让人觉得裁判过于草率。

"刑事诉讼法"虽有规定，法官可以选任具有特别知识经验的鉴定人提供鉴定意见，[①] 但是，如果法官具有接近鉴定人的专业知识与经验，就可以避免完全倚赖鉴定人的意见，[②] 并且可以对案情作有意义且恰当的发问。[③] 完全倚赖鉴定人的意见，无法判断鉴定意见的正确性，那无疑就是对鉴定人加以裁判，而不是法官的认定。所以，援用具有专业知识的参审员，不但符合审判民主化的要求，也是改进现行鉴定人制度缺点的最佳选择。

二、修正"刑法"第 19 条之规定

将"刑法"第 19 条的规定修正为："行为时，因病理之精神障碍，一时之高度意识障碍，智能不足或其他严重之精神异常，致欠缺是非辨别之能力，或不能依是非辨别能力而实施违法行为者，不罚。行为时，由于前项原因，致是非辨别能力，或依是非辨别而实施违法行为之能力显著减弱者，得减轻其刑。"

精神疾病犯罪人责任能力的判断，是刑法实务上的难题。主要的困难，是由于现行"刑法"第 19 条的规定太过笼统。第 19 条只规定，心神丧失人之行为，不罚；精神耗弱人之行为，得减轻其刑。"心神丧失"与"精神耗弱"的概念，向来在精神医学与刑法实务上无法得到一致的看法。由于法官大多是精神医学的门外汉，对精神鉴定报告所称精神疾病，做规范评价的结果，自然是与精神医学者的看法产生歧异。例如，精神医学者认为应该属于心神丧失的精神分裂病犯罪人，都被法官判决有罪。因此，比较可以避免产生歧异的做法，是把现行"刑法"做较为具体的修正。但是精神障碍的标准到底应该如何厘定，才能将复杂多样的精神疾病种类纳

---

① 然而，由于我国台湾地区"刑事诉讼法"规定，"鉴定准用人证之规定"（"刑事诉讼法"第197 条参照），使得诉讼实务上将证人与鉴定人同样视为人证的误谬，其实鉴定人是在弥补法官专业知识的不足，在程序中应有其不同于证人的地位。

② 法官之所以会形成倚赖鉴定人的原因，详细内容可参阅张丽卿，鉴定证据之研究，台大法学论丛，23 卷 2 期，1995 年 6 月，311～314 页。

③ 因为依照 Casper/Zeisel 的研究指出，职业法官认为参审员的发问算有意义的为 15%～20%，主要的原因是参审员根本不知从何发问。Vgl, Casper/Zeisel, Der Laienrichter im Strafprozeß, 1979, S. 37.

入"刑法"规定之中，这是刑事立法上的一大困难。德国法在这一方面的规定，亦曾做过两次修正。

修法建议，主要是参考德国现行刑法第 20 条及第 21 条的规定。德国刑法精神障碍的责任能力规定，有关生理上的原因，在 1871 年至 1933 年之间，只概括规定"意识丧失"与"精神活动的病理障碍"为无责任能力（当时刑法第 51 条）。另外，无责任能力的心理原因为"意思不自由"。之后，在 1934 年至 1974 年之间，该刑法规定被修正为：行为时"意识障碍"或发生"精神活动的病理障碍"或"精神耗弱"为无责任能力，而心理的原因被代之以"不能辨别其行为之不受容许，或不能依此识别而为行为"（当时刑法第 51 条第 1、2 项）。我国台湾地区现行"刑法"第 19 条的规定，相近于德国旧刑法的规定。[①] 德国现行刑法第 20 条及第 21 条，是 1975 年再次修正的新规定，有关无责任能力的生理上原因为："病理之精神障碍"、"深度的意识障碍"、"心智薄弱"、"其他严重之精神异常"四种，而无责任能力的心理上原因为"不能辨别其行为的违法或不能依此辨别而为行为"。这个规定，使被告犯罪时的精神状态之鉴定结果与法律所规定的项目相符合，可以防止精神医学与刑事法学间，评价歧异的现象。虽然有人批评规定不够详尽，[②] 但大致仍被肯定。依照德国现行刑法第 20 条及第 21 条的规定，先确定责任能力之生理原因，再标明行为人行为时由此原因所生影响责任能力之心理状态。一方面顾及行为人的生理原因，另一方面并兼顾行为的辨识与控制（心理原因），此种混合的立法方式，容易与精神医学诊断的用语配合，因此，德国刑法实务上在援引前述规定时，尚不致发生困难。此一立法例，因而值得我们采酌。

三、开设"司法精神医学"之课程

改变法官与鉴定人评价歧异的根本解决方法，是在大学法律系与医学系合开"司法精神医学"课程，或在司法官训练所开课，以建立法律人与精神医学界之间的知识交流，并建立将来工作上相互信赖的基础。因为，法律人与精神医学界之间的接触，在刑事追诉审判工作上，颇为常见。例如，精神疾病犯罪人行为时的精神状态如何，往往需要精神鉴定人的鉴定

---

① "心神丧失"与德国 1933 年之前的"意识丧失"相近；"精神耗弱"与德国 1974 年之前的"精神耗弱"相同。

② 更具体详尽的做法，是把精神医学上对于精神疾病的分类，规定在刑法条文上，然而这个方法是不可行的。

报告。此一鉴定报告通常需要以精神医学的术语，描述病犯的精神状态。然而何种精神状态可以被评价为刑法上的无责任能力或限制责任能力，或有完全责任能力，必须法官做最后的判断。法官做此判断，应具备一定程度的精神医学基础知识。否则，如果不是完全信赖鉴定人的意见，就是情绪性地排斥鉴定人的意见。

完全信赖鉴定人意见的结果，可能形成鉴定人主导裁判的局面；情绪性地排斥鉴定人的意见，则可能恶化法官与精神鉴定人之间的关系。法官是否采取鉴定人的意见，应有说理上的论据，才能获得鉴定人与当事人的信服。此种说理，当然不只是法律规范的解释而已。相反，精神鉴定人往往希望自己的鉴定报告被法官重视，如意见未获采纳，鉴定人可能误以为法官不尊重专业知识。实际上，在诸如责任能力判断的法律案件，鉴定报告虽然可能是裁判的必要条件，但还不是充分的条件。易言之，鉴定报告并不是法官裁判上的唯一而且绝对的基础。此点也许鉴定人不能清楚认识。为了减少前述法官与鉴定人之间的紧张关系，必须从养成教育的阶段起，使双方有科际知识的交流机会。

"司法精神医学"课程的安排，使专攻精神医学的医学系学生与法律人，都可以借此了解自己专业之外的重要基础知识。兹以德国慕尼黑大学所开课程为例，在司法精神医学课程当中，由犯罪学兼刑法学的教授主持，并有精神医师与心理医师参加。每次都有不同的个案出席课堂上，此个案通常是精神疾病犯罪人（监狱官员在旁戒护）。个案依次由心理医师与精神医师询问，如病犯为外国人，则同时有翻译人员口译。询问完毕，病犯离开课堂，主持教授与专家分别就法律、心理、精神问题提出报告，最后，由在场的医学系与法律系学生发问讨论。此一课程为选修课，法律系学生多于医学系学生。

我国台湾地区的法律教育，有浓厚的"考试领导教学"的色彩，在养成教育阶段也许不宜开设此一课程。如真有困难，至少应在司法官训练所设此研究课程，而且行政事务的配合，在司法官训练所也较为容易。